蘭臺出版社

清朝文官制度研究

中國文化研究叢書第一輯 6

總編纂 党明放

艾永明 著

中國學術研究叢書系列

總編纂　党明放

中國文化研究叢書第一輯

党明放　　鄭茂良、陳　濱　肖愛玲　韋明鏵　許友根

艾永明　　　傅紹良　　　王　勇　李憲堂　雷　戈

《中國學術研究叢書》出版總序

党明放

　　國學，初指國立學校，明置中都國子學，掌國學諸生訓導政令。後改稱中都國子監，國子監設禮、樂、律、射、御、書、數等教學科目。

　　國學，廣義指中國歷代的文化傳承和學術記載，狹義指以儒學為主的中國傳統學說，根據文獻內容屬性，國學分經、史、子、集四類，各有義理之學、考據之學及辭章之學。

　　國學是以先秦經典及諸子百家為根基，涵蓋了兩漢經學、魏晉玄學、隋唐佛學、宋明理學、明清實學和同時期的先秦詩賦、漢賦、六朝駢文、唐詩宋詞元曲與明清小說等一脈特有而完整的文化學術體系，並存各派學說。

　　學術，指系統而專門的學問，是對客觀事物及其規律的學科化。學問，學識和問難，《周易》：「君子學以聚之，問以辯之。」而自成系統的觀點、主張和理論，即為學說，章炳麟《文略》：「學說以啟人思，文辭以增人感。」無論是學術、學問、學說，皆建立在以文化為主體之上。

　　「文化」一詞源於拉丁文 Colere，本義開發、開化。最早將其作為專門術語加以運用的是英國文化人類學創始人愛德華・泰勒（Edward. B. Tylor 1832—1917），他在《原始文化》書中寫道：「文化或文明是一個複雜的總體，它包括知識、信仰、藝術、道德、法律、風俗以及作為一個社會成員的個人通過學習獲得的任何其他的能力和習慣。」

人類社會可劃分為政治部分、文化部分和經濟部分。一個國家，有其政治制度、文化面貌和經濟結構；一個民族，有其政治關係、文化傳統和經濟生活。在人類社會發展進程中，文化是「源」，文明是「流」。文化存異，文明求同。

文化是產生於人類自身的一種社會現象。《周易》云：「觀乎天文，以察時變。觀乎人文，以化成天下。」東漢史學家荀悅《申鑒》云：「宣文教以章其化，立武備以秉其威。」南齊文學家王融〈曲水詩序〉云：「設神理以景俗，敷文化以柔遠。」

文化是人類的內在精神和這種內在精神的外在表現。文化具有多方的資源、特質、滯距，以及不同的選擇、衝突和創新。

文化分為物質文化、精神文化和制度文化。文化不僅在人類學、民族學、社會學、考古學，以及心理學中作為重要內涵，而且在政治學、歷史學、藝術學、經濟學、倫理學、教育學，以及文學、哲學、法學等領域的核心價值。

文化資源包括各種文化成果和形態。比如語言、文字、圖畫、概念、遺存、精神，以及組織、習俗等。其特性主要體現在文化資源的精神性、多樣性、層次性、區域性、集群性、共享性、變異性、稀缺性、潛在性以及遞增性。

歷史文化資源作為人類文化傳統和精神成就的載體，構成了一個獨立的文化主體，並具有獨特的個性和價值，可分為自然文化資源和社會文化資源，自然文化資源依靠文化提升品味，依靠時間形成魅力；社會文化資源包括人文景觀、歷史文化和民俗風情等。

民族文化資源具有獨特性、融合性和創新性，包括有形的文化資源和無形的精神文化資源，諸如：民俗節慶、遊藝文化、生活文化、禮儀文化、制度文化、工藝文化以及信仰文化等。

我國是一個多種宗教並存的國家，諸如佛教、道教、基督教、天主教以及伊斯蘭教等，在漫長的歷史發展進程中，各類宗教和宗教派別形成了寶貴的宗教文化資源。宗教文化具有很大的包容性，幾乎囊括了從哲學、思想、文學、藝術到建築、繪畫、雕塑等方面的所有內容，並且具有很大的旅遊需求和開發價值。

文化資源具有社會功能和產業功能。社會功能具有明顯的時代性、可變性、

擴張性、商品性、潛在性，以及滯後性，主要體現在促進文化傳播、加強文化積累、展現國民風貌、振奮民族精神、鼓舞民眾士氣和推動文明建設等方面。

文化是一個國家和民族的凝聚力、生命力和影響力的集中體現。人類文化的交往，一種是垂直式的，稱之為文化傳遞；一種是水平式的，稱之為文化傳播。垂直式的文化交往屬於文化積累，或稱文化擴散，能引發「量」的變化；水平式的文化交往屬於文化融合，或稱文化采借，能引發「質」的變化。一切文化最終將積澱為社會人群的內涵與價值觀，群體價值觀建築在利它，厚生，良善上，這族群的意識模式便影響了行為模式，有了利它，厚生為基礎的思維模式，文化出路便往利它，厚生，豐盛溫潤社會便因之形成。這個群體因有了優質文化而有了安定繁盛的社會，生活在其中的人們可以快樂幸福。

東漢王符《潛夫論》云：「天地之所貴者，人也；聖人之所尚者，義也；德義之所成者，智也；明智之所求者，學問也。」歷代學人為了文化進程，著手文獻整理，進行編纂，輯佚，審校，註釋，專研等，「存亡繼絕」整校出版文化傳承工作。

蘭臺出版社擬踵繼前人步伐，為推動時代文化巨輪貢獻禹人之力，對中國傳統文化略盡固本培元，守正創新，傳佈當代學界學人，對構建中國傳統文化研究的成果，將之整理各類叢書出版，除冀望將之藏諸名山，傳諸百代之外，也將為學人努力成果傳佈，影響更多人，建立更好的優質文化內涵。並將此整校編纂出版的重責大任，視其為出版者的神聖使命，期盼學界學人共襄盛舉！

蘭臺出版社社長盧瑞琴君致力於中國文化文獻著作的整理出版，首部擬策劃出版《中國學術研究叢書》，接續按研究主題分類，舉凡國家制度、歷史研究、經濟研究、文學研究、典籍史論，文獻輯佚、文體文論、地理資源、書法繪畫、哲學思想，倫理禮俗，律令監督，以及版本學、考古學、雕塑學、敦煌學、軍事學等領域，將分門別類，逐一出版。邀稿對象多為國內知名大學教授、社科機構研究員，以及相關研究領域裡的專家和學者的專業研究成果為主，或國家社會科學、文化部、教育部，以及省級社科基金項目的代表性科研成果，諸位教授主持國家社科基金重大招標項目，以及擔任部省級哲學、社會科學重大攻關項目首席專家，並且獲得不同層次、不同級別、不同等級的成果獎項為出版目標。

　　中國文化研究首部《中國學術研究叢書》的出版，將以此重要的研究成果，全新的文化視野，深邃厚重的歷史文化積澱和異彩紛呈的傳統文化脈絡為出版稿約。

　　清人張潮《幽夢影》云：「著得一部新書，便是千秋大業；注得一部古書，允為萬世宏功。」人類著述之根本在於人文關懷。叢書所邀作者皆清遠其行，浩博其學；學以辯疑，文以決滯；所邀書稿皆宏富博大，窮源竟委；張弛有度，機辯有序。

　　文搜百代遺漏，嘉惠四方至學。《中國學術研究叢書》開啟宏觀視覺，追溯本紀之源，呈現豐贍有趣的文化圖景。雖非字字典要，然殊多博辯，堪為文軌，必將為世所寶。

　　瑞琴君問序於余，鄙人不才，輒就所知，手此一記，罔顧辭飾淺陋，可資通人借鑒焉。

王寅端月識於問字庵

作者係文化學者、蘭臺出版社駐北京總編輯、中國學術研究叢書總編纂

目　錄

導　論

　　中外學者都承認，中國古代文官制度體系完整、內容豐富、規範詳備，因此，它不僅對中國古代社會有巨大的作用，而且對世界近現代文官制度也產生了重要的影響。[1]中國古代文官制度堪稱中國古代法律文化中的一枝奇葩。作為中國古代文官制度的總結和集大成，便是清朝的文官制度。

一、中國古代文官制度之沿革

　　「文官」（Civil Service）一詞，作為較通用的法律術語，是在近現代資本

1　譬如，孫中山說：「現在各國的考試制度，差不多都是學英國的。窮流溯源，英國的考試制度，原來是從我們中國學過去的。」（《五權憲法・民權初步》）。英國、美國的文官制度都深受中國古代文官制度的影響。在 1570–1870 年 300 年間，英國倫敦用英文出版的有關中國官吏制度和政治制度的書籍達 70 多種。其中《文官考試制度》、《中國劄記》、《中國的歷史與現狀》等書都極力稱讚中國的文官制度，並力主英國政府仿行。英國的外交使節們還在 1793 年和 1861 年以及以後時期，多次來北京考察中國科舉考試的地點（今中國社會科學院地址）。1868 年 5 月 14 日，美國羅德島州議員湯瑪斯・詹科斯（Thomas Jenkes）在向國會提出的報告書中，有一章專門論述中國的官吏制度，要求以此為借鑑，改革官員錄用方法。（見黃達強主編，《各國公務員制度比較研究》，中國人民大學出版社 1990 年出版，第 33 頁）。1983 年，聯合國在我國舉辦文官制度講習班。應邀前來講授的時任美國人事總署署長艾倫・坎貝爾表示：「當我接受聯合國的邀請來中國向諸位講關於文官制度的時候，我是感到非常驚訝的。因為在我們西方所有的政治學教科書中，當談到文官制度的時候，都把文官制度的創造者歸於中國。」（桑玉成等，《當代公務員制度概論》，蘭州大學出版社 1988 年版，第 17 頁）。

主義國家出現的。但是，文官的確切涵義和範圍，在資本主義國家中也很不相同。[2] 如果根據其最一般的特徵界定，那麼，文官便是指武職人員以外的國家公務人員。

中國古代雖然不常用「文官」一詞，但接近於近現代文官內涵的稱謂和制度是存在的，其稱謂如「文官」、「文職」、「文選」、「文階」等等。[3] 所以，許多中外學者都承認中國古代存在文官制度。[4]

不過，在中國古代實踐中，文官的確定較為複雜。官員的資、階與其職任常常分離，文資出身者任武職、武資出身者任文職屢見不鮮。所以，確定「文官」範疇，不僅要看其出身，更要依其實際職任。

根據文官的一般含義，結合中國古代的實際，可以將中國古代文官制度界定為文職官員的管理制度。其內容主要包括文職官員的選拔、任用、權利義務、獎勵和處分、考績、監察、休致等等。有的著述認為，中國古代文官即傳統所稱之「職官」，文官制度即「官法」。[5] 這種觀點將文官與職官等同、文官制度與官法等同，是很值得商榷的。

縱觀世界文官制度發展史，可以發現這樣一條規律，隨著社會的發展和進步，文明程度的不斷提高，文官及其文官制度的作用也越來越重要。這條規律同樣體現在中國古代文官制度的發展過程中。

在夏、商、周時代，宗法制度支配著政治生活，家國一體，親貴合一，政治上的「尊尊」關係決定於血緣上的「親親」關係，各級貴族實行世襲。可以說，夏、商、周時代的「官吏」制度基本上都寓於宗法原則指導下的「封建」制和世卿世祿制之中，那時還不可能產生文官制度。

2　參見曹志主編，《資本主義國家公務員制度概要》，北京大學出版社 1985 年出版，第 1–4 頁。

3　洪武十七年，明太祖在恢復科舉的上諭中說：「使中外文官，皆由科舉而進。非科舉者，毋得與官」。（《明史》70〈選舉二〉）。清朝規定六科的職責之一是「文職畫憑」，（《欽定大清會典事例》卷 1015）。至於「文選」、「文階」則更為常用。

4　如，楊樹藩著，《中國文官制度史》，臺灣黎明文化事業公司 1982 年出版；鄧小南著，《宋代文官選任制度諸層面》，河北教育出版社 1993 年出版；李鐵著，《中國文官制度》，中國政法大學出版社 1989 年出版。外國學者稱中國古代文官制度見注 1。

5　李鐵著，《中國文官制度》（見注 4）第 1 頁：「文官，中國傳統上稱職官，有關文官的制度，又稱官法。」

　　戰國時期，隨著宗法制度的減弱，宗法逐漸不適用於各級官員的產生和繼承，取而代之的是官僚政治，並且有了最初的文武分職──丞相為文職之長，將軍為武職之長。在此基礎上，有關官員的選授、任用、俸祿、考績等制度便自然而然地逐漸產生。戰國時代是中國古代文官制度的萌芽和產生時期。

　　秦朝為了鞏固中央集權，進一步建立和健全官僚制度，全面推行郡縣制，為文官制度的建立提供了更好的條件。秦朝已制訂了許多有關文官制度的法律。如關於任用官吏的《除吏律》、《置吏律》、《除弟子律》關於官吏職責的《司空律》、《尉雜律》，關於公文程序的《行書律》，關於官吏考績的《課律》，等等，還開始建立官吏監察制度。漢朝大量承用秦律，同時又加於發展，如進一步完善考核官吏的「上計」制度，強化監察職能，以察舉、征辟等選授官員，尤其是首開先端，以儒學作為選官的標準，將儒學與仕途相結合，從而確立了儒學在中國古代文官制度中的主宰地位。秦漢是中國古代文官制度的奠基時期。

　　魏晉南北朝時期，社會長期處於分裂對峙狀態，戰亂不斷，各朝政權迫於形勢，不得不尚武而輕文。同時，門閥勢力不斷發展，支配著社會政治和經濟。這些原因導致了文官制度沒有得到順利的發展。這一時期文官制度方面最有特色的內容是九品中正選官制。九品中正制反映了門閥勢族的利益和要求，但就選官的程序而言，較兩漢的察舉和征辟有了明顯的進步，對以後的科舉制有一定的影響。另外，這一時期的考課立法和違職律對後世也產生了影響作用。

　　經過一千多年的發展，中國古代文官制度在隋唐終於獲得了較為完備的形態。在唐朝，文職和武職已明顯分開，吏部掌文選，兵部掌武選，文職和武職的管理各有相應的法律。在唐代法律體系中，行政立法（包括文官制度）的內容遠遠超過了刑事立法。《唐六典》說：「凡文法之名有四：一曰律，二曰令，三曰格，四曰式。」、「凡律以正刑定罪，令以設範立制，格以禁違正邪，式以軌物程事。」[6] 從四種法律形式的內容看，令完全是行政法律，格和式絕大部分是行政法律。[7]《唐六典》則是全面地記載了唐朝行政立法的內容。從唐朝令、格、式和《唐六典》的內容可以看到，有關文官制度的各個方面，如選拔、任用、職責、品秩待遇、考核、監督等，都已制訂了詳備的規範，它們都對以後歷代

6　《唐六典・刑部郎中員外郎》。

7　參見錢大群等著，《唐代行政法律研究》，江蘇人民出版社 1996 年出版，第 4–13 頁。

王朝起到了重要的示範作用。特別是隋唐確立的科舉選官制，作為中國古代文官制度的柱石，更是產生了巨大而又深遠的影響。

宋元明清是中國封建社會的後期，文官制度也進入了最後的發展時期。從宋朝開始，國家政治生活中出現了一個顯著特點，即重文輕武，揚文臣之權，抑將領之權。這是因為統治者從歷代（尤其是五代）治亂興衰的實踐中越來越清楚地認識到，對君權和朝廷構成最大威脅的是那些擁有千軍萬馬的將領，所以，打天下時要靠他們，一旦奪取天下，就要削其強權，收其精兵。宋太祖趙匡胤採納趙普的建議，「杯酒釋兵權」，勸石守信，高懷德等將領「多積金帛田宅，以遺子孫」，以高官厚祿削奪了他們的實權。明朝對宋朝的這種做法心領神會，並且加於發展。「非進士不入翰林，非翰林不入內閣」。將領外出打仗，必派監軍，甚至以不男不女的太監充任。清朝更是續承這種傳統，公開以「文治」自居。在上述思想的指導下，宋元明清的文官制度得到了新的發展。宋明清三朝的文官制度都以唐朝為宗，在直接承用前朝文官制度的基礎上予以改進和發展。宋朝對科舉的科目、類型、內容和方法都作了改革，對文官的任用也有新的規定，以「磨勘」（審官院和考課院考核官吏之制）為核心，使文官考績更加嚴密。明朝對科舉科目、內容、形式又都作了改革，形成了封建社會末期的科舉制度。對文官任用的方式和程序、文官的權利和義務（尤其是設立奸黨罪等新內容）、文官的監察等多有新的規定，建立了以「考滿」、「考察」為主要內容的新的考績制度。清朝承用明制，又根據自身的特點和情況加於改進，建立了中國古代最完備的文官制度。

二、清朝為什麼特別重視文官制度

清朝從立國之初，就確立了「文治」國策。順治七年，清世祖諭禮部曰：「帝王敷治，文教為先」。[8]清朝進一步發展和實施了宋以來重文輕武的政策。雖然由於照顧滿員的需要，清朝不像明朝那樣「非進士不入翰林，非翰林不入內閣」，但翰林之職仍大多授於文進士，尤其是進士被選為庶吉士者，更是受到朝廷的青睞和器重，「有清一代，宰輔多由此選」[9]（詳見第二章）。清制，

8　《清史稿・選舉一》（臺灣商務印書館發行，下引此書為同一版本）。

9　《清史稿・選舉三》。

中央和地方的主要行政長官均為文官，兵部尚書、侍郎，以及各省總督、巡撫，雖然有軍事職責，但亦為文官。征戰時受命大將軍的重臣也多為文官。清朝有關文官的法律十分繁多，讀不勝讀，而有關武官的法律卻十分稀少，極為疏簡。

何以如此？其原因首先當然是與趙匡胤「杯酒釋兵權」的動機一樣，以此達到鞏固君權的目的。但是除此之外還有其特殊的原因。

清朝統治者自入關以後，始終懷有深深的憂患意識。產生這種憂患意識的原因主要來自兩個方面。一是滿人長於武技而短於文治。本來，「馬上得天下而不能守天下」就是一條普遍的治國經驗。對於滿清統治者來說，這條經驗具有更特殊的意義。他們憑藉騎射勇武之術征服了漢族，但一旦立朝垂統，面對泱泱中華，不得不將騎射勇武之術化於優柔深厚的漢族文化之中。早在天聰三年，皇太極便已清楚地預見到了這一點，他在一道上諭中說：「朕思自古及今，俱文武並用，以武威克敵，以文教治世。」[10] 二是滿清以少數民族入主中國。為了緩和民族矛盾，並使其政權得到漢人的認同，特別需要利用漢族文化，利用漢族知識分子，以漢治漢。他們認識到，治天下必得民心，而得民心必先得士心。為了拉攏漢族文人和官吏，滿清統治者採取了一系列懷柔措施。他們禮葬崇禎皇帝，又給其造陵墓，令天下官民服喪三日。他們照舊錄用原明朝各衙門官員，並准許他們薦舉他人為官。他們承認明朝的舉人、秀才，允許他們參加選官考試。特別是他們十分重視科舉考試，在入關之前就開始科舉取士。這種做法固然是因為科舉是選官的良好方法，但同時也包含著滿清決策者們的政治考慮，他們是將科舉作為招引漢族士大夫的一條根本舉措。事實上，這一舉措的實施效果也正遂滿清統治者所願。清初，由於多年戰亂，「士子無不破家失業，衣食無仰」，[11] 科舉使他們出仕有望，自然也就歸順朝廷。史籍對此形象地描述道：「皇朝初定鼎，諸生有養高行遁者，順治丙戌，再行鄉試，其告病觀望諸生，悉列名與考。滑稽者作詩刺之曰：『聖朝特旨試賢良，一隊夷齊下首陽。家裡安排新雀帽，腹中打點舊文章。當年深自慚周粟，今日翻思吃國糧。』」[12]

實踐證明，清朝重文治的政策對於鞏固其政權起到了重要的積極作用。

10　王先謙，《東華錄》「天聰三年」。
11　《皇清奏議》卷 1〈條陳學政六事〉。
12　褚稼軒，《堅瓠集》五集卷 3。

三、清朝文官制度之法律淵源

文官制度作為行政法律的一個組成部分，其法律淵源包含在行政立法之中。在清朝行政立法中，與文官制度最為密切的是《大清會典》和《大清會典事例》以及各種《則例》。

《大清會典》和《大清會典事例》是清朝最主要的行政法律。清朝承用明制，以《會典》的形式規定國家機關的編制、職責、相互關係以及所掌之政令。《會典》具有國家制度總章的性質。《乾隆會典・凡例》云：會典「以典章會要為義，所載必經久常行之制。茲編於國家大經大法、官司所守、朝野所遵，皆總括綱要，勤為完書。」清朝先後修過五部《會典》。《康熙會典》和《雍正會典》皆以《明會典》為藍本，以官舉職，以職舉政，各條之尾附於例，典例合編。《乾隆會典》除對典文內容和條目進行增刪外，在編纂體上作了重大改變。鑒於「向者發凡排纂，率用原議舊儀，連篇並載，是典與例無辯也。夫例可通，典不可變。今將緣典而傳例，後或摭例以淆典，其可乎？」為了明確區分「典」與「例」之性質和地位，將「會典、則例各為之部，而輔以行」。[13]這樣，同時修訂了《乾隆會典》和《乾隆會典則例》。嘉慶朝再修會典。將《乾隆會典則例》改定為《嘉慶會典事例》。《事例》一書如唐宋《會要》，以官司所守，條分體系，析為門目，按年編載，俾一事一例，原始要終，用資考核。還將會典中的圖獨立編為《大清會典圖》。《光緒會典》是清朝最完備的一部會典，也是中國古代行政立法的集大成，全書典文凡 100 卷，事例凡 1220 卷，圖凡 270 卷。

《則例》是清朝行政立法的重要形式，其內容是中央各機關就本部門行政事務所作出的規範。從法理上說，《則例》從屬於《會典》，它是《會典》施行過程中所生之實例。「要知例之專條，係以辦過與律相符之案，纂為則例，以作後世之則。非從府議過中失當之案，皆可援以為例。」[14]《則例》來源於實案，但不是所有的實案都可上升為則例。清制，每過一定時期，各衙門應當對實案加於查複纂修：「如有例所未備而案應遵照者，即行檢明，匯齊纂入《則

13　《乾隆會典・序》。

14　《欽定王公處分則例》卷1，見《中華律令集成》（清卷），吉林人民出版社1991年出版，第 340 頁，下引《中華律令集成》（清卷）不再注明出版社和出版年分。

例》。其案與例不符者，造冊注明事由，將原稿即行銷毀。」[15] 道光十年之前，各部院定限十年一修《則例》，因限期過長，致滋流弊，道光十年定制，不必定限十年開館重修。[16]

　　清朝中央各機關基本都制訂了數目不等的《則例》，所以，有清一代的《則例》非常之多。根據各種《則例》的內容分析，大致可以將它們分為兩類：一類是規範各機關整體事務的基本《則例》，一類是規範各機關中某一專項事務的專門《則例》。基本《則例》如《欽定吏部則例》、《戶部則例》、《欽定禮部則例》、《欽定工部則例》、《欽定國子監則例》、《欽定理藩院則例》、《欽定宗人府則例》、《欽定太常寺則例》等等。這種基本《則例》的內容，大致包含兩個方面，一是適用於各機關的通例，這種通例在其它有關部院《則例》中也會被列入。[17] 一是該府歷年奏准、適用於本府事務的規定。在這類《則例》中，尤為值得一提的是《欽定六部處分則例》。該《則例》由吏部制訂，其內容表面上是「專言文職考成」，但實際上有關文官制度的重要方面它都涉及。時人對它的作用評價道：「出治者不讀是書而無所遵循，佐其出治者不讀是書而無所引用。」[18] 專門《則例》如，《欽定吏部銓選滿州官員則例》、《欽定吏部銓選漢官則例》、《欽定科場條例》、《欽定學政全書》等等。

　　《大清會典》、《大清會典事例》和《則例》是我們研究清朝文官制度最直接、最可信的依據和資料。

　　根據《大清會典》的規定，吏部是文官管理的中樞機關，它「掌天下文職官吏之政令，以贊上治萬民。凡品秩銓選之制，考課黜陟之方，封授策賞之典，定籍終制之法，百司以達于部，尚書、侍郎率具屬以定議，大事上之，小事則行，以布邦職。」[19] 當然，清朝掌管文官政令的機關不僅僅是吏部，其它如禮部（掌科舉學校）、都察院（掌監督）等也都有相應的職責。

15　《欽定工部則例》卷 106，見《中華律令集成》（清卷）第 936 頁。

16　《欽定工部則例》卷 106，見《中華律令集成》（清卷）第 937 頁。

17　如《欽定工部則例》中有〈通例〉，其內容在《會典事例》和其它有關部院的《則例》中也被同樣列入。《工部則例・通例二》中有「親屬迴避」，這一內容在《欽定六部處分則例》（卷 3）、《欽定吏部銓選則例》（卷 8）中也被載入。

18　《欽定六部處分則例》（光緒十三年重修，光緒十八年上海圖書集成印書局印，見沈雲龍主編，《近代中國史料叢刊》第 34 集。下引此書只注書名和卷數），褚煥辰〈序〉。

19　《欽定大清會典》（光緒戊申冬月初版，商務印書館印。以下所引《大清會典》均為此一版本），卷 4。

第一章　文官之選拔

　　選官制度要解決的問題是：由什麼人來做官，通過什麼途徑、什麼方式來做官。換言之，它要解決的是文官制度的入口問題。選官制度的好壞，直接決定著官員的素質。無疑，它在文官制中占有舉足輕重的地位。所以，古今中外任何文官制度都十分重視這一關鍵環節。在現代文官制度中，選拔人才和職位分類被認為是當代行政管理的兩大支柱。同時，選官制度集中反映了某種文官制度的實質精神和價值取向；考察選官制度是我們分析、評價某種文官制度的一把鑰匙。

　　在中國古代「人治」體制下，各級為政者的素質直接影響乃至決定著社會的治亂和國家的興衰，歷代有見識的君王、大臣和思想家們都高度重視官員的選拔。清朝統治者也不例外。雍正皇帝曾這樣論述「得人」與「為政」之關係：「從來為政在乎得人，書曰野無遺賢，萬邦咸寧。蓋賢材登進，在位者多，則分猷效職，庶績自能就理，而民生無不被其澤也。」[1]

　　清朝關於文官的選拔制度，既有承襲唐宋以來尤其是明朝之舊制，又有許多根據本朝情況而新定之內容，條規繁多，關係複雜，自成特點。

1　《欽定大清會典事例》（光緒戊申冬月版，商務印書館印。以下所引《大清會典事例》均為此一版本）卷 75。

一、入仕途徑和出仕之限制

（一）入仕途徑

清朝文官之來源十分廣泛，《清史稿・選舉五》寫道：

> 凡滿、漢入仕，有科甲、貢生、監生、蔭生、議敘、雜流、捐納、官學生、俊秀。

科甲，即為科舉考試中第之舉人、貢士、進士。清朝之貢士、進士都具有參加吏部銓選的資格，但舉人則不然，他們不一定都能入仕（詳見下述）。

貢生，為府、州、縣學生員選送至國子監讀書者，有歲貢、恩貢、拔貢、優貢和副貢五種，[2] 另有由生員或俊秀監生援例報捐貢生之例貢。取得貢生資格並不意味著已經入仕；貢生入仕還須經過一定的考選。

監生，是指不以貢生身分而直接入監者，有恩監、蔭監、優監、例監四種。[3]

蔭生，謂憑藉長輩庇蔭而得官者。清朝蔭生除入監之恩蔭和難蔭外，尚有特蔭[4] 一種。凡蔭生，均能援例獲得官職。

議敘，議敘本是指考核官吏以後，對優異者議以獎勵之制。作為入仕途徑之「議敘」，清朝典章史籍和後人研究者都沒有一定解釋。從《會典》、《會典事例》、《六部則例》以及其它則例和章程等典籍分析，因功應授官或授銜而無常例者，經部議而授予者，均為議敘。被議敘者常須由督撫等官保奏。如，

2　清制，歲貢，從府、州、縣學食廩年深者中挨次升貢，但不是每年都選拔，一般二、三年一次。恩貢，遇皇室慶典、依歲貢常額，本年加貢一次。另外，特許先賢後裔入監者，亦稱恩貢。拔貢，由學臣遴選文行兼優者入貢，乾隆七年定制十二年一選。優貢，由各省學政對各學呈送之生員進行考試，優異者入貢，每三年一次。副貢，鄉試列入「副榜」（備取）者，可以入監讀書。

3　清制，恩監，凡由八旗子弟學習漢文的官學生和學習算學的滿、漢肄業生考取入監者，皇帝臨雍觀禮、恩准聖賢後裔以及由武生、奉祀生、俊秀等入監者，皆為恩監。蔭監，官員子弟援例入監讀書者，分為恩蔭和難蔭兩種。優監，雍正時定制，由附生選入國子監讀收者為優監。例監，俊秀援例捐納而得監生資格者。

4　特蔭者，謂完全名節之臣之子孫後裔，或浮沉下位，伏處鄉里，或入仕後品級卑微，匯列上聞，擇優錄用。乾隆四十八年選錄用明臣熊廷弼、袁崇煥之五世孫。但特蔭無常制（詳見《欽定大清會典事例》卷244，《清史稿・選舉五》）。

因攻城有功而議敘，[5] 書吏辦理清查有功而議敘，[6] 運米、栽種蘆葦有功而議敘，[7] 等等。

　　雜流，廣義而言，非正途者均為雜流；狹義而言，主要指由吏員為官。

　　捐納，作為入仕之一途，捐納是指以錢財買官。就捐納者而言，包括一般民人、生員、貢監生等等；就捐納對象而言，可以捐官職，也可以捐官銜等等。必須指出，捐納與清朝文官制度具有十分密切的關係，它貫串於文官制度的各個環節。通過捐納，可以由民而仕，可以優先銓選，可以獲得晉升，可以免去考職，可以免去年俸不足，可以免去試用，可以獲得議敘獎勵，可以抵銷行政處分，等等（詳見以下各章）。弄清捐納與清朝文官制度之關係，是一個十分重要的問題。

　　官學生，指覺羅學生、算學生、景山官學生和咸安宮官學生等，他們通過一定方式可以獲得低微的官職。

　　俊秀，指平民捐納入監（例貢或例監）者，俊秀實際是捐納之一種。俊秀與例貢並不等同，俊秀可能是例監，而例貢有俊秀援例捐納而為者，也有廩、增、附生援例捐納而為者。明確這一點對於正確區分貢生之正、異途有重要意義。

（二）正途和異途

　　清朝入仕途徑雖廣，但有輕重主次之分。清人將入仕之途分為正途和異途。但是，何謂正途？何謂異途？清朝典籍卻無統一和明確的解釋，至於後人的研究就更含糊和多有分岐了。

5　《欽定吏部驗封司則例》卷 1〈世爵〉：「一等城池敘六人，第一登城者授一等輕車都尉，第二人至第六人以次遞減。……二等城池，敘四人。第一登城者授三等輕車都尉，第二人至第四人以次遞減……」（參見《中華律令集成》清卷，第 253 頁）。

6　《欽定吏部處分章程》卷 11〈書役〉：「外省書吏辦理清查出力，經該督撫保奏，准其以未入流歸部即選。」（參見《中華律令集成》清卷，第 383 頁）。

7　《欽定大清會典事例》卷 77，乾隆 21 年議准，廣東、福建商民從安南、暹羅等國運米回省議敘：2000–4000 石，生監給予吏目職銜，民人給予九品頂戴；4000–6000 石，生監給予主簿職銜，民人給予八品頂戴；6000–10000 石，生監給予縣丞職銜，民人給予七品頂戴。乾隆 37 年議准，江南各省、豫東二省等地官員、民人栽種蘆葦、樹木議敘。如商民在官山官地栽種，成活 2 萬株，及在己地內栽種成活 1 萬株者，給以九品頂戴榮身。生監於官地內栽種成活 4000 株及在己地內栽種成活 2000 株者，免其考職，給以主簿職銜。

《清史稿・選舉五》：

> 定制，由科甲及恩、拔、副、歲、優貢生、蔭生出身者為正途，餘
> 為異途。

這段論述被許多學者視為權威結論。[8] 但是，也有的學者持有另外看法，將恩蔭列入異途。[9]

其實，《清史稿》的上述論述也有可疑之處。《欽定大清會典事例》卷76規定：

> 凡入貢入監非以俊秀者，曰正途。
>
> 注曰：恩拔副歲優貢生，恩蔭優監生，由廩增附生援例所得之貢監生，皆為正途。

顯然，《清史稿》和《會典事例》對「正途」的論述有較大的不同。正如在《導論》中論述的那樣，就史料價值而言，《會典事例》要高於《清史稿》。根據《會典事例》的規定，結合《清史稿》的論述，以下兩點當是可以明確的：第一，蔭生（包括恩蔭）屬於正途範圍。第二，在例貢生中，由俊秀援例捐納而為者，屬於異途；由廩、增、附生援例捐納而為者，仍為正途。所以，將例貢完全作為異途是不合清朝法律的。

劃分正途和異途是清朝任官制度中的一個重要原則，兩者在文官體系中明顯屬於不同的層次。《清史稿》寫道：「異途經保舉，亦同正途，但不得考選科、道。非科甲正途，不為翰、詹及吏、禮二部官。惟旗員不拘此例。」[10] 實際上，異途入仕者雖經保舉仍不得考選的不止科、道之官。如《欽定吏部銓選則例》規定：「候補科道人員人文到部，俟有缺出，吏部帶領引見補援。如無候補之人，科員缺出，吏部將道御史通行帶領引見轉補。道員缺出，由郎中、員外郎、

8　如《清國行政法泛論》，〔日〕織田萬撰，臺灣華世出版社1979年影印），第575頁–595
　　頁；《中國文官制度史》（下），（楊樹藩著，臺灣黎明文化事業公司1986年再版），
　　第457頁。

9　如《中國文官制度》（李鐵著，中國政法大學出版社1989年出版）。該書未提清朝文
　　官入仕之正途，只提異途兩種，捐納與恩蔭（第150頁）。另外，《中國法制通史》（第
　　八卷・清，法律出版社出版）也持此論（第115頁）。

10　《清史稿・選舉五》。

內閣侍讀、翰林院編修、檢討保送考選。……中書科中書、行人司行人、大理寺評事、太常寺博士由知縣升任者，准其考選。……以上各官如非正途出身，雖經保舉，不准考選。」[11]

（三）出仕之限制

隋唐實行科舉制以後，中國古代仕途向社會的開放度有了質的飛躍，庶民基本上都有入仕的可能。但是，歷朝也都有出仕之限制，從法律上規定某些人不得為官。統治者作出這種限制和規定的真正動因，乃是因為他們認為官員代表皇帝管理各種社會事務，而且擔當著禮義教化的重任，他們都應當是社會賢達，民之上者，具有良好的形象、高尚的品德和出眾的才能。凡有礙於這些要求的社會成員就不能入仕。這方面的限制和規定是歷代統治者根據當時的價值標準作出的，在後人看來毫無疑問帶有嚴重的偏見和錯誤。但是，統治者的動機和願望具有合理的因素。

清朝法律上限制的出仕之人主要有三類：

第一，從事低賤職業者。主要有娼妓、優伶、隸（衙署中帶黑圓高帽之差役）、卒（軍中下等服役之人）。這些人長期混跡於低劣行當，受特殊社會環境之薰陶，品性不正，廉恥不全，他們所從事之職業也為社會所不齒。這些「身家不清」之人進入仕途，勢必會有傷風化。清朝法律規定，娼、優、隸、卒本身及其子孫不得應考出仕。這些人必須放棄原先職業，經三代以後，其子孫方得應考出仕。因為按照清例，考取舉人進士而為高官者，可以褒封三代，而娼、優、隸、卒受封則顯然很不合適。為防止這些人冒入仕途，清朝法律要求應試之時，考生在履歷書上注明三代氏名及其身分，以便考官查驗核實有無應試資格。另外，山西、陝西之樂戶，江南之丐戶，浙江之惰民，在雍正朝以前，也屬賤民，不准應考。雍正時先後將他們豁除賤籍，報官越四世後准其應考。

第二，家奴。包括八旗戶下人和漢人家奴。這些人也屬於「賤籍」，沒有獨立的人格和地位，是社會最下層者。他們及其子孫均不得應考出仕。關於家奴放出後的出仕，清朝法律前後有所變化。乾隆四十八年諭：「向來滿漢官員人等家奴，在本主家服役三代，實在出力者，原有准其放出之例，此項人等，

既經雇主放出，作為旗民正身，亦未便絕其上進之階。……嗣後此等旗民家奴合例後該家主放出者，滿州則令該家主於本旗報明，諮部存案。漢人則令該家主於本籍地方官報明，諮部存案。經部復准後，准其與平民一例應考出仕。但京官不得至京堂，外官不得至三品。」[12]嘉慶十一年改定，放出之奴，三代之間，仍不准應考出仕；三代以後，方可應考出仕，任官限制同於乾隆四十八年諭。[13]

第三，祖父犯有嚴重罪行，其子孫出仕受到限制。《欽定禮部則例》規定：「文童之祖父有因遇賊退縮、從軍脫逃，或貽誤軍機、挾詐欺飾，或贓貨營私、貪汙敗檢，或侵盜賞賜外藩銀物，情罪均屬重大，業經奉旨，其子嗣不准應試出仕，至其孫曾應否報捐應試之處，詳敘案由奏明請旨。」[14]

上述限制性規定，如果僅僅適用於這三類人員自身，那麼其缺陷主要是存在著偏見。但是，擴展到他們的子孫，而且一般都要三代，三代以後出仕仍有限制，顯然是剝奪了這些子孫們的出仕權利，無疑是非常錯誤的，充分反映了統治者漠視人權、崇尚宗法的思想意識，而這是與現代文官制度格格不入的。

二、科舉

科舉，是清朝最基本、最重要的選官方式。《清史稿・選舉一》：

> 有清一沿明制，二百餘年，雖有以他途進者，終不得與科舉出身者相比。

形成這種選官體制的原因，一方面固然與唐宋以來的傳統密切相關，統治者還沒有發現更好的選官辦法。另一方面，清初統治者還有深刻的政治考慮。清初幾代君王都將科舉取士視為推行文治，吸納士人的治國大政。世祖順治元年，定以子、午、卯、酉年鄉試，辰、戌、丑、未年會試。[15]順治二年，浙江總督張存仁建議以開科取士的辦法進一步籠絡江南儒士人心，消彌各種反清意識：

12　《欽定大清會典事例》卷70，另參見《欽定大清會典》卷10。

13　《大清律例・戶律》，「戶役」。

14　《欽定禮部則例》卷60〈儀制清吏司〉，參見《中華律令集成》（清卷）第629頁。

15　《清史稿・選舉三》。

「開科取士,則讀書者有出仕之望,而從逆之念自息。」[16]同年,范文程也上疏:「治天下在得民心,士為秀民,志得,則民心得矣。請冉行鄉會試,廣其登進。」[17]范文程的上疏非常深刻:治國必得民心,得民心必先得士心,得士心必使之有登進之望。這些建議深為清廷賞識。順治二年,舉行鄉試。順治三年,會試天下舉人和舉行了殿試。順治八年,取士之制又擴及到滿州、蒙古及漢軍。

清代科舉分為三級考試,即鄉試、會試和殿試。

(一)鄉試

清朝鄉試每三年一屆,試士子於地方直省,中第者為舉人,第一名為解元。

參加鄉試的有兩種對象,一是在監貢監生,他們由本監官考選。二是地方學校之生員。生員參加鄉試必須首先通過學政主持的科試。[18]生員只許應試本省鄉試。其仕宦子弟,不准於父兄原任衙門移文起送。生員遇丁優不准考試。[19]

清代鄉試充滿著激烈殘酷的競爭,是士子科舉征途上最難逾越的一級。鄉試的參加人數有名額限制,原則是根據鄉試中第(包括副榜)指標分配名額。歷代分配標準不盡一致,但應試儒生與中第指標之比往往很小。[20]

鄉試考三場,每三天舉行一場。三場內容和體裁歷朝時有變化。乾隆五十二年定制:「命自明歲戊申鄉試始,鄉、會五科內,分年輪試一經。畢,再於鄉、會二場廢論題,以五經出題並試。永著為令。」[21]就是說,鄉會試依五經輪流命題,五經考完,裁去第二場論題,以五經各出一題並試。與這一詔諭精神相一致,《欽定科場條例》對鄉試題目程式作了具體規定:

> 鄉會試題。第一場:四書制義題三,五言八韻詩題一。第二場:五經制義題各一。第三場:策問五。

---

16 《清世祖實錄》卷 19。

17 《清史稿》卷 239〈范文程傳〉。

18 清朝科試分為三場,主要內容為《四書》文、策、詩各一篇。三場精通者方能參加鄉試。

19 《欽定科場條例》卷 3〈科舉〉,參見《中華律令集成》,(清卷)第 587 頁。

20 如,順治二年,定直省錄送比例為 30:1。康熙二十九年,准江南、浙江錄送比例為 60:1;乾隆九年,大省定額 80:1,副榜 40:1;中省定額 60:1,副榜 30:1;小省定額 50:1,副榜 20:1;臺灣定額 150,1。(詳見《欽定大清會典事例》卷 337)。

21 《清史稿·選舉三》。

四書題，首《論語》，次《中庸》，次《孟子》。如第一題用《大學》，則第二題用《論語》，第三題仍用《孟子》。

五經題，首《易經》，次《書經》，次《詩經》，次《春秋》，次《禮記》。有前後顛倒者，照出題錯訛字句例議處[22]。

清朝治襲明制，鄉試首場所用體裁為八股文（又稱制藝、時文等）。這一體裁之弊端不僅為當時許多有頭腦的思想家和大臣們所認識，而且也為一些清朝帝王所覺察，所以曾有廢而不用之實踐。但是這些認識和實踐非常脆弱和短暫，在正統觀念和勢力面前不堪一擊，八股文之主導地位牢固堅實。究其原因，從技術層面而言，八股文以其特殊的形式能夠比較真實地檢驗舉子的文字基本功，較好地防止作弊和客觀地評閱試卷。從體制層面而言，八股文這種體裁符合統治者取士之宗旨，也與清朝文官制度的文化精神相一致並能起到強化的作用（詳見本書第七章）。

鄉試三場在形式上是並重的，但實際上首場最重。乾隆四十七年明確規定：「若頭場詩文既不中選，則二、三場五經文、策論間有可取，亦准復為呈薦。」[23]嘉慶十年也規定，「鄉、會試三場並設，經文、策對，原與制藝並重。然必須……先閱頭場，後閱二、三場；先校薦卷，後搜落卷。」[24]輕重如此懸殊，乃至有人批評考官們將二、三場視為具數。[25]形成這一現象和風氣的根源也在於統治者的取士宗旨。首場試以八股文，內容是四書，而四書是儒學精髓所在。乾隆十年的一道上諭說得很明確：

國家設科取士，首場重在四書文，蓋以六經精微，盡于四子書，設非讀書盡理，篤志潛心，而欲握管揮毫，發先聖之義蘊，不大相徑庭耶？[26]

這道上諭清楚說明了統治者心目中的考試重心、擇人標準以及取士目的。

22 《欽定科場條例》卷13〈三場試題〉，參見《中華律令集成》（清卷）第593頁。
23 《欽定大清會典事例》卷321。
24 《欽定大清會典事例》卷347。
25 道光、咸豐年間的戴鈞衡曾說：「今鄉、會試主試官與同考官，專重時文，二、三場經、策，視為具數。」（盛編《經世文續編》卷66）。
26 《欽定大清會典事例》卷332。

　　清末，鄉試三場的內容和體裁有了較大變化。光緒二十七年，清廷採納張之洞的建議，從明年開始，鄉、會試首場改試中國政治史事論五篇，二場各國政治藝學策五道，三場《四書》義二篇、《五經》義一篇。這一定例雖然來得很晚，實行的時間也很短，但統治者作出這樣的改變實屬不易。表面上，僅僅是考試內容和形式的變化；實際上，它所說明的問題和隱藏的內涵卻是非常深刻和耐人尋味的。

　　試題品質直接影響所選人才的品質，試題也是應試士子最關心之內容，多有百般揣摩者。所以，「科場擬題最重」。清朝對出題制訂有詳細的規範要求，並且對違例者嚴厲查處：「歷科試官，多有以出題錯誤獲譴者。」[27]《欽定科場條例》規定，順天鄉試及會試五經題策問，由考官擬定，頭場四書、詩題俱由欽命；各省鄉試三場考題，正副考官共同擬定。鄉、會試策題，考官親出，不得假手房考。試題內容應擇四書、五經內義旨精深及詩題典重者，不可拘泥忌諱，不可出語近頌揚，並熟習常擬之題，以杜士子揣摩預構之弊。試題應明白準確。經書題目禁止割裂牽搭，致礙文義。如有割截小巧者，將考官參奏議處。詩題惟期於中正雅訓，不得引用僻書私集，有乖體制。策題以關切事理、明白正大為主，不須搜尋僻事。本朝臣子學問人品，不得以策問士子。每問不得過三百字。如有自問自答、敷衍過多及支離迂闊、草率舛陋者，考官照違令例議處。考官出題錯字者，一次罰俸三個月，二次六個月，三次九個月。自行檢舉者，罰俸三個月。[28]

　　鄉試中第名額（包括副榜）由朝廷在鄉試之前按地區分配下達，具體數額常有變化，呈增加趨勢。朝廷決定各地鄉試解額的主要依據，是人口數量、丁賦重輕以及文風高下等等。各省名額中有五經分科比例，但可以適當調配。如果以捐納增加應考人數，相應增加中第名額。官卷錄取不足之名額，可以轉為民卷錄取。廣東等地商籍可以申試，朝廷另拔名額。[29]

　　鄉試中第舉人，在入仕道路上邁出了關鍵的一步。舉人爾後正式入仕，主要有兩途。一是參加會試並中第成為貢士，二是參加舉人大挑。大挑是清朝專為會試下第舉人設立的一種入仕途徑，目的是為消除歷科舉人積次壅滯，疏通

27　《清史稿·選舉三》。

28　《欽定科場條例》卷14〈三場試題〉，參見《中華律令集成》（清卷）第594頁。

29　關於清朝「鄉試中額」，詳見《欽定大清會典事例》卷348、349。

寒畯，及時任用。清初定例，舉人會試三科不中，准補知縣，一科不中，改就教職，名曰「揀選」。然此非為常制，舉人實際獲選不及十分之一，[30]積滯甚重，人心起怨。乾隆時，仿清初揀選定大挑之制，六年一屆。[31]大挑的一般程序是，合例之落第舉人取具同鄉京官印結，旗人取其本管佐領圖片，呈送禮部。禮部查造清冊諮送吏部，奏清欽派王大臣，於各省舉人內公同揀選。一等某者以知縣試用，二等者以教職銓補。每屆大挑名額由朝廷按省分配，或規定具體額數，或規定錄用比率。[32]

另外，自乾隆朝開始，凡年七十以上會試落第舉人，予司業、編修、檢討、學正等銜，以示皇恩。[33]

（二）會試

清朝會試每三年一次，於鄉試的第二年春天舉行，由鄉試的中第舉人參加，禮部主持。中第者為貢士，第一名稱會元。

會試之場次、試題的內容和形式、體裁均與鄉試相同。惟出題與鄉試稍有不同。第一場四書、詩題均由皇帝親命，二、三場題，由考官擬定。[34]

會試中第名額，以地區分配為主要原則。這一原則是唐宋以來科舉實踐的經驗總結，其作用和意義都十分重要。自隋唐實行科舉取士以來，中國南北方士人之間的矛盾就逐漸產生、發展乃至尖銳起來。因為南方經濟文化較為發達，南方人又具有「尚文」的傳統，科舉對他們如魚得水，十分有利。晚唐北宋以降，南方人在進士科中逐漸占據壓倒優勢。為此，司馬光曾建議「逐路取士」，按各地區戶口數預分進士名額。但歐陽修堅持以試卷文章為錄取標準，司馬光

30　商衍鎏著，《清代科舉考試述錄》，生活・讀書・新知三聯書店 1958 年 5 月出版，第 95 頁（下引此書只注書名、頁碼）。

31　乾隆時何年定大挑六年一屆，史載不甚明確，有說乾隆十七年定制（《清代科舉考試述略》，第 95 頁）。此說有可疑之處。據《欽定大清會典事例》卷 353 載，乾隆十七年詔諭會試後舉行萬壽恩科，揀選落第舉人，未定六年一屆。事實上，乾隆十七年、廿六年、三十年、三十一年、三十七年等均有大挑，六年一屆似乎不明。但至遲在乾隆末，六年一屆已為定制。如嘉慶五年諭：「各省舉人，自乾隆六十年乙卯恩科大挑後，至明歲會試又閱六載（重點號為引者所加）。著于辛酉恩科會試後大挑。」嘉慶十二年又諭舉行大挑。（《欽定大清會典事例》卷 353）。

32　《欽定大清會典事例》卷 353。

33　《清史稿・選舉三》。

34　《欽定大清會典》卷 33，「禮部」條注。

之議只得作罷。元朝為推行民族壓迫政策，在科舉考試中百般壓抑南人。明朝建立以後，沿用宋朝科舉模式，南方人很快又占優勢，南北士人的矛盾再次尖銳起來，並於洪武三十年發生了震驚全國的「南北榜」（「春夏榜」）之爭。[35] 在這場爭論中，作為南方出身的朱元璋，不顧事實和常情，有意偏袒北方士子，血腥屠戮南方大臣和舉子。這背後，隱藏著朱元璋的深刻用意，那就是籠絡北方士子，協調南北文人的權力分配，穩定充滿不穩定因素的北方社會。後來，明仁宗洪熙元年，明確將南北定額取士制度化，此後又具體將全國劃分為南、北、中三大地區，各區各省的會試中額都一一明定。

　　清朝統治者深諳明朝上述取士制度的真諦，很快予以繼承並且在實踐中進一步發展。順治九年議准，會試分南、北、中卷取中。康熙四十二年，針對脫科之省（一名未中）的現象，定例脫科之省可奏請取中一二名。康熙五十一年諭，南北中卷劃分過於粗略，各地仍不平衡，要求予以改進：

> 近見直隸各省考取進士額數，或一省偏多，一省偏少，皆因南北卷中，未經分別省分，故取中人數甚屬不均。

遵旨議定：

> 嗣後會試，不必預定額數，亦不必編南北官民等字號，堆按直隸各省及滿州蒙古漢軍分編字號，印明卷面，于入場時，禮部將直省舉人各實數奏明，酌定省分大小，人材多寡，欽定中額。[36]

　　本來，科舉就是以文取士；會試，就是會集天下舉人同試於京師。所以，將成績作為標準，以卷取人，是不言自明之原則。也只有遵循這一原則取士，才能體現出科舉的公正性。許多士大夫們的這種觀點雖有道理，但在明清君王

35　洪武三十年春會試，主考劉三吾、白信蹈錄取進士 52 人，全是南方人。三月殿試，定狀元為陳䢿。北方舉人紛紛指責主考劉三吾因自己是南方人，壓抑北方人。朱元璋派張信等人複查，複查結果認為劉三吾並未舞弊。北方舉人又上疏說張信與劉三吾相互勾結，故意挑出北方人的劣等卷子呈送皇帝，肆行欺騙。朱元璋大怒，竟處死白信蹈、張信和狀元陳䢿等人，劉三吾已八十五歲，以年老免死，革職充軍。隨後，朱元璋親自閱卷，「欽定」任伯安等 62 人為進士，全部是北方人，於同年夏天放榜。（參見《科舉制度與中國文化》），金諍著，上海人民出版社 1990 年出版，第 178 頁（下引此書只注書名和頁碼）。

36　《欽定大清會典事例》卷 350。

們的眼中，卻是很膚淺和不全面的。在他們看來，通過科舉選拔好的人才固然重要，但有比這更重要的目標，那就是政權的穩固，國家的安定。若是因為科舉而導致士人對立乃至敵視，勢必會影響上述最重要的目標，豈不因小失大。所以，士子的文卷是錄取的標準，但有比這更高和更重要的標準。在這方面，明清君王們的考慮是非常講「政治」的。乾隆五十三年的一道上諭講得很清楚：

> 前錢灃奏科場事宜一摺，請將順天鄉試毋庸分別南北中皿，會試亦毋庸分別省分，概憑文藝取中，以防查認關節之弊，固為剔除關節積弊起見。但國家取士，博采旁求，于甄錄文藝之中，原寓廣收人才之意。且各省文風高下互有不齊，若如錢灃所奏，勢必至江浙大省，取中人數居其大半，而邊遠小省，或竟至一名不中，殊非就地取才之意。錢灃係雲南人，或所奏尚無別故。若伊籍隸江浙等省，則跡涉阿私，必至有乾吏議矣。[37]

從這道上諭的最後一句話可以看出，按省錄取原則事實上已被定為毋庸討論的禁區，任何異議都有可能被懷疑為居心不良。

從實踐結果看，明清按地區取士的原則也卓有成效。如前所述，北宋以成績為標準取士，進士多為南方人囊括，南北士大夫在政權結構中嚴重失衡，自然削弱了北宋在北方的統治基礎。後來，金人能夠迅速占領北方與此不無關係。明清統治者有鑒前轍，改變取士原則，較好地協調了南北方士子的關係，均衡了南北籍在政權結構中的地位，擴大和穩固了統治基礎。同時，這種取士原則又反過來促進和推動了北方文化和經濟的發展。明、清兩朝，分別能夠將江山穩固地維繫二百六、七十年，其原因固然多種多樣，但上述取士制度肯定也發揮了積極的作用。所以，按省錄取原則在總體上是應該予以肯定的。

清朝歷科會試中額各不一致，每科大凡三百名左右，雍正庚戌科 406 名為最多，乾隆己酉科 96 名為最少。有清一朝，會試共中額 26391 名，平均每科約 236 名。[38] 中額之貢士實際上已取得進士出身，殿試只是將他們分等而已，所以

---

37 《欽定大清會典事例》卷 350。

38 參見《清代科舉考試述錄》第 153 頁。但是，據朱保炯、謝沛霖所編《明清進士題名碑錄索引》，清朝 112 科進士為 27446 名。

有學者說，「清制舉人在北京應進士之試者曰會試」，[39]《清會典》在列文官出身時有進士、舉人而無貢士（詳見第二章）。正因為如此，會試中第者都已具備入仕資格。

康熙之前，會試也有副榜，但不是貢士，不參加殿試，可諮吏部授職。康熙三年取消副榜，在正榜外「挑選謄錄」，每科 40 名，他們日後也可「積資得邀議敘」。[40]

（三）殿試

殿試是皇帝親考會試中式之貢士，亦稱廷試，時間一般在會試後一個月。殿試內容是策論一道，含三至五題，多屬當世時務。策題擬定極為嚴格。乾隆二十六年諭，舊例策題由內閣預擬，容易漏泄揣摩，改為讀卷大臣於殿試前一日集中於文華殿密擬，先呈標目八道，每題四字（後改為二字），進候欽定四條，然後逐條撰題，緘封呈閱。發下後，在護軍統領嚴密監督下，連夜刊刻印刷，於凌晨製作完畢。貢士答題不限字數，但不得少於千字，否則以不中式論。試卷由十四名（後改為八名）閱卷大臣批閱，排出名次，進呈皇帝欽定。「名第分一、二、三甲，一甲三人，曰狀元、榜眼、探花，賜進士及第。二甲若干人，賜進士出身；三甲若干人，賜同進士出身。」[41]清朝自順治丙辰科至光緒甲辰科，共殿試 112 次，取狀元 114 名[42]。從殿試一甲情況看，文化繁榮、經濟發展的地區，科舉中額也相應名列前茅（清朝狀元省分詳見本章第五部分）。

關於清朝殿試，有兩點頗值得後人思考和鑒記。

1. 關於殿試的作用和意義

殿試是科舉的最高一級，歷來被奉為「策士巨典」。[43]歷朝君主尤其是那些著名的皇帝（如順治、康熙、乾隆等）都十分重視殿試，頻頻下詔，或申明旨義，或對其加於改進。[44]殿試的每一個環節，如出題、製題、授題、答題、收卷、

39　參見《清代科舉考試述錄》第 102 頁。

40　《清史稿·選舉三》。

41　同上。

42　因順治壬辰（1652）科和乙未（1655）科，滿漢分榜，故有兩名狀元。

43　《欽定大清會典事例》卷 361。

44　《欽定大清會典事例》卷 361。

閱卷、欽定、放榜，以及爾後的恩榮宴、賜朝品、新進士上表謝恩、行釋褐禮、建碑題名等等，都有嚴格的規範。這些規範的特點之一，是包含有大量的儀式規定，它們都被一一載明在《會典》、《會典事例》等法律文獻中，其中尤以授題和放榜的儀式最為莊嚴和隆重。[45] 這些儀式絕不是僅僅為了象徵繁榮和太平。中國古代歷來「禮儀」並提，禮之「質」離不開儀之「文」，而恰恰隱寓在其中。透過殿試的種種儀式現象，我們可以追尋統治者的動機：

首先，殿試是皇帝籠絡新進士的一種很好的制度。殿試由皇帝親策，題名以後又給予極高的榮譽和待遇，這樣自然會培養新進士們對皇帝的認同感、報恩感。如果說，得「士心」是得「民心」之關鍵，那麼，得「進士之心」就是得「士心」之關鍵。所以，殿試對皇帝而言非常重要。

其次，殿試反映了朝廷對選拔高級文官的重視。進士（尤其一甲三名）是日後朝廷重臣的主要候選人，他們的素質如何對行政管理機器的運轉有著至關重要的影響。所以，從唐朝開始，在禮部（或吏部）考試的基礎上，對那些將被委以重任的士子再加考試，以便進一步鑑別和複查。同時，新進士們經過殿試的考查，耳濡目染一道道莊嚴隆重的儀式，其身心會得到一次洗禮，他們對

---

45 殿試授題儀式：先期一日，鴻臚寺官設策題黃案於太和殿內東旁，另設一黃案於丹陛上正中。是日，設鹵簿大駕於太和殿前。禮部鴻臚寺官員、貢士至太和殿兩旁排立，王以下文武百官各具朝服，依例排列。禮部鴻臚寺奏請升殿，皇帝具禮服御太和殿升座，作樂鳴鞭。內閣官於東旁黃案上取策題授禮部官，禮部官跪受，至丹陛上正中跪設黃案上，行三叩禮畢。讀卷官及執事各官北向序立，鳴贊官贊行三跪九叩禮，次各貢士北向序立，又行三跪九叩禮。各分東西侍立。鳴鞭，皇帝還宮，文武百官皆退，禮部官散題，貢士列班跪受，鳴贊官贊行三叩禮，各就試桌對策。（見《欽定大清會典事例》卷 361）。

放榜（傳臚）儀式：是日晨，設鹵簿法駕於殿前，並依例設中和韶樂、丹陛大樂、黃案、雲盤、彩亭等。王公百官朝服序立，新進士朝服冠三枝九葉頂冠，按名次序立。屆時，禮部堂官至乾清門奏請皇帝出宮，午門鳴鐘鼓，禮部堂官在前引路，皇帝入太和殿，奏《隆平之章》。鳴鞭三次，奏《慶平之章》。讀卷執事各官行三跪九叩禮。內閣大學士進殿捧黃榜授禮部堂官，禮部堂官跪接並置於丹陛正中黃案上。丹陛大樂作，鴻臚寺官引新進士就位宣《制》三甲。傳臚官唱第一甲第一名某人，引出班就御道左跪，第二名某人，引出班就御道右稍後跪，第三名某人，引出班就御道左又稍後跪，每名皆唱三遍。後唱第二甲若干名，第三甲若干名，僅唱一次，不引出班。唱名畢，樂作，大學士至三品以上官及新進士均行三跪九叩禮，奏《顯平之章》。禮成，皇帝還宮。禮部堂官捧榜承以雲盤，置於彩亭內，校尉舉亭，行禮作樂，黃傘鼓吹前導，出午門中門，禮部堂官及一甲三名隨榜出，至東長安門外張貼於長安街，榜張三日後恭繳內閣。（見《欽定大清會典事例》卷 361，並參見《清代科舉考試述錄》）第 116 頁 –118 頁）。

自身的價值和未來的憧景，都會不由自主地得到昇華。

再次，殿試可以向社會昭示朝廷崇尚學校、崇尚教育、崇尚「文治」的意向。在那些隆重的儀式中，身臨其境的雖然只有新進士們等少數人，但它產生的社會心理影響卻是巨大的。每一科進士張榜，禮樂高奏，建碑題名，都是對天下芸芸士子萬民的極大刺激。

2. 關於殿試的評閱標準

本來，殿試專考策論一篇，這與鄉試和會試的考題有很大的改變，反映了朝廷著重考察未來高級官員的應世務實才能的指導思想。而且，順治時還廢除沿襲明朝而來的四六駢體，不限長短，毋得預用套詞，拘泥舊式。乾隆初年又令禁用頌聯等虛泛套語，策文但取敷陳切當，不必泥於成格。這些都是應該肯定的。

然而，清廷的最初願望沒有能夠得到很好的實現。導致這一結果的原因是錯誤的評閱標準。一篇策論，有文有字，兩者比較，理當文重於字。但是，閱卷大臣們卻顛倒過來，重字而輕文。論者多說這種風氣始於道光。[46] 其實，清初已見端倪。康熙四十二年針對殿試評閱中的不良現象，在一道上諭中要求，「較定前後名次，必須憑文論定」。[47] 至乾隆時，重字輕文風氣已相當嚴重。乾隆二十五年為此專發上諭，要求切實糾正：

> 廷試士子，為掄才大典。向來讀卷諸臣，率多偏重書法，而于策文則惟取其中無疵纇，不礙充選而已，敷奏以言。

遵旨議定：

> 嗣後殿試卷，除條對精詳、楷法莊雅者，盡登上選外，其有繕寫不

46　如，有人說這種風氣是由於曹振鏞為道光批閱題本所出的主意而造成的。「宣宗初登極，以每日披覽奏本外，中外題本，蠅頭細書，高可數尺，雖窮日夜之力，未能遍閱，若竟不置目，恐啟欺蒙嘗試之弊。嘗問之曹文正公振鏞，公曰：『皇上幾暇，但抽閱數本，見有點畫謬誤者，用朱筆抹出。發出後，臣下傳觀，知乙覽所及，細微不遺，自不敢急急從事矣。』上可其言，從之。於是一時廷臣，承望風旨，以為奏摺且然，何況士之試卷，而變本加厲，遂至一畫之短長，一點之肥瘦，無不尋瑕索垢，評第妍媸。」（陳康祺，《郎潛紀聞二筆》，轉引自《中國歷代選官制度》，陳茂同著，華東師範大學出版社 1994 年出版，第 397 頁）。

47　《欽定大清會典事例》卷 361。

能甚工，而援據典確，曉暢時務，即為有體有用之才，亦應列為上卷。若敷衍成文，全無根據，即書法可觀，亦不得充選。[48]

然而，積習難改。乾隆以後，上述風氣愈演愈烈，字取黑大光圓，甚而苛及於點畫小疵。至光緒時，「最重字體，偶有破體別字，讀卷官必票簽為識，不得前列。」[49]

更有甚者，上述重書法、輕文章的擇人標準由殿試擴及到幾乎一切清官要職的選拔考試。龔自珍在一篇〈自序〉中這樣寫道：

先殿試旬日為複試，遴楷法如之。殿試後五日或六日、七日，為朝考，遴楷法如之。……保送軍機處有考試，其遴楷法如之。京朝官由進士者，例得考差，……考差有閱卷大臣，遴楷法亦如之。部院官例許保送御史，御史主朝廷是非、百姓疾苦及天下所不便事宜者也。保送復有考試，考試有閱卷大臣，其遴楷法亦如之。[50]

上述擇人標準的弊端早為一些君王和大臣們所認識到，並且時有上諭發布和奏議上陳，但都無濟於事。終清之世，此風日甚一日。其原因是什麼呢？

首先，從歷史傳統來看，中國古代選官素來重書法。唐朝吏部銓選考試以「四判法」為標準：「凡選授之制，以四事擇其良：一曰身，二曰言，三曰書，四曰判」。[51] 身乃取其形貌健偉，言乃取其言詞辨正，書乃取其楷法遒美，判乃取其文理優長。這「四判法」一直被沿用下來，影響很大。應該看到，以「書」作為官員的基本素質和擇官標準之一，在當時的條件下是有合理因素的。但是，清朝將這一傳統極端化，在殿試以及其它重要考試中作為首要標準，這就錯誤了，也與「四判法」的精神不相一致。

其次，從應試士子來看，長期的應試教育使他們一直偏重策文的格式形式，而輕視策文內容。士子們首先考慮的是如何通過科試、鄉試、會試，而在這些考試中，主要是考四書五經，因此他們長期埋頭於四書五經，而對策論、

48　《欽定大清會典事例》卷361。

49　清・黃協塤著，《鋤經書舍零墨》卷4〈殿試策〉。

50　《龔自珍全集》第三輯〈干祿新書自序〉。

51　《唐六典》卷2。

時務非常輕視，只求敷衍了事，加之對社會缺乏瞭解，胸中幾無可策之實在內容。一旦鄉試、會試中第，貢士才開始臨事抱佛腳，為殿試策論匆匆作些準備。參加過殿試的商衍鎏曾寫道：「欲得高第，策文必須充實寫滿，……書寫時間占大半日，限於晷刻，為文不暇構思，因預擬兵、農、刑、禮、吏治、河防、鹽鐵、工賑等數十門條對空文。問題發下，按照每門參入題旨，加以點綴即可成篇。……策冒必有頌聖雙抬兩行，單抬一行。每條策末均有頌聖雙抬一行，策尾亦有頌聖雙抬一行，此皆嘉、道以後互相沿襲，限制束縛，頓成一時之通例。」[52] 貢士們的「條對空文」，客觀上也助長了以書法取人。

　　第三，從閱卷官來看，偏重書法是既簡便又穩妥的辦法。策文內容之高下，因其主觀性很強而難於定論，加之閱卷官是一個集體，就更難統一。讀卷官本身靠八股文博取功名，學問弇陋者居多，要他們真正鑒衡亦屬不易。而書法之優劣，是易於辨別定論的。

　　第四，與清朝皇帝也有直接的關係。雖然很多皇帝都下詔反對這種擇人標準，強調以文取人。但在實際中卻往往出爾反爾。康熙就是一例。如上所述，他曾明確要求「憑文論定」，但由於他極好書法，也確實寫得一手好字，往往以書法取人。史載，高士奇原非進士出身，「皇上因其字學頗工」，不拘資格，擢補翰林。相反，盛度、阿迪泰、耿古德三個進士卻因「文字俱劣，不堪造就」，被逐出翰林院。[53] 康熙的這種鮮明態度勢必會對整個選官制度產生示範作用。受康熙的影響，清朝歷代皇帝長於書法者甚多。「上有所好，下必甚矣」，這本來就是一條社會心理規律，更何況在君主專制制度下。讀卷大臣們將書法遒美者進呈上去，很大程度上是投其所好。同時，讀卷大臣評閱以後，要將前十本送皇帝審奪欽定，由於策文高下往往仁者見仁，一旦讀卷大臣的意見和君主不合，很可能招致龍顏不悅，甚至君主另有政治意圖，那讀卷大臣就該倒楣了。所以，上述擇人標準雖然首先表現在讀卷大臣身上，但根源卻係於君主和君主專制制度。

　　第五，從整個統治階級來看，上述擇人標準是統治者頹廢墮落的反映。明朝以來，中國專制制度進入腐朽階段，各種弊端日漸暴露無遺。統治者為延續

52　《清代科舉考試述錄》第 112 頁。
53　王先謙，《東華錄》「康熙二十八年」、「康熙四十五年」。

「長治久安」之局面，採取高壓政策，思想控制異為嚴格，科舉中的八股文正是適應了這種需要。政治領域、思想領域、文化領域不再有唐宋時期的那種勃勃生機。清朝知識分子或沉溺於四書五經，或專注於考證文字聲韻訓詁（乾嘉學派），而對科學、民生、時務漠不關心。在這種背景下，以空讀為時尚，以小技為高雅，就不足為怪了。

以書法取人的擇士標準嚴重影響了清朝科舉選官的品質，許多有思想、有學識之真人才被排斥和淹沒，龔自珍就是一例。道光年間，龔自珍在殿試、朝考兩次對策中都「歷舉時事，洋洋千餘言，直陳無隱。閱卷諸公皆大驚。而卒因楷法不中程，不列優等。」[54] 道光時有人對清朝科舉選才作了這樣分析：「國朝自乾隆以前，狀元猶或取才名，其策亦多取條對。……嘉慶以後，漸行波靡，自己未姚文僖後，遂無名家。……道光以後，始專論字，……故嘉慶至今（道光）七十八年，狀元三十七人，官至一品者，僅二人，二品者十人，而偃蹇夭折者大半。嘉道間之龍頭，士大夫已不能舉其姓氏，除姚文僖外，著作亦無一字流傳，朝廷取此等人，果何用也。」[55] 可見，清朝至乾隆時，由於還未專以書法取人，所取狀元或有真才，嘉道以來，以書法取人日漸占據主導地位，故狀元中真才者已為罕見。至清末，以書法取人之弊害更為嚴重，以至有人憤怒地發出了減學額、廢翰林之呼聲：「論其學，則不辨其唐宋；論其文，則不辨之乎。童而習之，破句之四書，長而效之，錄舊之墨卷。其應試也，懷挾小策，鑽營關節；其應制也，描摩墨卷，研磨墨光，明人謂三十年不科舉，方可以致太平，余謂必不得已，當大減天下學額三分之二，停送翰林三十年，始可言節氣與政事也。」[56] 這些議論雖然激進有餘，深刻不足，卻表明時人對科舉制度已失去信心。

事實說明，錯誤的擇人標準，對科舉選官制度起到了極大的摧殘和破壞作用。

（四）防止舞弊的主要措施及其實施狀況

中國古代是官本位社會，一個人的身分、地位和價值，集中表現為他能不

---

54 《龔自珍全集・年譜》。
55 清・桃華聖，《解庵日記》壬集。
56 李慈銘，《越縵堂日記・乙集》卷 2「光緒元年」。

做官和官的品級如何。清朝承沿隋唐以來之傳統，科舉是入仕之主要途徑。於是乎，科舉就成了天下萬民的功名利祿場，絕大多數社會成員的身價、地位全係於科舉場上的成敗。金榜題名、鵲噪報吉者，朱紫裹身、頂戴榮冠；名落孫山、困頓場屋者，骨肉愁容、親朋冷眼。科舉成名，成為許許多多人的第一人生追求。年幼者、年輕者競相角逐自不必說，就是七十、八十、九十老翁竭慮科場也大有人在。[57]

　　在這千軍萬馬爭過獨木橋的激烈競爭中，舞弊現象是不可避免的。科場內外的千醜百態，舉不勝舉。士庶百姓會舞弊，有權、有勢、有錢者更是利用種種有利條件鑽營取巧。唐宋尤其是明清描寫、批評、諷刺科場醜態的小說、散文、詩歌、日記比比皆是。與此同時，歷代統治者為了保證科舉的公正性，保證所選官員的高素質，總是制訂各種條規、禁令，減少和制止科舉舞弊。在科舉制度的發展過程中，一方面是舞弊現象不斷翻新升級，另一方面是國家的法令科條日益嚴密完善。從某種意義上說，科舉制度發展史就是一部舞弊與反舞弊的鬥爭史。至清朝，這種鬥爭達到了高峰。清統治者將防弊反弊作為科舉成功之關鍵：「嚴申禁令，誥誡防閑，肅風紀而端士習，有清視為科舉中之要政。」[58]

　　清朝的科舉立法堪稱集歷代之大成。其關於防止和懲治科舉舞弊的法律主要集中在《會典事例》和《欽定科場條例》中。《會典事例》中的「吏部」、「禮部」條下都有有關內容，尤其是「禮部」的「貢舉」，對科舉考試的每一個環節都作了具體明確的規定。[59]《科場條例》則是關於科舉的專門立法，從乾隆六年始修至光緒十三年，幾經增刪，體系內容都十分完備，是清朝科舉立法的主要成就。

57　《欽定大清會典事例》卷 354 載，乾隆四十九年（1784），一位年屆九十者參加會試，但三場皆未能考竣。乾隆五十一年鄉試，老儒參加者有，順天 5 名，河南 7 名，山東 7 名，江蘇 1 名，廣東 2 名，陝西 2 名，湖南 3 名，江西 6 名，福建 2 名，四川 2 名，貴州 3 名。他們均落第，由皇帝「賞給舉人」。

58　《清代科舉考試述錄》第 56 頁。

59　《欽定大清會典事例》卷 340–347 對有關科舉考試的如下條目作了細明規定：執事員役、董理重員、鄉會試考官、錄送鄉試、起送會試、申嚴禁令、整肅場規，試院關防，制辦試卷，繕卷條規、設立官卷、開報迴避、外簾事宜、內簾閱卷、鄉試中額、會試中額、複試、榜錄、下第、明通榜、中正榜、挑膳錄、考取教習、舉人大挑、恩賜、召試、解卷、磨勘處分、供具、殿試、朝考、進士留京教習、賜宴、重赴鹿鳴宴、重赴瓊林宴、賞賚、翻譯鄉會試、駐防翻譯鄉會試、翻譯童試、駐防翻譯童試。

　　清朝關於防止和懲治科舉舞弊的規範和措施細密而繁多，現僅擇幾項主要者簡述之：

　　1. 嚴選考官

　　清廷對考官十分重視，順治曾說：

　　　朝廷舉人材，科目最重，必主考同考官皆正直無私，而後真才始得。[60]

鄉試、會試、殿試的考官都由朝廷選派，並有嚴格的資格和程序要求。選派各省鄉會試正副考官，先由各衙門將進士出身之侍郎以下堂官，行文吏部，分繕清單，開明籍貫、俸次、科分及曾經出過某省學差、典試，應迴避省分等，吏部密題上呈，欽命正副考官，點出各官次日常服詣午門聽旨，並於五日內起行。主考官赴任時，不許帶家屬，不許辭客，不許帶過多的傭人，途中不許遊山玩水，不許接故人，不許與外界交際。進入主考省後，即封轎門，由當地官送入駐館，便封館門。會試主考官在進士出身之大學士、尚書以下副都御史以上官中選用，每科 4 至 7 名不等，另選同考官 20 名。乾隆以後，同考官專用翰林編修、檢討和進士出身之京官。主考官、同考官跪聽宣旨以後，立即住進貢院，不得回私宅。入住以後，門外張貼「迴避」兩字，並加封條，與外界隔絕往來。殿試讀卷大臣，乾隆二十五年以後定為 8 人，2 人從大學生中選任，其餘 6 人從進士出身的尚書、侍郎、左都御史、左副都御史、內閣學士中選任。鄉試、會試、殿試之考官，若有交通關節，收賄營私等情狀，依例解任直至棄市。雍正元年定，主考士子交通關節中式者審實處斬立決。康熙六十年、雍正八年皆定試官不公，許下第舉人生員據實赴該衙門控告。

　　2. 整肅場紀

　　士子作弊，手法多樣，最普遍者首推「懷挾」。乾隆九年順天鄉試，第一場搜出懷挾 21 人，第二場又搜出 21 人，因怕搜查而逃散者 2000 餘人，貢院門外盡是蠅頭小卷。[61] 懷挾方式舉不勝舉。如平時寫就蠅頭書，赴試時藏於果餅衣中，所帶籃、硯、酒鱉之類，俱為夾底，甚至帽頂兩層，靴底雙屜，等等。供作弊用之蠅頭小本還有坊間刊刻發賣。因此，防範「懷挾」就成了整肅場紀

60　《欽定大清會典事例》卷 748。
61　《欽定大清會典事例》卷 341。

的核心。《會典事例》規定：

> 應試舉監子儒及官吏人等，但有懷挾文字銀兩，當場搜出者，枷號
> 一月，滿日杖一百，革去職役。其越舍與人換寫文字，或臨時換卷，
> 並用財雇倩夾帶傳遞，與夫匠軍役人等受財代替夾帶傳遞，及知情
> 不舉察捉拿者，俱發近邊充軍，滿計贓重於本罪者，從重科斷，官
> 縱容者，交部議處，受財以枉法論。[62]

士子進場，必經嚴格的搜檢。乾隆時，制訂了細緻的搜檢標準，從士子服式、士子考具到生活用品、糕餅食物等都一一載明。[63] 乾隆還命得一人者賜軍役一金。翰林院黃明懿奏搜檢太嚴及於褻衣下體，謂為士氣沮喪，有關國體，被斥為謬妄已極，交部嚴議。[64]

　　冒籍代考，也是常見弊端。康熙時規定，如有冒籍中式者，凡收考、送考、出結官、學政及地方教官皆議處，主考官免職。順天鄉試時，南方人冒大興、宛平二縣北貝籍者最多，點名時特派審音御史以嚴稽察。[65]《欽定六部處分則例》還規定：「舉人貢監生員假冒籍貫，地方官不行詳查，准其應試者降一級調用（公罪），已經查明不據實呈報者革職（私罪）。官員在現任地方令其子弟冒籍應試者革職（私罪）。」[66] 士子冒籍而中式，革去舉人，照例治罪。

3. 實行複試

　　複試不是清朝科舉考試體系中的必經環節，而是對鄉試、會試進行監督，發現和糾正舞弊或錯誤的一種方式。順治至乾隆，對複試極為重視。尤其是乾隆，經常複試舉子，細加甄別定奪，即使年逾八旬，依然如此。他說：

62　《欽定大清會典事例》卷 748。

63　《欽定大清會典事例》卷 341：士子服式：帽用單層氈，大小衫、袍褂，俱用單層；皮衣去面，氈衣去裡，褲褲綢、布、皮、氈聽用，止許單層。襪用單氈，鞋用薄底，坐具用氈片……。至士子考具：卷袋不許裝裡，硯臺不許過厚，筆管鏤空，水注用磁，木炭只許長二寸，蠟臺用錫，止許單盤，柱必空心通底。糕餅餑餑，各要切開。此外，字圍、風爐等物，在所必需，無可疑者，俱准帶入。至考籃一項，或竹或柳，應照南式考籃，編成玲瓏格眼，底面如一，以便搜檢。至褲褲既用單層，務令士子開襟解襪，以杜褻衣懷挾之弊。立法至此，何以復加！

64　《清代科舉考試述錄》，第 58–59 頁。

65　《清代科舉考試述錄》，第 57 頁。

66　《欽定六部處分則例》卷 29。

欲清科場之弊，莫如複試一法。[67]

順治十五年首開複試先例。順治十四年，順天、江南鄉試中「情弊多端，物議沸騰」，順治帝於次年對兩地所中舉人親加複試。複試結果，有的准作舉人參加會試，有的准作舉人但罰停會試兩科，有的革去舉人，而江南吳珂鳴因三次試卷文理獨優，特許同會試中式舉人一體殿試。順治對舉行複試作過明確的解釋：「朕非好為此舉，實欲拔取真才。」[68]此後，複試一直延續至清末。但是，複試之制歷朝多有變化。複試的對象，主要是鄉試中第的舉人，也有會試中第的貢士。[69]複試的舉行，乾隆開始漸趨正常。道光十五年規定，嗣後每逢鄉試，應否舉行複試，於揭曉後臨時請旨。複試的時間，清初常於鄉試後、會試前舉行。乾隆五十三年規定，嗣後鄉試後複試一節，著不必行。至明歲會試，除未經中式者聽其各回本籍外，其中式舉子，著於會榜揭曉之後，未經殿試之前，揀派大臣將中式舉子嚴行複試。但俊秀出身中舉者，必須先經複試合格才能參加會試。嘉慶四年，又恢復鄉試放榜後即行複試。關於複試之內容，乾隆九年規定，各省複試由巡撫會同學政出四書閑冷二題，當面考試，一日完成。試畢即將原卷與中式卷一併解部，聽候磨勘。嘉慶開始，只考一文一詩。[70]清朝複試之制前緊後鬆。嘉慶以前，處罰甚嚴，收效也好；嘉慶開始，日漸鬆弛，收效也微。

4. 嚴格磨勘

所謂「磨勘」，就是對鄉試中舉試卷進行覆核，它是清朝對鄉試進行監督檢查的一項重要制度。此制始於順治二年。按照要求，各地鄉試放榜當天，各省主考、監臨、布政使及知府等官應一同在場，把中式舉子的朱墨卷包封蓋印，即日起程解送禮部。各省試卷到部按路程遠近分別程限，延期者罪之。磨勘內容主要為三個方面。首先，察看考官出題有無違例。試題若與四書五經原文有偽錯字句、割裂小巧，前後顛倒、春秋題未注年分、詩題漏限韻、引用僻書私集、

67　《欽定大清會典事例》卷351。

68　《欽定大清會典事例》卷531。

69　多有論著認為複試是對鄉試而言。其實不盡然。康熙五十一年諭，複試中式進士，乾隆五十二、五十三年都令鄉會試放榜後複試。嘉慶六年、十六年命複試中式貢士。道光二十四年，於正大光明殿複試貢士。（詳見《欽定大清會典事例》卷351）。

70　以上「複試」史料未注明者均見《欽定大清會典事例》卷351。

策題過字數、自問自答或以已意立說等,分別給以罰俸等處罰。其次,察看考官評閱製作中式卷有無違例。如,中式卷面未列主考、同考官職名或署名顛倒,每卷將主考官罰俸一年。中式卷面主考官未批「取中」字、同考官漏批「薦」字者,每卷俱罰俸六個月,主考、同考遺漏加批者,每卷罰俸一年。朱卷面應先填中式名次,後填舉子姓名,墨卷面應填中式名次,違式者主考官每卷降一級調用。卷內點句、勾股錯誤者,同考官每卷罰俸一年,主考官未經改正每卷罰俸六個月。卷內有藍筆未經點到者,同考官每卷降一級調用,失於察覺之主考官罰俸一年,若墨筆未經點到,主考官每卷降一級留任。卷內有墨筆添改者,查明筆跡將主考官每卷降三級調用,有藍筆添改者查明筆跡將同考官每卷降三級調用,主考官未將藍筆添改處查出罰俸一年。第三,察看士子試卷是否符合中式要求。有字句可疑、文理悖謬、文體不正、全篇錄舊、朱墨不符、策內答非所問,黜革除名。不遵傳注、俚言諧語、不避廟諱、御名、聖諱、四書文過字數、剿襲雷同至十餘句、三篇全用排偶、詩平仄失粘、詩句輕佻、多韻少韻、抬頭不合等,罰停一科至三科。凡士子受罰,考官也要相應受罰。舉子因文字黜革一名,同考官革職,主考官降二級調用;二名以上,同考官革職提問,主考官降三級調用(二名)或革職(三名以上)。舉子罰停三科,同考官降一級調用,主考官罰俸一年;罰停二科,同考官降一級留任,主考官罰俸九個月;罰停一科者,同考官罰俸一年,主考官罰俸六個月。[71] 可見,磨勘監督的重點對象是考官。

在磨勘過程中,磨勘官具有十分重要的作用。然而,在乾隆以前,磨勘「不署名,亦無功過之條,與斯役者,每託名寬厚,不欲窮究」。乾隆二十一年,要求磨勘官填注銜名,二十五年,又定複勘例,[72] 磨勘效果顯著提高。清例規定,磨勘官托故推諉,罰俸一年,仍責令磨勘。磨勘官於所分卷內字句疵謬之處全未勘出,經複勘大臣指出者,原勘官每卷降一級調用。若於各卷全無簽摘,禮部即將該員存記,若下科再派磨勘,仍未簽摘一卷者,罰俸一年。相反,磨勘官指出應議各簽,各複勘大臣復明逐一允當,准其議敍。

5. 設立官卷

清制,高級官吏子弟應鄉試者為官生,其試卷為官卷,與民卷另編字號,

71　見《欽定六部處分則例》卷29,另參見《清代科舉考試述錄》,第90–91頁。

72　《清史稿·選舉三》。

中額另定，不占民額，且不能取中解元和經魁。這一制度的目的是為了防止高官利用特權，營私舞弊，妨礙庶民仕途。清初，達官世族子弟與其他士子一體應試，但他們往往「交通關節」，「中式獨多」。[73] 康熙三十九年，「帝以縉紳之家多占中額，有徬（當妨）寒畯進身之路。殿試時，諭讀卷諸臣，是科大臣子第置三甲，以裁抑之」。並下詔，「定官民分卷之法」，鄉試滿、合字號二十中一，直省十中一，副榜如之，會試除雲南、貴州、四川、廣西四省外，官卷二十中一。「未幾，罷會試官卷」。乾隆十六年，定官卷新例。官生範圍是：京官文四品、外官文三品、武二品以上及翰、詹、科、道等官為限。二十三年，又修改官卷中式辦法：官生大省二十卷中一，中省十五卷中一，小省十卷中一，滿、蒙、漢軍如小省例，南北皿如中省例，中皿額中一。這些規定「永以為例」。[74]

如上所述，清朝關於防範和懲治科舉舞弊的科條禁令不可不謂細密和完備。那麼，這些科條禁令的實施狀況如何呢？

清朝（尤其是清初）統治者對科舉舞弊的危害性有較為深刻的認識。乾隆在一道上諭中曾說：

> 夫國家之所以重士者，謂其品行端方，足備異日公卿之選。若苟且僥倖於日前，而始進不正，貽誚終身，尚安望其受爵服官，克自樹立，為朝廷有用之材乎？[75]

士之所以為士者，其根本乃在於品行端方。僥倖獲仕，便「始進不正」，更何談日後為賢良之才。所以，嚴防僥倖中式，對於保證官員素質具有正本清源之功效。

清朝統治者還認識到，由於舞弊之術層出不窮，法條再多、再繁也總有限，所以設法立禁固然重要，但只能起到防治弊跡之用，只有嚴示創懲、有法必行才能杜絕弊源：

> 夫繁設科條以杜弊竇，不如嚴飭法紀以絕弊源。士子及試官等，俱

73　《清史稿·選舉三》載，順治十四年，少詹事方拱乾子方章鉞應江南試，交通關節獲中，事發後被遣戍。康熙二十三年，都御史徐元文子徐樹聲、侍講學士徐乾學子徐樹屏交通關節而同中鄉試，事發後斥革 5 人，徐樹聲、徐樹屏俱黜革。

74　《清史稿·選舉三》。

75　《欽定大清會典事例》卷 341。

身列衣冠，乃通同舞弊，罔顧廉恥。今防範諸法，亦已無微不至，
在知愧知奮者，自龍痛改前非。若不肖之徒，冥頑無恥，即多其條
目，日事防閑，而防弊之法有盡，舞弊之術無窮，或仍思行險僥倖，
希翼苟免。此不在增設科條，而在嚴示創懲也。[76]

從史籍記載看，清朝是中國歷史上與科舉舞弊鬥爭最酷烈的一個的王朝；
其懲治科舉舞弊的案件之頻繁、人數之眾多，刑罰之嚴厲都超過以前各個王朝。
順治十四年，順天同考官李振鄴、張我樸受賄取兩人為舉人，被給事中任克溥
奏劾並鞫實，7 人棄市，家產籍沒，戍其父母兄弟妻子于邊。順治帝還要求刊
刻榜文，通行嚴飭。江南主考侍講方猶、檢討錢開宗，賄通關節，江寧書肆刊
文詆之，言官論劾，刑部審實，世祖大怒，猶、開宗等 17 人被棄市，妻子家產
籍沒。「一時人心大震，科場弊端為之廓清數十年。」康熙五十年，考官王曰
俞、方名、吳肇中因違法被大辟。咸豐八年，順天鄉試發生撤換試卷舞弊案，
次年處斬 4 人，12 名舉人和多名考官交禮部懲處。「自嘉、道以來，公卿子弟
視巍科為故物。斯獄起，北闈積習為之一變。」[77]《清史稿·選舉三》說：「有
清重科目，不容幸獲。」此論是有據可案的。

在對違法者嚴懲的同時，對持道公允的考官則厚加獎勵。康熙時，順天同
考官鄭江校閱允當，授職檢討。雍正元年，會試總裁朱軾、張廷玉持擇公允，
加太傅太保有差。

當然，科舉舞弊的原因錯綜複雜，既與科舉本身的性質和地位密切相關，
更有深刻的經濟、政治體制方面的根源。所以，細密的科條禁令、嚴厲的處罰
懲創，都不可能根治這一頑症。一方面，違法者暴屍街頭，另一方面，鑽營者
依然作弊。這種現象令清朝皇帝們百思不得其解。[78] 但是，我們不能因此而否
定清朝科場禁令及其執法實踐的作用。有清一朝不遺餘力地與科舉舞弊作鬥爭，
對於維護選官的公正性，保證官員的基本素質無疑起到了積極的作用。史載：

有清以科舉為掄才大典，雖初制多沿明舊，而慎重科名，嚴防弊竇，

76　《欽定大清會典事例》卷 351。

77　以上案例見《清史稿·選舉三》。

78　乾隆皇帝說：「士子與試官勾通關節，國初年間問擬腰斬者。立法至為嚴峻。其後……
　　無不即時伏法。覆轍具在，可為炯戒。朕意節經整頓之後，場屋諸弊，自必漸次廓清。
　　乃近日鄉會試種種弊端，復又漸作。」《欽定大清會典事例》卷 351。

立法之周，得人之盛，遠軼前代。[79]

這一結論是基本可信的。

三、貢生、監生、蔭生

在清朝，貢生、監生和蔭生是文官的重要來源。貢生、監生、蔭生三者不是截然分開的。從廣義上說，貢生也是國子監監生，而恩蔭、難蔭又包含在狹義的監生之中。為了敘述的方便和清楚，我們將三者分列予以闡述。

（一）貢生

貢生入仕之途，一為參加鄉試，二為入監讀書，期滿後考選除職，三為直接經考試而除職（歲貢、拔貢、優貢），現就最後一途分述如下：

1. 歲貢。[80]康熙二十六年以後，經學政考選被推薦為歲貢的士子，由學政挨序諮報吏部，吏部按其年分先後選授為本省訓導，歲貢人員得缺後由巡撫加以考驗。

2. 拔貢。雍正以前，拔貢生一律入監讀書，肄業方可入仕。乾隆初年定例，拔貢生參加朝考（為國子監入學考試）列一二等者，於保和殿複試，考《四書》文一篇、五言八韻詩一首，題由欽命，複試列一二等者，禮部開單引見，分別授職。授於七品小京官者，分部行走，三年期滿奏留，即為實授，或為額外主事，或為留補主事。授予知縣者，分發各省試用。授於教職者，除為複設教諭、經制訓導、複設訓導等。

3. 優貢。同治以前，優貢生雖然也參加朝考，但沒有考後直接錄用之規定，所以赴京朝考者甚少。同治二年議定，各省優貢生可參加朝考後直接任用，考試內容亦為《四書》文和五言八韻詩各一，列一二等者以知縣教職任用，列三等者以訓導選用。從此，赴京朝考者甚多。[81]

79　《清史稿·選舉三》。

80　關於歲貢、恩貢、拔貢、優貢、副貢之內容見第 6 頁注 2。

81　以上貢生直接入仕之規定，見《欽定大清會典事例》卷74，並參見《清代科舉考試述錄》第 27–32 頁。

清朝之恩貢、副貢、例貢，法律上沒有其直接入仕的方式和途徑。

（二）監生（含入監之貢生）

監生入監讀書，肄業合格，參加吏部的考職。關於監生肄業合格的要求和方法，清初實行歷事、積分二法。所謂歷事，監生在監肄業三年期滿，撥歷部院練習政體，一年期滿送廷試。所謂積分，順治三年定，監生除常課外，月試、歲考有十二次一等者為合格。順治十五年又定，監生入監時擇其優異者許積分，一等一次為一分，二等一次為半分，一年為限，積滿八分為及格。凡及格者免撥歷，送廷試超選。順治十七年停積分法，康熙初又停撥歷，監生肄業期滿諮部考試授職，並對各類監生規定了不同的肄業期限。恩貢六月，歲貢八月，廩生為副貢者六月，增生、附生為副貢者八月，廩生為拔貢者十四月，增生、附生為拔貢者十六月，恩蔭二十四月，難蔭六月，廩生為例貢者十四月，增生、附生為例貢者十六月，俊秀二十四月，例監三十六月。雍正五年，「定除監期計算。各監生肄業，率以連扣滿三年為期。告假、丁憂、考劣、記過，則扣除月日。」[82] 應該說，清初拔歷法重視監生正式入仕前的行政管理實習和培訓，是一項較好的制度。積分法則激勵先進，靈活有效，康熙初年以監生出身規定肄業期限，亦頗符合實際。雍正開始不分情由，專求一體，呆板僵化。這種制度上的蛻化反映了國子監管理的日漸鬆弛和地位的日益下降。

關於監生肄業期滿後考職的時間、程序、材料要求、參考條件以及各類監生考職後的不同授職，法律作了詳細的規定：

> 定於鄉試之年五月內考試，令其取具地方官文結，漢軍取具本旗印結或肄業期滿，由國子監諮送，務於三日內到部，交原捐貢監執照呈驗，並將年貌、三代、籍貫投具親供主管主事，以上印結及同考五人互結，照科場式例在貢院考試。吏部奏請欽點閱卷官並派滿漢御史二員、吏部滿漢司官各二員點名給卷、編列字號分坐，如有包攬代作等弊，該御史查參。……恩拔副榜貢生及漢軍歲貢生考取一等者候選州同，二等者候選州判，三等者候選縣丞。各省歲貢生考取一等者候選主簿，二等者候選吏目，俱照考案年分名次另立一班，歸於雙月。……如考取之後願就教職者，仍准以教職選用。捐納貢

82　《清史稿・選舉一》。

監生除漢軍仍以州同州判縣丞考取外，其各省捐納貢監生考取一等者候選主簿，考取二等者候選吏目，仍與從前考職人員一體較年分名次挨選。以上考職貢生俱不論起貢年分，准其考試。監生捐納未滿三年，不准收考。考取之後，未經得缺以前，照舊聽其鄉試。[83]

在監肄業期滿之貢監生，其中特別優異者可免除考職，或引見後請旨任用，或諮送吏部選用：

至恩拔副榜貢生在監肄業、三年期滿，其中果有學術優深，人品卓越者，令該監秉公薦舉引見請旨。其循謹之士堪任訓迪者諮送吏部，以複設教諭，歸於肄業班內，照期滿日期先後選用。……歲貢肄業期滿諮部，亦照日期先後以複設訓導選用。……各省保薦優行生員准作貢生者，肄業期滿照歲貢之例一體諮部，以複設訓導，較日期先後選用。如遇考職之時，亦照歲貢例一體諮送考職。[84]

清沿明制，奉國子監為國學、太學，是國家最高學府，也是培養官員的重要場所。清初，順治、康熙都很重視國子監，多次臨雍視學。順治九年，視學典禮畢，還「詣彝倫堂御講幄，祭酒講四書，司業講經」。[85]乾隆視「國學為人文薈萃之地，規制宜隆」。天子臨雍，旨在「行禮樂，宣德化，昭文明而流教澤。」[86]他命刑部尚書管國子監事，君臣合力，國子監盛極一時：「高宗加意太學，嘉淦嚴立課程，獎誘備至，講師極一時之選，人才輩出，……師徒濟濟，稱為極盛。」[87]然而，嘉道以降，國子監敗象漸現，日復一日。迨至清末，幾成閒散之地。究其原因，一是監生多不入監。貢生大多重其名，以便取得參加科舉考試的資格，真正入監者幾希。蔭生也多只求其身分，以便襲蔭後出仕名正言順。二是規章日漸廢弛，既無獎勵勸懲，亦不按時考試授官。三是監生可以捐納，而且愈演愈烈，清末已成泛濫之勢，與此相應，監生之名也日益為人輕蔑。

83　《欽定吏部銓選則例》卷4，參見《中華律令集成》（清卷）第288–289頁。另見《欽定大清會典事例》卷74。

84　同上。

85　《清史稿‧選舉一》。

86　同上。

87　《清代科舉考試述錄》第25頁。

（三）蔭生

蔭生，謂憑父祖官品或功績而得為官資格者。中國古代的蔭襲制度源遠流長，甚為發達，其社會基礎便是牢固的宗法家族結構。從法律上講，蔭襲是國家為使官員（尤其是高級官員）的權利義務平衡而設立的一種特殊制度。

清朝蔭生有恩蔭、難蔭和特蔭，茲將它們的入仕辦法分述如下：

1. 恩蔭

清朝恩蔭的直接目的是為「顯官兒孫擴功名之路」。[88] 其適用對象和辦法是：

> 官員恭遇覃恩，文職在京四品以上，在外三品以上，武職京、外二品以上，送一子入監讀書，期滿候選。[89]

順治時規定，非現任官不得蔭，內務府佐領以下官不給蔭。康熙六年改定，各官不論級銜，均依實俸蔭子，內務府佐領以下官子弟給蔭。十二年又定，原品解任食俸者給蔭。[90]

子孫承蔭有法定序位：

> 凡承蔭，先蔭嫡長子孫，嫡長子孫出仕或有故，方蔭嫡次子孫。無嫡次子孫，方蔭庶長子孫。庶長皆無，方蔭弟暨兄弟之子應合承繼者。

若違反上述序位承蔭，杖一百，徒三年。[91] 蔭生未經出仕中式和病故殘廢者，准補一人。已補而又病故殘廢者，不准再補。

有以下情形，不得作為蔭生。第一，詔後所生或詔後過繼者。蔭生必須為詔前所生或詔前過繼者。第二，曾經緣事治罪者。[92]

清初，受蔭之子孫，年二十以下、十五以上者，送監讀書，肄業期滿諮吏

88　《清史稿·選舉五》。

89　《欽定吏部驗封司則例》卷3，參見《中華律令集成》（清卷）第364頁。

90　《清史稿·選舉五》。關於「原品解任食俸」，清制，官員解任一般不再食俸，但對一些高官特加恩惠，解任後仍食俸，詳見第六章「文官之休致」。

91　《欽定大清會典事例》卷144、747。

92　《欽定大清會典》卷12；《欽定宗人府則例》卷13，見《中華律令集成》（清卷）第366頁。

部分部學習行走，挨班補用。年二十以上者，直接諮吏部分部學習行走。雍正三年，規定蔭生錄用必須先經考試。年二十以上者，直接考試；年十五以上者，國子監期滿後再行考試。乾隆十一年，定考試內容為古論和時務策各一篇。若文理優通，議論明暢者，交吏部帶領引見；若文理荒謬者，發回本籍，讀書三年後，再行赴部考試。[93] 這一考試辦法一直沿用到光緒三十一年，它對於督促蔭生提高素質起到了積極的作用。

　　恩蔭生的錄用，分為滿州、蒙古、漢軍、漢官四個序列，各個序列都是依其父祖的品級而定。具體規定見下列四表：[94]

滿洲

父祖品級	蔭生任用
一品	員外郎
二品	主事、都察院經歷、大理寺寺丞、光祿寺署正
三品	通政使經歷、太常寺典簿、部寺司庫、光祿寺典簿
四品	鴻臚寺主簿、八品筆帖式

蒙古

父祖品級	蔭生任用
一品	員外郎
二品	主事
三品	七品筆帖式
四品	八品筆帖式

漢軍

父祖品級	蔭生任用
一品	員外郎
二品	主事、大理寺丞
三品	七品筆帖式
四品	八品筆帖式

93　《欽定大清會典事例》卷 144；《清史稿‧選舉五》。

94　下列四表根據《欽定吏部驗封司則例》卷 3（參見《中華律令集成》清卷，第 365 頁），並參見《欽定大清會典事例》卷 144、《清史稿‧選舉五》製作。

漢官

父祖品級	蔭生任用		外用
	內用		
一品	員外郎、治中		同知
從一品	主事		知州
二品	主事、都察院經歷、京府通判		通制
從二品	光祿寺署正		同上
正三品	中書科中書、大理寺評事、太常寺博士、通政司經歷、太常寺典簿		知縣
從三品	光祿寺典簿、鑾儀衛經歷、詹府事主簿、京府經歷		同上
四品	與蔭監生、捐納貢監生一體考定職銜銓用		

世職公候伯爵，照一品例與蔭，子爵照三品例，男爵照四品例。

各部院尚書蔭員外朗，左都御史、總督與尚書同。各部院侍郎蔭主事，巡撫與侍郎同。

漢官四品官蔭生的錄用，嘉慶四年以前與其他蔭生的錄用程序相一致。嘉慶四年奏定，漢官四品官蔭生應參加考職而分等定職銜。[95]

2. 難蔭

官員歿於王事而蔭子孫，是謂難蔭。其目的是為忠臣後裔開生機，不使「國殤飲恨於重泉，忠義灰心於臨事」。[96]順治三年定制，官員殉職，依應升品級贈銜，並蔭一子入監讀書，期滿候選。雍正十二年定制，根據殉難情況，難蔭分為兩類，即照本職（含應升品級）蔭子和減等蔭子。此後歷朝又有一些新的規定。[97]《欽定吏部驗封司則例》（卷4）詳細規定了難蔭錄用辦法：

> 遇賊殉難蔭生，俱照本職蔭子，不照贈銜。（大洋、大江漂沒者，照此給蔭。）三品以上蔭知州，四品以下至通判蔭知縣，七品之知縣蔭州判。（州判係從七品，應升知縣，故以州判作為知縣應蔭之官。）布政、按察、都轉監運三司首領及佐貳雜職，六品七品官蔭縣丞，八品、九品官蔭縣主簿，未入流蔭州吏目。其軍營病故官員，按殉難減等蔭子。（內洋、內河漂沒者，照此給蔭。）三品以上蔭

95　《欽定大清會典事例》卷74。

96　《清史稿·選舉五》。

97　同上。

知縣，四品以下至通判蔭州判，七品之知縣蔭縣丞。布政、按察、都轉監運三司首領及佐職六品七品官蔭縣主簿，八品以下各官蔭監生。[98]

3.特蔭

特蔭是指皇帝對一些已故名節之臣的賢良子孫特加恩惠，降旨任用。特蔭的意義主要在於皇帝標榜仁義、籠絡臣心，而其實施卻無定制，特蔭對象、蔭生範圍、任用等都隨時而定，其規範性不可與恩蔭、難蔭相提並論。乾隆首開特蔭先例，三年詔曰：「皇考酬庸念舊，立賢良祠于京師。凡我朝宣勞輔治完全名節之臣，永享祭祀，垂譽無窮。其子孫登仕籍者固多，或有不能自振，漸就零落者，朕甚憫焉。其旁求賢良子孫無仕宦者，或品級卑微者，各都統、督、撫，擇其嫡裔，品行材質可就者，送部引見加恩。」四十七年，原廣西巡撫，滅寇將軍傅宏烈的曾孫、六世孫四人中一人被擇用。嘉慶四年，先追贈已故御史曹錫寶為副都御史，然後依贈銜蔭其子。「歷代眷念功臣後嗣，恩旨屢頒」。光緒末季，大開特蔭之途，然而於吏治卻甚為有害。[99]

蔭生制度體現了家族主義思想，亦是統治者標榜「仁政」的重要舉措，並且對凝聚統治階層具有一定的作用。但是，蔭生制度作為一種選官方式是不可取的。因為，蔭生入仕依憑的是父祖的官品或功績，而不是其自身的知識能力；比起科舉入仕者，蔭生的整體素質肯定要低得多。

四、捐納與吏員入仕

（一）捐納

如前所述，捐納滲透於清朝文官制度的各個環節。這裡，我們僅討論作為入仕途徑之捐納即如何以捐納「由民而官」的問題。

未入仕者以捐得官，其一般程序為：首先，地方官予以審查並取鄰族具結：

俊秀納貢監或職銜，貢監納職銜，由原籍地方官查具身家清白冊，

98　參見《中華律令集成》（清卷）第365頁。

99　以上「特蔭」史料見《欽定大清會典事例》卷144，並參見《清史稿·選舉五》。

季報或歲報。納職官者，查明有無違礙，取具族鄰甘結，依限造報。[100]

由於是捐納得官，在審查中特別重視其有無欠項。乾隆四十年議准：「報捐官生，于具呈時均令呈明其父有無欠項，及完欠若干，由戶部查係例限已逾，或未逾而數在三百兩以下者，即令照數全繳，方准報捐。其有欠數較多，尚在例限之內者，准其先行報捐，仍將未完銀兩，著落該員按照原限如數全完，一面知照吏部。倘逾限不完，已選者即行解任，未選者停其銓選。若報捐時將欠項隱匿，不行聲敘，事後別經發覺，將所捐之官註銷，仍照隱匿例治罪。」[101] 其次，戶部收捐。戶部捐納房總管全國捐事，具體收捐或由外省，或由部庫，或省、部均得報捐。咸豐後，並由京銅局負責捐事。第三，給照。「凡報捐者曰官生，部予以據，曰執照。貢監並給國子監照。」[102] 第四，赴選。凡初捐人員，待戶部諮文送達吏部 55 日後，方准銓選。捐納人員赴選需有特別的具結和畫押：「捐納人員除由本籍起文赴選應照例辦理外，其在京仍飭令五六品京官出結，再有該省京官正途出身人員內公舉一二員總司查複畫押，務須查明該員實係身家清白並無隱匿犯案、改名朦指等弊，方准銓選分發。」[103] 若出結不實，依例處罰。

清朝對地方學校生員和俊秀捐納入官另有一條重要的規定，他們必先捐監生（例貢或例監），爾後以此資格入仕，所謂「凡捐納入官必由之。或在監肄業，或在籍，均為監生。」[104]

以捐得官的範圍（含已入仕者捐升），文職小京官至郎中（正五品），未入流至道員（正四品）。

由於官缺有限，而各途入仕者人數眾多，往往僧多粥少，乃至許多科甲出身者十多年未能得缺也比比皆是，所以，清朝法律允許捐納人員依例註銷捐納：

有銓選無期，情願具呈註銷，准其註銷。……已經出仕捐任者，准其註銷升銜，照原職用。未經出仕者，則將捐納悉行註銷，不准註

100　《清史稿‧選舉七》。

101　《欽定大清會典事例》卷 76。

102　《清史稿‧選舉七》。

103　《欽定六部處分則例》卷 3。

104　《清史稿‧選舉一》。

銷一二層。[105]

所謂「悉行註銷」，如貢監生員捐州判，又捐知縣，又捐通判，必須註銷至州判。上述登出捐納的規定，目的是為了消除捐納人員的顧慮，但客觀上也為捐納人員創造了一定的自主性和靈活性。

與科甲相比，捐納人員的素質是非常低下的。所以，清朝在開捐的同時，又對他們多設限制。這種限制歷代多有規定，但大部分往往不久便被破壞，惟有三條在有清一朝被執行得較好。其一，捐納官不得分吏、禮兩部任職。其二，捐納初任人員只准用簡缺。乾隆四十年議准：「由貢監生遞捐知府，及未經筮仕候選人員遞捐者，於輪班內得缺時，止准以簡缺選用。所有繁缺，概不准掣選。⋯⋯至由別項佐雜遞捐者，亦照初任人員之例，俱以簡缺選用。」[106] 其三，不准捐教職。康熙三十六年規定，俊秀捐教職者，一律改任他職。雍正元年重申上述規定：「捐納教職，多不通文理少年，以之為學問優長，年高齒長者之師可乎？」咸豐元年，又禁止增生、附生捐教職。[107]

捐納，是清朝文官制度中的一大秕政，甚至也是清朝政治中之一大弊端。康熙十三年首開文官捐納，三年以後，知縣捐至 500 餘人。雍正五年時，捐納人員積滯現象非常嚴重，越數年才能將次用完。乾隆對清朝文官制度多有建樹和貢獻，然而對捐納卻大開綠燈，「每歲貢監封典、雜職捐收，約三百萬」。咸豐時，「軍興餉絀，捐例繁多，無復限制，仕途蕪雜日益甚」。大規模的捐納對清朝文官制度造成了極大的危害。正如《清史稿》所說：「中葉而後，名器不尊，登進乃濫，仕途因之淆雜矣。」具體言之，其危害主要有：首先，捐納為僥倖之途，它對文官選拔的嚴肅性、公正性不啻是致命的破壞。其次，捐納人員的大量湧入，嚴重影響了清朝文官隊伍的素質，影響了行政管理的公正和高效。康熙晚年，侍朗王揆抗疏直言：「鄉里童呆，一旦捐資，儼然民上。或分一縣之符，或擁一道之節，不惟濫傷名器，抑且為累地方。宜禁止，以塞僥倖之路，杜言利之門。」第三，更有甚者，許多捐納人員以貲納官在先，坑害百姓在後，他們要把交出之捐從百姓那裡侵奪回來，而且還要大贏其利：「彼

105　《欽定大清會典事例》卷 76。

106　同上。

107　以上限制捐納人員任職的史料，未注明者均見《清史稿‧選舉七》。

輩以官為貿易，略一侵吞錢糧，已逾原捐之數。明效輸將，暗虧帑項。」[108]

其實，清朝皇帝們也並不認為捐納是良政，他們對捐納的惡劣影響也有較深刻的認識。正因為如此，很多皇帝在他們繼位伊始、充滿朝氣、躊躇滿志的時候，不約而同地把停止捐納作為整肅官場、勵精圖治的重要內容。乾隆元年，「詔停京外捐例」。五十八年，又斬釘截鐵地下詔說：「捐例竟當不必舉行。不特慎重名器，亦以嘉惠士林，我子孫當永以為法。倘有以開捐請者，即為言利之臣，當斥而勿用。」道光、咸豐「御極之初，首停捐例，一時以為美談」。同治初，雖無徹底禁止，但聽御史勸奏，作了嚴格限制。光緒五年，也詔停捐。然而，皇帝們的這些良法沒有一個能夠被很好地貫徹實施，而帶頭破壞這些良法的不是別人，正是他們自己。如，乾隆元年剛罷一切捐例，三年便開；道光元年停捐，七年便開；咸豐更是元年詔停捐，而當年即開。[109]

為什麼清朝皇帝以及許多大臣都看到了捐納的弊害卻又不真正嚴行禁止？捐納這一秕政得以盛行的根源何在？《清史稿》的作者說原因有二：「其始固以蒐羅異途人才，補科目所不及。」這是其一；「捐例不外拯荒、河工、軍需三者」，亦即補財政不足。[110] 這是其二。第一條原因顯然屬於「美其名曰」，然而離譜太遠，不能令人相信。第二條原因比較符合實際，清朝歷代開捐尤其是大規模地特開籌餉事例，都與財政急需有關。[111] 所以，這一論點幾乎被所有的論著採納。

然而，補財政不足僅僅是統治者開行捐納的直接原因或表面原因。捐納這種現象得以盛行還有更為深刻的根源，那就是當時的特有政體以及與此相適應的官員的特有性質。關於這一點，容在第七章中予以闡述。

（二）吏員入仕

關於吏的性質及其分類，《清會典》有明確的規定：

> 設在官之人以治其房科之事曰吏。凡京吏之別三：一曰供事，二曰儒士，三曰經承。外吏之別四：一曰書吏、二曰承差、三曰典吏、

108　《清史稿·選舉七》。
109　同上。
110　同上。
111　詳見《清史稿·選舉七》。

四曰攢典。皆選於民而充之。役五年而更焉。非經制者，曰貼寫、
曰幫差，其濫者禁之。[112]

可見，吏是各官府專辦「房科之事」者。吏有「經制」（即納入官制定員）與「非
經制」之分，有京吏與外吏之分，京吏與外吏又因所在衙門不同而各有稱呼。[113]

經制吏員，役滿五年，可以入仕。入仕方式有兩種：一是免考而直接授職。
京吏在事繁（政務繁劇）衙門奉職，勤勞無過，諮送吏部以掣籤方式授予從九
品或未入流官。二是事簡衙門之京吏以及外省吏員，考職而授官。考試由各堂
官和督撫自行嚴密舉行，內容為告示、申文各一道，按其文理優劣，分別去取。
然後，各堂官和督撫將錄取試卷和吏員年貌籍貫、三代姓氏造具清冊，諮送吏
部，吏部按試卷定等級分別錄用，一等為從九品，二等為未入流。錄用比例，
京吏無過十之七，外吏無過十之五。[114]

五、清朝選官制度的特點和評價

作為中國古代選官制度的終結，清朝選官制度在繼承歷代經驗成果的基礎
上達到了較為完備的程度。綜觀其體系、規範和內容，有些特點值得我們重視
和總結。

（一）重科舉、重正途

在清朝，雖然或因政治籠絡，或因財政需要，或因標榜仁政，或因力求野
無遺賢，入仕之途眾多，甚至有時出現仕途溷雜之現象，但是科舉被視為「掄
才大典」，它無疑是最主要的入仕之途，自始至終在選官制度中占主導地位，
其它各途無法與之相提並論。許多君臣在禁止或反對捐納等入仕之途時，往往
都以維護科舉地位作為主要理由。在任官制度中，科甲的主導地位有更充分的
表現（詳見第二章）。重科舉、重正途，這是清朝選官制度首要的和最主要的

112　《欽定大清會典》卷12。
113　京吏，奉職於宗人府、內閣、文淵閣、翰林院和各館者曰供事，奉職於各部院者曰經承；
　　　禮部除經承外，尚有儒士。外吏，奉職於督撫、學政、鹽政等衙門者為書吏，督撫鹽
　　　政下尚有承差，奉職於司道府州縣為典吏，奉職於首領雜職等衙門為攢典。
114　《欽定大清會典》卷12，並參見《欽定吏部驗封司則例》卷6（見《中華律令集成》清卷，
　　　第379頁）。

特點。

自隋唐實行科舉以來，考試取仕就被奉為入官之正道，以科舉為榮逐漸成為社會主流意識。在充滿人間百態的官場中，科舉出身者往往理直氣壯，為人尊重，而異途出身者往往自慚形穢，為人蔑視。這種意識和觀念在明朝已很強烈：「國家取士非一途，而士必以科第為榮者，天子親擢者也。朝廷寵科第，廷試有錄，以示中外，題名有碑，以垂永遠。」[115] 明初，趙榮為工部左侍郎，但是「眾以榮不由科目，慢之。」[116] 至清朝，這種傳統得到進一步強化。清朝皇帝非常重視科舉制度。在他們心目中，崇尚科舉極其有利於樹立聖君明主的形象。所以，他們往往親自複試、殿試。順治開始，對來京會試者按路途遠近發給路費，給邊遠地區應試者提供馬匹，沿途用黃布旗寫上「禮部會試」四字作為標誌，會試落第舉人還可得到歸途費用。

作為一種選官制度，科舉有著不可否認的積極作用，並且蘊含著一些具有普遍意義的進步價值觀。

首先，科舉是一種較為公正的選官方式。現代文官制度都以考試錄用公務員，並且以公開、平等、擇優為原則。科舉制度與此有許多相似之處。兩漢的察舉制、魏晉的九品中正制都以「薦舉」為選官的主要方式。科舉制以考試取代薦舉，它形式公開，內容一致，擇優取士，其客觀性和公正性有了質的飛躍。「故大德必得其位，必得其祿，必得其名」，「賢者在位，能者在職」，科舉制大大提高了實現這種美好的社會理想的可能性。同時，清朝統治者奉科舉為國家大典，科舉舞弊被視為嚴重的犯罪，許多人因此而被處於極刑，從而較好地維護了科舉選官的公正性。

其次，科舉否定了門第觀念，是一種布衣政策。科舉向全社會開放，凡是有志於仕途者，基本都有應試的可能，這為下層士庶的登進提供了明確的途徑和極大的方便。士庶為百官，布衣為卿相，這種事實具有重要的社會意義。它使統治者的廣開賢路的願望得以實現，使官員隊伍的成分和結構多樣化、動態化、從而有利於增強官員隊伍的活力，提高政府官員的親民力。同時，它使官員與士庶、貴族和平民處於不斷動盪變化之中，貴族和官員在整體上已不再靠

---

115 《皇明文衡》卷 34。

116 《明史》卷 171〈趙榮傳〉。

世襲而獲得。在世卿世祿制下，官員「貴」而「族」；在科舉制下，官員「貴」而非「族」。黑格爾曾經對中國的「貴族」問題作過這樣評說：「除了帝王的尊嚴之外，中國臣民可說沒有身分，沒有貴族。唯有皇室諸子和公卿兒孫享有一種非由於門閥而寧是由於地位關係的特權。其餘則人人一律平等，而惟有才能勝任者得為行政官吏。」[117] 從而，社會現實中的「等級」建立在一種較為合理的基礎之上，這種「等級」在性質上已與世襲制或薦舉制下的等級有著根本的區別。當然，囿於社會條件的局限，清朝統治者們不可能將這種布衣政策很好地貫徹到底，限制所謂「低賤」職業者、家奴入仕就是明顯的例證。

　　第三，科舉肯定了「勞心者治人」的社會政策。長期以來，人們對「勞心者治人，勞力者治於人」有許多批評。我們認為，這一社會政策在總體上是應該予以肯定的，它所依據的基本價值觀是合理的。認識這一點的關鍵是，我們不能將「治」狹隘地理解為「統治」乃至是「鎮壓」；「治」，實際就是「管理」。由於社會環境和個體因素的差異，任何時候、任何社會，「勞心」與「勞力」的分工總是存在的。同時，政府管理的特性也決定了社會成員總有管理者與被管理者之分。一個社會的管理職責，讓那些相對聰明、相對有知識的人去承擔，無疑是一種理性的選擇。它可以充分利用社會資源、降低管理成本，這對管理（勞心）者和被管理（勞力）者，對整個社會都是有利的。相反，如果「勞力者治人」，「泥腿子當家」，則會極大地浪費社會資源增加管理成本，阻礙社會進步。在中國古代，「勞心者治人」這一社會政策濫觴於孔子的「學而優則仕」主張，而且孔子還提倡平民教育，提倡先學後仕（先進於禮樂），反對先仕後學（後進於禮樂）。這些主張直接否定了世卿世祿的選官方式，具有巨大的進步意義。隋唐開始的科舉制實際上是孔子「學而優則仕」主張的制度化和實踐化。當然，中國古代（尤其是明清）科舉制下的「勞心者治人」，僅僅局限於政治領域而幾乎不涉及經濟領域，這從一個側面反映了那時國家的本質和科舉制的缺陷。

　　清朝科舉選官制度也存在著明顯的不足和錯誤，產生了嚴重阻礙社會進步的作用。首先，科舉制下的學校教育的唯一目的是入仕做官，強化了官本位思想，也扭曲了學校教育的本來性質。其次，科舉考試和學校教育只重四書五經，

117　黑格爾，《歷史哲學》，王謝譯本，第 201–202 頁，轉引自王亞南，《中國官僚政治研究》，中國社會科學出版社，1981 年出版，第 59 頁。

不重科技、經濟，考試體裁用八股文，嚴重影響了所選人才的知識結構和素質水準，束縛和禁錮了人的思想。這反映了清朝科舉制是皇權主義和國本位思想的產物（關於這一點，將在第七章中再予詳述）。

（二）注重維護滿人入仕特權

首先，滿、蒙鄉會試另有定制。順治八年，八旗子弟開始單獨參加鄉會試，考試內容較為簡單。八旗僅試清文或蒙古文一篇，會試倍之。漢軍試書藝二篇、經藝一篇，不通經者，增書藝一篇。康熙二十六年定例，滿漢一體應試。滿蒙子弟鄉、會試先試馬步箭，騎射合格，乃應制舉。「自是文事不妨武備，遂為永制」。滿蒙子弟鄉試中式，開始單獨放榜，滿州、蒙古為一榜，漢軍為一榜，漢人為一榜。一體應試之後，同榜揭示。但無論分榜還是合榜，其名額都另有拔定。康熙八年，編滿蒙為滿字號，漢軍為合字號，從此歷代都以此兩字號拔定名額。滿蒙子弟會試中額，初制滿州、漢軍進士各二十五名，蒙古十名。編滿合字號後，各中四名，但往往「臨時請旨，無定額」。清朝宗室子弟，聖祖、世宗明諭不應鄉、會試。嘉慶六年定例，宗室應鄉、會試。應試條件較為寬鬆，在官學讀書和在家讀書者均可應試。考試內容也極為簡單，先試騎射，後試制藝、律詩各一。鄉試九中一，會試由「考官酌取數卷候親裁，別為一榜。殿試、朝考，滿漢一體，除庶吉士等官有差。」有一點應予指出，清廷對八旗子弟中一甲較為謹慎，「康、乾以來，無用鼎甲者」。[118]

其次，設立翻譯鄉、會試。翻譯鄉試於普通鄉試之年舉行，參加者為滿州、蒙古、漢軍翻譯生員。科試內容時有變化，以四書清字論一和滿州蒙古翻譯題為主。會試首場試清字四書文、孝經、性理論各一篇，二場試翻譯。翻譯鄉、會試均應先試騎射。[119]

第三，為八旗子弟設立專門官學。八旗子弟除依例入國子監外，清廷還為他們設立專門學校，學成便可為官。宗人府下設宗學。雍正二年定例，王、公將軍及閒散宗室子弟十八歲以下，入學分習清、漢書，兼騎射。三年期滿，分別等第錄用。乾隆九年定每屆五年，派大臣合試學生，欽定名次，以會試中式註冊。習翻譯者，與八旗翻譯貢生同引見，賜進士，用府屬額外主事。習漢文者，

118　以上滿蒙鄉會試史料均見《清史稿・選舉三》。

119　見《清史稿・選舉三》。

與天下貢士同殿試，賜進士甲第，用翰林部屬等官。可見，宗學學生非常容易賜得進士。宗人府下還設覺羅學。覺羅子弟八歲至十八歲入學讀書習射。三年期滿，欽派大臣會同宗人府考試，分別獎懲。學成，與旗人同應歲、科試及鄉、會試，並考用中書、筆帖式。此外，內務府下設景山官學和咸安宮官學，入學者多為內務府三旗之子弟。景山官學學生肄業三年，考列一等用筆帖式，二等用庫使、守庫。咸安宮官學學生五年考試一次，一、二等用七、八品筆帖式，並可不論年分考翻譯中書、筆帖式、庫使。[120]

本來，八旗以騎射為本，右武左文，若讓他們與漢人真正一體應試競爭，勢必中式者寥寥無幾。上述制度和措施，有效地保證了他們的中式入仕，而且比例遠遠高出漢人。這種選官制度是滿人統治的特有產物。

（三）清朝選官制度特點對清朝政治的影響

選官制度是文官制的關鍵環節之一，是國家人事制度的核心，因而必然會對國家政治生活產生直接和重要的影響。清朝以種種措施注意保障滿人入仕，雖然有效地維護了滿人的特權，有利於協調統治階層的內部關係，但對提高文官素質和強化行政管理是極為不利的，從根本上說，是弊大於利。與此相反，重科舉、重正途這一特點雖然存在著一些弊端，但從總體上分析，它對清朝政治的影響和作用是十分積極的。

其一，由於科舉制蘊含著一系列具有普遍意義的進步價值觀，因此，如同它對唐、宋、明等各代一樣，對清朝也發揮了積極的作用。科舉制以知識而不是以身分作為選官的標準，並且向社會高度開放，程序公開，為廣大下層士庶進入仕途提供了現實的機會。根據有關資料統計，清朝進士出身寒微家庭的比率相當高。[121] 這種選官制無疑對於提高文官素質，改善文官結構是十分有利的。貧寒之士來自田間，熟悉下層，阿諛逢迎之習較官宦子弟要少得多，他們為官對於吏治是有益的，嘉慶曾說過：「各省膺民牧者，多讀書，于吏治民生實有

120　見《清史稿・選舉一》。

121　清朝進士出身寒微家庭比率，1652–1661 年為 42.8%，1673–1703 年為 32.2%，1822–1904 年為 35.2%。這裡的「寒微家庭」，是指前三代無功名或僅為生員者。見 Ping-ti Ho, *The ladder of success in late imperial China*, Newyork,1962. 轉引自李鐵著《中國文官制度》，中國政治大學出版社 1989 年 7 月出版，第 168 頁。

裨益。」[122] 而且，由於它形成了一種「貴而非族」的等級流動機制，因而，必定會在很大程度上增強社會和政治的活力。

其二，與唐、宋、明各代相比，重科舉的特點對清朝政治產生了更特殊的積極作用。清人以少數民族入主中原而又實現了長時期的有效統治，科舉制的作用是十分重要的。在這一點上，元朝的教訓是深刻的。蒙古人憑藉鐵騎勁弩建立了統一的王朝，但是，他們將戰場上的傲慢和盛氣帶到治理國家中，極力推行歧視、壓迫漢人的政策，自然也竭力反對和排斥體現平等競爭原則的科舉考試。直至仁宗皇慶二年（1313年）才終於下詔恢復科舉。然而，元朝科舉制仍然充滿著民族歧視，千方百計抑屈漢人。蒙古、色目人考試比漢人少試一場，試題也要簡單得多，錄取時蒙古、色目為右榜，漢人、南人為左榜，人數表面上同為50名，但因為應試人數極為懸殊，故漢族錄取比率十分低下。由於蒙古、色目人素質實在低下，往往難以選滿50名，左榜名額也要相應空缺。左右榜第一名名義上都為狀元，但只有右榜狀元才有真資格。這種政策將廣大漢族知識分子排斥在統治階級之外，表面了維護了蒙古、色目人的統治地位，但實際上嚴重削弱了元朝的統治基礎，元朝國祚不長是不可避免的。早在元朝建立之前（1265年），漢人大儒許衡就曾向忽必烈切陳：「考之前代，北方之有中夏者，必行漢法，乃可長久。……夫陸行宜車，水行宜舟，反之則不能行；幽燕食寒，蜀漢食熱，反之則必有變。以是論之，國家之當行漢法無疑也。」[123] 許衡的建議可謂肺腑良言，可悲的是元朝統治者未能很好採納。清朝統治者深諳元朝之殷鑒，在對待漢人和漢族文化的政策上要明智得多。清人一開始就十分重視科舉，將其視為實行「文治」和「以漢治漢」國策的重要舉措。確實，在重科舉思想的指導下，大量漢族知識分子被吸納到統治階層，從而有效地擴大和鞏固了滿清政權的基礎。史載，清初下詔恢復科舉時，許多前明儒士如聞春雷，如沐甘霖，紛紛投牒應試。康熙十七年特開「博學鴻詞」科，一批清初名士幾乎全被選中。有清一代，狀元凡114名，旗人僅3名，其餘都為漢人，其具體分布情況詳見下表：

122　《欽定禮部則例》卷101。

123　《元史》卷158〈許衡傳〉。

清朝狀元省分分布情況 [124]

省分	人數	省分	人數
八旗	3	湖南	2
直隸	4	河南	1
江蘇	49	山東	6
安徽	9	陝西	1
江西	3	四川	1
浙江	20	廣東	3
福建	3	廣西	4
湖北	3	貴州	2

　　尤其值得注意的是，儘管清朝在錄取名額上實行按區域分配的原則，但同時也考慮到了經濟貧富、文化高下的因素，加之考試的客觀性，因而南方儒士還是獲得了更多的機會，其詳情可見下表：

清朝一甲和會元中額前五名省分 [125]

省分 ＼ 功名/人數	狀元	榜眼	探花	會元
江蘇	49	26	42	40
浙江	20	29	27	32
安徽	9	7	4	9
直隸（含順天）	4	7	6	11
山東	6	5	3	6

　　清朝科舉制的這種錄取結果與元朝將「南人」列為最低等的政策形成強烈的對比，是清朝選官制度成功的一個重要體現，它對於貫徹實施「以文治國」政策是非常有利的（關於清朝選官制度對清朝政治的影響另可參見第八章第一部分）。

124　此表根據《清代科舉考試述錄》第153–162頁製作。

125　此表根據《清代科舉考試述錄》第153–162頁製作。

第二章　文官之任用

　　「國家缺額有定，士子登進無窮」，這一矛盾決定了任官制度是一項極其複雜的工程。「員」與「缺」的矛盾，是中國古代任官制度中的關鍵問題；解決這一矛盾是中國古代任官制度的根本任務。這一矛盾解決得如何，直接影響著官員隊伍的內部結構，關係到能否使有限的官缺各得其人，使官員各展所長，人盡其才。統治者在解決這一矛盾、建立任官制度的時候，一方面會堅決地貫徹自己的用人方針、原則，另一方面也會千方百計地使其合理、務實、規範，具有較好的操作性。清朝統治者在繼承借鑑歷代經驗的基礎上，根據本朝的特點和情況，在實踐中多有變化和發展，建立起了中國古代最為嚴密的文官任用制度。清朝文官任用制度集中代表了中國古代這一領域中的文化成就。

一、候用人員的分類和排序

　　在候選之員與國家定缺的矛盾中，「員」是矛盾的一方。在解決「員」、「缺」矛盾過程中，必須對「員」加於規範，使他們有序地進入候用行列，從而使「員」、「缺」對應有條不紊。

　　清朝對「員」加於規範的主要制度是「六班之制」：

　　　　凡授官之班有六：一曰除班，二曰補班，三曰轉班，四曰改班，五曰

升班，六日調班。凡特旨用者，則別為班焉。[1]

凡官非特旨授者，有缺，各考其班以請旨而授之。[2]

可見，凡候用人員，除有特旨用者外，都分別列入上述六班，依例除授。

除班，即初次任命於有官之資格者，如科舉中第者、貢生、監生、蔭生、官學生、吏員等始被任官。除任的依據是出身和考試，如進士一甲一名除修撰，一甲二名、三名除編修，漢舉人除國子監監丞、博士、知縣、州同等。

補班，原已有官職，因某種事故而暫時開缺，待事故消除後，再被授於官職。補班人員的種類甚多，如裁缺候補、迴避開缺候補、丁憂服滿候補、終養事畢候補、病痊候補、降革開復候補、援例捐輸開復候補、遠缺改近、親老事畢引見毋庸坐補原缺者、候補京官省親修墓、假滿候補、因差開缺差竣候補、降調候補等。

轉班，官員於同一衙門內轉任，雖品級相同，但略含遷升之意。清朝規定有些官缺由轉任來授補，如六部、理藩院右侍郎轉左侍郎，詹事府右庶子轉左庶子等。這些轉任的目的是為了增強事務管理的銜接性，疏通某些官員的升遷渠道等。

改班，意為改換另一衙門官職，其類型主要有四種：一是改任其它衙門同一品級之官職，法律也規定了某些官職的改任線路，如六部、理藩院尚書以左都御史改，漢御史以修撰、編修、檢討、郎中員外郎、內閣侍讀改。二是八旗武職改用文職，如一等侍衛改三品京堂。三是因不勝任而改職。如分部學習主事期滿，不諳部務，改任知縣、內閣中書等職；京府經歷、大挑知縣到省後不勝民社，改直隸州州同，州判等職；捐輸人員分發後，經試用一年，才具平常，道府改同知，直隸州知州改通判等。四是自願改任，依例允許者。如滿州、蒙古文進士即用知縣，願改京職者，改筆帖式，散館庶吉士以主事用，漢進士以主事、中書、學正、學錄用，未補缺而願註銷京職者改知縣，願改教職者，改教授。

升班，官員因年功或其它事由而被提升。升遷是每位官員的最大願望，為

1　《欽定大清會典》卷7。

2　《欽定大清會典》卷8。

使升遷依法進行，清朝規定了官員升遷的細密線路，這是清朝任用制度中極為重要的內容和特點（詳見下述）。

調班，某些特別官缺，原任官任期屆滿，依例由某些指定的官員去調任，調任官多須有保舉。調任有在不同衙門間進行，如吏部尚書以五部、理藩院尚書調；有在同一衙門中進行，如刑部滿州司獄，以本衙門筆帖式調。另外，各省應調之缺，由督撫以本省相當之員調補。[3]

六班，是對候用人員總的分類。在六班之中，又根據各員的身分和具體情由分為不同的選班，如服滿、假滿、俸滿、開復、應補、降補、散館庶吉士，進士、舉人、貢生、蔭生、議敘、捐納、推升等。各個選班的任用次序是不同的。同時，在同類人員中，有一些法定的排序標準，如即升、俸深、卓異等都是優先任用的條件。

在許多情況下，某一官缺待補，往往有幾種不同身分的人員都有條件授補，那麼，解決的方法主要有兩種。一種是有明確的法定次序，就按照法定次序任用（事實上這類規定很多）。如，在雙月大選中：「郎中員外郎、主事均先盡丁優服滿坐補原部之人。如無人，用病痊假滿坐補原部之人。如又無人，郎中用推升四人，捐納一人；員外郎用推升二人，捐納一人，蔭生二人。」[4]另一種辦法是，按法定的人員搭配要求，組成授補這一官缺的「正班」，請旨定奪。如，「滿州郎中，以四應升、一捐輸為正班。員外郎，以一應升、一蔭生，一捐輸為正班」。「直隸州知州，以二記名主事、一捐輸為正班」。「教授，以應升為正班。經制學正、教諭，以四舉人就教、一應升為正班」。「縣主簿，州吏目，各以一監生、一吏員、二歲貢考職、一應升為正班」。[5]

如果依照法律無法對候用人員排序時，則採用掣籤的辦法解決。如：「俸深各官遇應升應改之缺，論俸擬正陪具題。如歷俸相同者，令其簽掣名次，分別正陪題補」。[6]

3　以上「六班」內容見《欽定大清會典》卷 7。

4　《欽定大清會典事例》卷 44。

5　《欽定大清會典》卷 9。

6　《欽定吏部銓選滿官則例》卷 2，見《中華律令集成》（清卷）第 272 頁。

二、任命形式和文官任用權的結構

在候用人員和國家定缺的矛盾中，「缺」是矛盾的另一方。對「缺」加於分類和排序，明確各個缺在文官體系中的地位、層次和除授的方式，才能使「員」、「缺」應對有明確的方向和途徑。在清朝，對官缺加於分類排序主要是通過任命制度來實現的。同時，任命制度又集中反映了人事權的結構和特徵。

（一）任命形式

清朝根據官員的品級、京官與外官的區別和官缺的性質，規定了各種官缺的任命形式。《清史稿》寫道：

> 內而大學士京堂，外而督、撫、藩、臬，初因明制，由廷臣會推。嗣停會推，開列題請。太常、鴻臚、滿州少卿，開列引見。不開列，以應升員擬正、陪引見授官曰揀授，論俸推取二十人引見授官曰推授。京司官、小京官、筆帖式，分留授，調授、揀授、考授，皆引見候旨，餘則選。外官布政使、按察使開列，運使請旨。道府缺有請旨、揀授、題授、調授，留授，餘則選。廳、州、縣缺同道、府，無請旨者。佐雜、教職、鹽官，要缺則留，餘或諮或選。[7]

根據上面論述和《大清會典》的有關內容，清朝文官的任命形式主要有下列幾種：

1. 特旨授

特旨授的對象主要有：大學士、尚書，左都御史、侍郎、翰林院掌院學士、總督、巡撫、布政使、按察使、運使等。特旨授的程序是，各官有缺，不須開列題請，奉特旨即補。但在實際施行中，皇帝亦常常先命吏部開列具題，然後裁定。運使任命較為特殊，依例先由軍機處以俸深道二十人、知府十人進單，候旨特授。

2. 開列

開列的對象主要有大學士而下至京堂（實際中開列與特旨授的對象有重

複）。屬開列範圍的各官有缺，吏部開列具題，先列應轉出者，補轉出之缺，然後列應補、應改、應調、應升等候補者之官職、姓名，聽取上裁。有的官缺只需開列題請，有的官缺（如太常寺、光祿寺、鴻臚寺、滿州少卿）則要開列引見。例如，《欽定吏部銓選則例》「開列」關於京外官員開列的次序、總督、巡撫缺出的開列辦法以及應扣除人員的規定是：

> 在京大學士以下、京堂翰詹官員以上，布政使、按察使、鹽運使，均照品級考內所截開列具題。總督缺出，將滿州、漢軍、漢人侍郎、巡撫、學士、副都御史開列具題。巡撫缺出，除本省布政使停其開列，將滿州、漢軍、漢人學士、副都御史、僉都御史、通政使、大理寺卿、府尹、各省布政使開列具題。凡京外各官應開列具題人員，有革職留任、降級留任、停升停俸、督催督造等解等項，及未報到任官員，俱不開列具題，於本內聲明扣除。……如有罰俸未完，亦不開列具題。

3. 題授

所謂「題授」，就是指在中央和地方衙門中，有一部分官缺依例由本堂堂官或督撫在本衙或本省內揀選人員，題諮吏部查複後自行引見補授。這種任命形式又包括若干具體的方式，主要有留授和調授。留授是對留缺而言。在中央，留缺是指各部司官一級的題補官缺，在地方，道、府、州、縣都有指定的留缺。調授是對調缺而言。在中央，調缺是指直轄司官中的題補官缺，如工部節慎庫滿州郎中、員外郎、製造庫滿州郎中。但是，中央直轄司官的調缺不都是題補之缺，如戶部三庫郎中、員外部、主事，由各衙門保送，管理三庫大臣引見定奪。在地方，州、廳、縣有劃定的調缺，如直隸廳同知缺（含有江蘇海門廳、新疆鎮西廳等十廳）。

留缺和調缺雖然都是題補之缺，但兩者有一個原則性的區別：留缺可由應升人員升補，故常被稱為「題升」；而調缺只能於對品人員內揀選，故常被稱為「調補」。在一般情況下，堂官和督撫不能將調缺變為留缺，如遇特殊情況需要用題升來補授調缺，必須嚴格地依照程序奏報，聽候旨定。如法律規定：

> 各省應題之缺，知縣以上官員除原係例應題補及煙瘴地方，俱准升

調兼行、不拘一格，聽該督撫酌量具題外，其餘一切應行調補之缺，令該督撫照例于屬員內對品改調，不得瀾行奏請升用。若該省實無可以調補之員，而屬員內果有才守兼優、政績卓著者，於疏內將無可調補、必須題升之處聲明，吏部查明與例相符，令其送部引見，應否准其升用，恭候欽定。[8]

　　法律還對留缺題升作了一系列嚴格的限定。「各省督撫應行保題各缺，如將官員題請升補升署，只准以應升之缺題補，不得越級保題」。[9]可見，題升對象必須屬於「應升人員」，題升不能越級。還規定，被題升人員必須由科道先行稽察覆核：「凡各部院應行留缺保奏人員，務將題補之人，于文內聲明，並行文知照科道，按限稽察。」[10]堂官或督撫若違例題補，會受到嚴厲的處罰。各省督撫「聲明留缺而補非應補之員，又如應調缺出，該省現有應調之人，捏稱無人，轉將他員奏請升用，以及應行題補缺出，將銜缺懸殊不應題升之員越次升補者查有徇庇事情，將該督撫降三級調用」。[11]

4. 揀授

　　揀授的方式是於應升人員內擬正、陪引見補授。法律規定有些官缺應採用揀授方式補授。負責揀授的主體各不一樣。有本衙門堂官為之者，如滿欽天監監正，內閣侍讀（滿、漢、蒙）；有吏部派大臣為之者，如六部、理藩院漢軍缺堂主事、盛京刑部蒙古缺主事；有吏部直接為之者，如直隸熱河道、口北道、吉林道等。

5. 推授

　　推授與揀授一樣，是一種適用於某些官缺的補授方式。負責推授的主體亦因官缺而定，但推授中的候選人員不一定僅限於正陪。如，漢司業，由吏部以應升之員論俸推取二十人引見補授。漢欽天監監副，由本衙門擬正陪交吏部引見補授。漢庶子、侍讀、侍講，吏部以應轉應升之員開列具題。六科掌印給事中缺，以給事中提補，給事中缺，由吏部以十五道御史通行引見補授。都察院

8　《欽定吏部銓選則例》卷6，見《中華律令集成》（清卷）第272頁。
9　《欽定吏部銓選則例》卷6，見《中華律令集成》（清卷）第272頁。
10　《欽定六部處分則例》卷4。
11　《欽定六部處分則例》卷4。

掌道御史缺，由本衙門以協道御史轉補，協道御史缺，於記名御史內，每一缺以三人引見補授。[12]

6. 考授

某些教職由考試補授。如國子監助教（滿州）、翰林院孔目（漢）、國子監學正、學錄、無進士候補，則由吏部派大臣考試補用。某些指定衙門之筆帖式，由本衙門負責考取，送部引見錄用。

7. 選授

選授即由吏部銓選補授。所有文官缺，除特旨授、開列、題授、揀授、推授、考授以外，其餘悉歸選授。

（二）文官任用權之結構

上述清朝文官的任命形式，雖然名目較多，而且有些形式無確切的法定含義，但是綜合考察分析，可以較為清楚地看出清朝文官任用權的內部結構。第一層次是皇帝掌握的任用權。從根本原則上說，皇帝獨掌任用權是毋庸置疑的，但就實際操作而言，皇帝不可能真正做到「獨掌」。在具體任用制度中，清朝皇帝直接掌握「特旨授」和「開列」兩種方式。通過這兩種方式，皇帝把全國高品級文官的任命權牢牢地掌握在自己的手中，從而控制了任用權的命脈。第二層次，是吏部和京內堂官、外省督撫掌握的任用權。從表面上看，題授（含留授、調授）、揀授、推授、考授、選授諸種形式繁雜無序，然究其實質，都屬於第二層次的任用權，只不過因不同的官缺而有不同的名稱而已。

在第二層次上，吏部與堂官、督撫分享任用權，這是清朝文官任用權中的一個顯著持征。它們兩者之間的權力如何劃分，關係如何協調，這種體制的實踐結果怎樣，研究這些問題是很有意義的。

清朝法律主要通過以下三種措施來規範和協調吏部與堂官督撫的權力和關係：

首先，明確劃定題缺。這一措施是清朝統治者從實踐教訓中總結出來的：

12　《清史稿·選舉五》：「不開列，……論俸推取二十人引見授官曰推授。」按《大清會典》卷 8 所載，推授的實際情形並非完全如《清史稿》所云。

> 初，京司官缺，題、選無定例，長官以意為進退。久之，員缺率由題補，而應升、應補、應選者多致沉滯。乾隆九年，詔以各司題缺諸部註冊，餘缺則選，不得混淆。於是定各部各司漢郎中、員外郎、主事各幾缺題授，餘若干缺則選。道光間，更定題補缺額，嗣各部時有增益。[13]

與京司官缺一樣，外省官缺也都明確地劃定了題缺。劃分題缺和選缺使吏部與堂官、督撫各自的任用權有了基本的依據。

題缺和選缺劃分的主要標準是官缺所掌政務的緊要和繁簡程度，大凡要缺、繁缺，均為題缺，餘下則為選缺。例如，吏部的文選、考功兩司職掌緊要，其司官多為題缺。刑部事務殷繁，凡所屬司官多為題缺。地方道、府、州、縣「以動、繁、疲、難四者定員缺緊要與否。四項兼者為最重，三項次之，二項、一項又次之」。[14] 簡缺、中缺、多為選缺；要缺、最要缺多為題缺。根據情況的變化，題缺和選缺可以經過一定程序予以更換。[15] 上述題缺和選缺的劃分辦法，充分反映了統治者對堂官、督撫任用權的高度重視。

其次，嚴禁堂官、督撫擅自將選缺變為題缺。處於同一層次的吏部與堂官、督撫的文官任用權，在客觀上存在著此消彼長的關係，因而不可避免地會產生矛盾和衝突。面對這種矛盾和衝突，法律嚴禁堂官、督撫擅自變選缺為題缺，然而卻未見禁止吏部擅自將題缺變為選缺的規定。這種調整方法的單向性特徵，在一定程度上反映了這樣一個事實，即堂官、督撫各處一個衙門、一個地方，他們對本衙門、本地區的情況十分熟悉和清楚，較為有條件將選缺變為題缺。而吏部統管全國，對具體部門、地區的情況不會十分瞭解和清楚，因而不太有條件將題缺變為選缺。另一方面，更為重要的是，統治者要謹防堂官尤其是督撫侵奪吏部的任用權，造成地方勢力坐大的危險局面。相反，吏部代表朝廷，因而也不可能出現所謂朝廷侵奪衙門或地方權力的現象。法律針對堂官的規定

---

13 《清史稿・選舉五》。

14 《清史稿・選舉五》。

15 閩省督撫奏請，莆田縣知縣原定動、煩二字中缺，今則難治，與昔日情形不同，部選人員人地生疏，深恐不能勝任，宜改為調補缺。同時，將措置較易之南平縣調缺改為部選，以資互換。說明經過一定程序可以互換題缺與選缺。（參見〔日〕織田萬撰，《清國行政法泛論》，華世出版社 1979 年影印，第 686 頁。）

如：「凡部院宗室郎中、員外郎，均係較俸通選之缺。……改選缺為題缺用者，均應由府將違例之處奏明，即請將該員撤回原任，並請將該堂官交部議處。」[16] 法律針對督撫的規定更加詳細：

> 督撫將應歸部選之缺並不聲明，混行題補調補，查有徇庇事情，降三級調用。若由司道府州等官申請者，將司道等官降二級調用。查無徇庇事情，止係違例，將督撫照違令公罪律罰俸九月，司道等官申請者，罰俸三月。其主稿之督撫，應降三級調用者，會銜之督撫降一級留任；主稿之督撫應罰俸九月者，會銜之督撫罰俸三月。[17]

在任官實踐中，督撫直接將選缺變為題缺是十分困難的，他們往往先對選缺任命「署理」，以此作為變更缺分的過渡。為此，法律規定，「應歸月選之缺，概不準將試用人員題署至例應題補之缺」。[18] 督撫只能在例應題補之缺內委任署理，歸吏部銓選之缺概不准委任。

第三，吏部對題授有駁議權。乾隆四十年諭：

> 嗣後各督撫題請實授人員，有與例不符者，吏部議駁外，即將該督撫議處。[19]

可見，吏部對題授具有監督覆核的權力。[20]

清朝賦予堂官尤其是督撫較重的文官任用權，這種做法在總體上於朝廷是有利的。

要缺、繁缺在文官體系中、在國家行政管理中具有十分重要的地位；這些要缺、繁缺所在的部門、地區對全國政治、經濟有著舉足輕重的作用。清朝將要缺、繁缺的任命權交給堂官和督撫，顯然是權衡利弊、深思熟慮的選擇。就

16　《欽定宗人府則例》卷 14，《中華律令集成》（清卷）第 281 頁。

17　《欽定大清會典事例》卷 82。

18　《欽定吏部銓選則例》卷 6，見《中華律令集成》（清卷）第 276–277 頁。

19　《欽定大清會典事例》卷 60。

20　例如，嘉慶十三年，江蘇總督鐵保等題請以候補知府王穀補授徐州府員缺。吏部駁議，徐州府知府本係請旨簡放之缺，例不准在外奏補。況該員於前任內丁憂，經鐵保奏留，並未回籍守制，又未回籍補行穿孝，應令其回籍行持百日，後再行赴任。皇帝諭云，「所駁甚是」。（《欽定吏部則例》卷 6，參《清國行政法泛論》第 681 頁。）

外省而言，督撫對屬下的才幹、素質較為清楚，所選人員也已有本省任職經歷，熟悉民情風俗，這些都有利於要缺、繁缺的正確選任。而部選人員初到一省，不通當地情形，又無親民實踐，讓他們立即任職於要缺、繁缺，很可能不勝任者居多。先讓他們任職於閑缺、簡缺，練達事務，通曉民情，然後再任職於他缺，當是較好的安排。

清朝是君主專制制度高度發展的時期，這一特點自然會體現在人事權中。表面看來，由堂官尤其是督撫享有較重的文官任命權，不利於人事權的高度統一，實際上並非如此。朝廷讓吏部與堂官、督撫在同一層次上分享任用權，一方面可以雙方互補，督撫盡其所知，擇善而任，吏部可擴展選任範圍，利於疏通仕途阻滯。另一方面，兩者也會產生矛盾。當兩者不能協調時，便由皇帝上裁，這樣更有利於對人事權的控制。

從歷史上看，文官選任悉歸吏部並不是一種良策。北宋初期，為了強化中央集權制度，統治者對任官制度也多加改變，使之逐漸歸於中央，以至達到「幕職悉由銓受」的程度。這種高度集中的任官制度並沒有給宋朝吏治帶來益處。相反，由於吏部不可能對泱泱一國的所有官缺、所有候用人員都詳細瞭解，任官過程中必然充滿著盲目性。對此，朱熹曾有一段尖銳的批評：「今天下之大，百官之眾，皆總於吏部。下至宰執幹辦使臣，特其家私僕爾，亦須吏部差注，所以只是袞袞地鶻突差將去，何暇論其人之材否！」[21] 對於清朝來說，疆土更廣，人口更眾，民族更多，而其本身又是以少數民族入主中原，如果重蹈前轍，後果亦肯定更壞。所以，將一部分本來應歸吏部的文官任用權交給堂官、督撫，同時又嚴立法禁督責他們正確地行使，應該說是一種明智和成功的做法。

三、吏部銓選

吏部是文官任用的主管機構，其銓選是文官任用中最基本的方式。由於候選種類甚多，又有不同民族，為了合理的安排，吏部定「月選之法」。月選有雙月選、單月選、雙單月選，不同班別、不同種類的人員分別予以銓選。同一月選，滿州、蒙古、漢軍官以上旬，漢官以下旬，筆帖式以中旬。[22]

21　《朱子語類》卷 112〈論官〉。

22　《欽定大清會典》卷 9。

（一）銓選的一般程序

1. 開缺

各衙門的官員有職有數，因故缺少謂之「開缺」。有開缺必須及時呈報，以便吏部銓選。法律對京內衙門滿漢官及外省的開缺時限有具體明確的規定：

> 凡各部院等衙門，所屬滿官以及內閣中書、國子監學正學錄、刑部司獄、五城兵馬司正副指揮、吏目並各省鹽大使、庫大使等官，缺出均於每月底截缺，……如必須具題請旨者，二十一日以前。到部之案，務於本月二十六日以前具題，作為本月之缺，二十二日以後到部者，歸於下月截缺。……凡各部院等衙門所屬漢官，及外省、州、縣以上缺出，於每月二十日截缺。如必須具題請旨者，十二日以前。到部之案務於十六日以前具題，作為本月之缺。十三日以後到部者，歸於下月截缺。如開缺遲延，將承辦官罰俸三月。係失察書役受賄壓缺，照失察書吏犯贓議處。若有縱容書役壓缺及聽受賄囑等弊，俱革職。[23]

這些規定說明，清朝既不能隨意增官（中國古代秦漢以來歷代對此都很重視），但也不能隨意缺官，以防有關官員利用壓缺徇私貪贓。

2. 投供

凡候用人員，均應赴京向吏部投送參選材料。投供有時限規定，吏部以到文日期先後作為排序的一個重要依據。投供材料的內容要求極為繁雜，其中本人投文和原籍官印結是必須的。在由原籍官具結的投文中，要注明科分、名次、年貌、籍貫、有無過繼、三代履歷、有無假冒違例事故、有無應行迴避、有無親老等等，具結官還應特別註明「赴選赴補」字樣。投文如有假捏，投供者和出結官一併議處。在京郎中以下、小京官以上，在外道府以下、七品官以上，投供時應取具同鄉京官印結。除這些內容外，各類不同人員還有各目的要求，如裁缺、迴避、降調及降革還職、解任開復者，就取其原任之文，吏員要有原役衙門印文。

由於投供強調印結，許多官員乘機妄加勒索，這是清朝投供中的一大弊端。

23　《欽定六部處分則例》卷 3。

雍正元年的一道上諭對此有淋漓盡致的揭露：「旗員為外吏者，每受該旗都統領等官所制，自司道以至州縣，於將選之時，必勒索重賄，方肯出結諮部。及得缺後，即遣人往其住所，或稱平日受恩，責令酬報；或稱家有婚喪等事，緩急求助；或以舊日私事要脅；或五旗本王府不體下情，分外勒取；或縱本府人員肆意貪求，種種應酬，不可枚舉。以致該員竭蹶饋送，不能潔己自好。凡虧空公帑，敗壞身名者，多由於此。嗣後如有仍蹈前轍、恣意需索等弊，許本官據實封章密詳督撫轉奏，督撫即據詳密奏。」[24]

在銓選過程中，有的候用人員為規避瘦缺，覓得肥缺，該投供而不投。為此，法律也專門予以禁止：「邊遠省分需人，奏請揀發，並指缺奏請揀發。吏部於候補候選投供人員內，指名傳喚，無論專項別項人員，均行一體親投履歷，聽候揀選，倘無故不投履歷，及投遞後臨期不到者，照規避例革職。」[25]

3. 驗到覆核

吏部對投供人員查驗身貌，審核供文，並根據授官要求確定其資格及排序。

4. 堂議掣籤

吏部根據官缺情況和六班人員的分類排序，依據月選之法分別堂議。滿州官於月之十四日，漢官於月之二十三日，堂議定應選官名單，然後依明代方式掣籤定缺。漢官於二十五日由尚書、侍郎會同河南道御史掣籤於天安門外，滿州官於初五日、筆帖式於二十日由尚書、侍郎掣籤於堂。掣籤定缺之後製作選單。選單有固定的格式，有關候選人員的姓名、籍貫、入仕出身和新任官職都要明確載明。[26]

5. 驗看

吏部掣籤定缺後，將各官名單諮送各衙門，會同九卿、科道驗看。驗看內

24　《欽定大清會典事例》卷 83。

25　《欽定大清會典事例》卷 84。

26　1904 年 7 月，上海同文滬報刊載清朝的一份選單（原為豎行）：「六月分選單：選員外郎：工部屯田司孫肇煌，山東蔭。知縣：四川平武，夏書紳，浙江拔。直隸廣平，曾愷江蘇。容城，劉寅，湖北；無極，鮑德麟，湖北，俱監。任縣，謝麟芝，湖南文童。河南武安慶，鐘濟江蘇甲。……意思是，山東人蔭生孫肇煌任工部屯田司員外郎，浙江人拔貢生夏書紳任四川平武縣知縣，江蘇人監生曾愷任直隸廣平縣知縣，湖北人監生劉寅任直隸容城縣知縣，湖北人監生鮑德麟任無極縣知縣。……」（轉引自《清國行政法泛論》第 671–672。）

容包括其本人有無行止不端、出身不正、年老衰弱等情形，還要重點審查其祖父有無錢糧虧空。[27]

6. 給憑

候用人員定缺驗看後，在京官員不行給憑，命下之日宣旨赴任。在外升授京官者，行文該省，令其將任內交代清楚，給諮赴部。在京官員升外任，取具京官印結，於十日內發憑。在外官員文憑，由各督撫轉給。官員到任後，按時限將憑繳還吏部。

（二）授官之要求

清朝授官時對候用人員既有共同的一般要求，也有因官缺而異的個別要求。

根據《大清會典》的規定，授官的一般要求是：「別其流品」，即候用人員皆須「身家清白」（詳見第一章〈入仕之限制〉）、「觀其身言」（即上述銓選程序中之「驗看」）、「核其事故」、「論其資考」、「密其迴避」、「驗其文憑」。[28] 現就其中「核其事故」、「論其資考」和「密其迴避」分別予以闡述和分析。

1. 核事故

候用人員因某些事項，或不得銓任，或銓任受到限制。不得銓任之情形主要有：在服喪期間或需要養親，降有特旨者外，一般均不得除補升轉。銓任受到限制的情形主要有：獨子之親年七十、眾子之親年八十者，京官停其升用外缺，外官概行停升。但若曾經被薦為卓異，在外准其以本省應升之缺保題升用，在內准以近省之缺按班推升。嘉慶十七年又議定，獨子之親年七十、眾子之親年八十者，如有「呈明親老告近者，俱准銓選」。[29] 上述規定體現了家族觀念的影響和作用。官員受行政處分，京官任內有罰俸之案，不停升，自降級留任以上，皆停升。外官任內有行政處分，概應停升。若將罰俸銀兩完全繳納，准其照常升轉。[30] 官員有案在身尚未議結，不應升轉：「內外大小官員除移送停

27　《欽定台規》卷35，見《中華律令集成》（清卷）第520頁。

28　《欽定大清會典事例》卷10。

29　《欽定大清會典事例》卷70。

30　以上「核其事故」中史料未注明者均見《欽定大清會典》卷10。

其升轉者停升外，其提問圈問者不應候事結即停其升轉，如科道糾參及督撫題
參，或因公誅誤議處，被人訐告等事，考功司議復未結，……即停升轉。」[31]

2. 論資考

「資考」的本意是任職的俸歷和考績的等第，但是在考績中被定為卓異從
而可以優先升轉者為數極少，絕大多數官員只能依靠俸歷升轉。清朝文官的升
轉有論俸的，也有不論俸的（如「即升」是以特旨先後日期為序），但一般都
屬於前者。清朝法律明確規定，「較俸升轉」是文官任用制度中的一個重要原
則，並且對升任、降任、調任官員的計俸辦法以及新舊任交接期的計算都一一
作了說明：

> 內外官員均按到任日期，較俸升轉。如有離任事故者，計日扣除。
> 升任官員，于升任內論俸。降補官員，于降任內論俸，均將前俸截扣。
> 調任官員，准其通理前俸。其舊任卸事之後，新任未到之前，或本
> 身交代未清，或因患病稽留時日，及往返程途候缺日期，悉行扣除，
> 不准計算。如有因承辦公事未竣，一時不能赴任，經該管官題諮到
> 部，所有留辦以後事竣以前日期，仍准一例論俸。[32]

官員較俸升轉，既有一般的常例，也有特例，但特例必須履行嚴格的程序。
乾隆十三年議准：

> 三年准調，五年准升之例，仍遵照辦理。至員缺果係緊要，非練之員，
> 不能勝任，而年例未符，實有不得不為變通者，該督撫將人地實在
> 相需之處，或應調補或應升署詳細聲明，專摺奏聞。[33]

由於俸歷直接決定著文官的升轉，所以清朝法律對俸歷的計算極為重視，
在《會典》和各種《則例》中，有關各類人員、各種事項的計俸都有具體的規定，
這些規定體現了朝廷的政策導向和在長期任官實踐中積累的豐富經驗。擇其最
主要者，以下三點尤其值得重視：

其一，滿州蒙古官員的計俸較漢官為優。滿州蒙古郎中專較本任之俸，員

---

31 《欽定吏部銓選則例》卷 3，見《中華律令集成》（清卷）第 296 頁。
32 《欽定大清會典事例》卷 69。
33 《欽定大清會典事例》卷 60。

外郎以下通較前俸。漢官論俸，除內閣典籍准接算中書俸外，其餘無論京官外官，皆專論本任之俸。[34]

其二，京官計俸優於外官。《大清會典》卷十：

> 凡論俸推升者，京官外官各自計俸。其有京官與外官一同論俸推升，……皆分說俸外俸。京俸二年抵外俸三年，餘一日作日半。京官以歷俸二年為俸滿，外官以歷俸三年為俸滿。

這種規定體現了中國古代重京官輕外官的傳統政策。

其三，京官升轉之俸期無差別，外官以地區不同而有分別。清朝將全國道、府、州、縣分為腹俸缺、邊俸邊、沿海缺、沿河缺。腹俸之道、府、州、縣佐貳、首領官，五年可升，三年可轉。邊俸有煙瘴缺，如廣東崖州、感恩、昌化、陵水、廣西百色、太平、寧明等府、廳、州、縣；又有苗疆缺，如雲南元江、廣南、昭通、鎮雄、永善、貴州古州兵俑道、鎮遠、銅仁、清江、四川馬邊等府、廳、州、縣。邊俸缺「俱三年俸滿，有政績，無差忒者，例即升用」。江蘇太倉、上海等十縣，浙江、山東、廣東、福建各地若干州、縣為沿海缺，直隸、河南、山東、江南各地若干州、縣為沿河缺。沿海缺與沿河缺之「歷俸升擢，與邊俸同」。[35]實際中，由於邊俸地區水土惡毒，其官員的升轉比上述規定還要靈活得多。乾隆十四年議准：

> 邊省內有煙瘴之缺，與內地情形不同，如必循照三年准調五年准升，誠恐一時難得合例之人。嗣後內地及苗疆各缺，仍照例計算本任之俸，如無俸深之員，即請旨揀發。若係煙瘴各缺，不必計俸，惟擇才優與能耐煙瘴者升調。[36]

福建臺灣府照內地與苗疆例，廣東水土最惡之地或二年、或二年半即為俸滿。清例還規定，在銓任過程中，若邊俸與腹俸相當，則先邊俸升轉。[37]上述規定體現了從實際出發，原則性與靈活性相結合的任用方針。這些法律對於清朝加

34　《欽定大清會典》卷 10。
35　《清史稿·選舉五》。
36　《欽定大清會典事例》卷 60。
37　《欽定大清會典事例》卷 69。

強對邊疆、沿海、沿河地區的行政管理，維護統一的多民族國家，起到了積極的作用。京外官閱俸有別，邊俸從優的原則，是清朝一條成功的立法經驗。

如上所述，論資深淺、較俸長短，是清朝文官升轉的主要依據。圍繞這一原則所展開的法律條規，構成了清朝文官任用制度中的重要內容。對於這一原則應作何分析和評價，是一個頗為複雜而有意義的問題。

眾所周知，上述原則不是清朝人的發明。隨著秦漢封建官僚政治的建立，「循資用人」原則就逐漸產生、發展並日益占據主導地位。漢代，「積勞」、「久次」已成為官吏升遷之重要途徑。董仲舒曾經批評說：當時「累日以取貴，積久以致官」的狀況不符合古制；古時候所謂「功」者，「以任官稱職為差」。[38]北魏時，崔亮任吏部尚書，制定了《停年格》，其核心內容是「不問士之賢愚，專以停解日月為斷」，[39]以致士無善惡，歲久先敘。唐玄宗開元十八年作《循資格》，注官時依資循階，限制躐級。雖然《循資格》不久便被廢除，但其用人原則卻一直被唐朝所沿用。宋代制訂了《循資格》等專門法律，將循資用人原則貫徹到銓選制度的各個方面。明朝以「久任法」推行循資用人的方針，強調任何官職都須有一定任職歷俸，方可升轉。張居正在推行改革新政時還強調以「久任」之法整肅吏治。

在「循資用人」原則產生、發展過程中，存在著這樣一種有趣的現象：一方面，對這一原則的批評聲、反對聲不絕於耳，另一方面，決策者們卻不斷地採納並強化這一原則。這種現象的產生不是偶然的，它說明這一原則有其存在的一系列原因。

首先，「循資用人」原則與人事權集於中央，官員銓任歸於吏部的體制密切相關。魏晉以來，吏部在文官選任中的作用日益加強，至隋唐時，出現了「大小之官悉由吏部，纖介之跡皆屬考功」的局面。[40]但是，吏部不可能真正全面瞭解掌握眾多應選人員的實際品德和才行。這樣，很容易將有據可查的資歷作為任官的衡量標準。北魏《停年格》的制訂者崔亮在回答他人責難時說，以吏部尚書一人之鑒，無法照察天下，「是以權立以格限以停年耳」。[41]

38 《漢書》卷 56《董仲舒傳》。
39 《魏書》卷 66《崔亮傳》。
40 《通典》卷 14《選舉典二》。
41 《魏書》卷 66《崔亮傳》。

　　其次，從吏部而言，循資用人有兩大優點。其一，這一原則雖然會扼殺某些真有才華卻資歷淺短的人才，但總體上是較為穩妥的選官辦法。司馬光曾經對此分析道：

> 常調之人不可不為之立資格以抑躁進、塞幸門。若果有賢材，朝廷自當不次遷擢，豈拘此制。凡年高資深之人，雖未必盡賢，然累任親民，歷事繁多，知在下艱難，比于原不親民便任監司者，必小勝矣。[42]

其二，循資用人易於規範化、法制化、易於實現公平、合理。資歷是明晰的、靜態的，很容易將它變成規範的法律條文；才德具有很大的主觀判斷性，難於確切定論，將其變成規範的法律條文實屬不易。吏部作為掌管文官任用的最高有司機構，首先考慮的是力求規範、合理、公平，那怕這種規範的合理、公平僅僅是形式上的。這樣可以使銓選具有基本的平穩秩序，防止矛盾的激化。所以，中國封建社會中形成了這樣一種觀點：以資格用人者，有司之法；以不次用人者，人主之權。可見，在任官實踐中，要將不次擢才與規範化、法制化很好地結合起來，是一件相當困難的事情。

　　第三，從候用人員角度而言，許多人也擁護循資用人的任官方針。選任、升黜直接關係官員的切身利益，銓任中的「員」、「缺」矛盾又十分突出，銓選場中充滿著勾心鬥角、爾虞吾詐。許多長期埋頭於書經的儒士，懼怕這種殘酷的官場，他們希望有明確的、可知的擬注條例，公平一體地參予銓任。另外，官員中的大多數是政績平平者，他們的內心根本不希望真正以德才作為任官的主要標準，而企盼著依靠年資、俸歷平穩地升遷。

　　就是在這些原因的相互作用下，循資用人的方針獲得了強大的生命力。在上述原因中，雖然有一些合理的因素，「循資用人」存在著一定的合理成分，但是，它根本上是與集權體制相適應的，在實踐中產生了一系列消極作用。它使平庸之輩穩步獲遷，才俊之士老於常調；它使官場風氣沉寂死板，官員們不求進取，但求墨守獲資；它使諳熟銓選法條的胥吏高下其手，任意援據，侵奪除授大權。宋代孫洙對循資用人曾有過較為深刻的批評：「今賢材之伏於下者，

42　《溫國文正司馬公文集》卷55〈論監司守資格任舉主劄子〉。

資格閣之也；職業之廢於官者，資格牽之也；士之寡廉鮮恥者，爭於資格也；民之困於虐政暴吏者，資格之人眾也；萬事之所以玩弊、百吏之所以廢弛、法制之所以頹爛決潰而不之救者，皆資格之失也。……利之者，蠢愚而廢滯者也；便之者，耄老而庸昏者也。而於天下、國家焉，則大失也、大害也！」[43]

在清朝，雖然文官任用並不完全歸於吏部，但人事權集於中央的體制基本沒有改變，循資用人是統治者順理成章地選擇。自然，這一方針同樣對清朝政治和行政管理帶來了許多弊害。統治者對此也十分清楚：「銓選按格擬注，憑籤掣缺，拘於成例」，所以歷代多行保薦制，「以補銓法之不逮」。同時又配套立法，對保舉不實嚴加懲處：

> 九卿保舉官員內，除因公註誤外，如有貪婪事發，將原保舉官照督撫濫舉例，降二級調用。[44]

然而，保薦制實施的結果與統治者的願望恰恰相反。歷代帝王和大臣出於官僚政治下好大喜功、粉飾太平之劣根性，每有軍營、河工、徵賦、緝盜等事項有功，就頻頻下詔保薦，幸邀獲名者比比皆是。「迨季世以保舉為捷徑，京、外獎案，率冒濫不遵成例」；「名器之濫，至今已極，盈千累百，徒形冗雜」。[45]保薦制成了清朝官員任用制度中的一大壞政。

3. 密迴避

迴避，是中國古代文官任用中的一項重要制度，其目的是為了防止因某些特殊的社會關係而影響公正地執行公務。清朝集歷代經驗，對迴避作了十分全面和細緻的規定。清朝文官任用中的迴避主要有親屬迴避、籍貫迴避、師生迴避和特殊迴避四種。

親屬迴避。這是文官任用中最重要的迴避。中國古代素重宗法倫理，親屬制度十分複雜，所以，親屬迴避的規定自然地極為繁複。清朝的親屬迴避有京官與外官之分，不同等級的親屬關係的迴避法則亦各不相同。但在各種親屬迴避中，都遵循三項原則，即官小者迴避、幼輩迴避和後任者迴避，三項原則的

43　《宋文鑒》卷 103。
44　《欽定大清會典事例》卷 81。
45　《清史稿‧選舉五》。

效力階位無有一定。一般而言，親屬關係中有京官為堂司、外官為督撫、藩、臬及道府、州、縣長官，則官小者迴避，其它關係中則以幼輩迴避為多。另外，父系親屬的迴避要嚴於外姻親屬。

京官的親屬迴避分為兩個層次，第一層次是尚書以下、小京官以上。若嫡親伯叔兄弟在同衙門，令官小者迴避；同衙門補受同官者，令後補員迴避。祖孫父子除因任堂司官一概令司員以下迴避外，如系同官及品秩稍有大小，雖祖父後至及官小，均令其子孫迴避。外姻親屬中母之父、兄弟妻之父、兄弟己之女婿、嫡甥，有為堂官者，亦令官小者迴避。若同系司員，免其迴避。第二層次是筆帖式。若嫡親伯叔兄弟補放本衙門堂司各官，均令筆帖式迴避。其同系筆帖式，令後補者迴避，祖孫父子除補放堂官外，其餘均令筆帖式迴避。如系司員及品秩稍有大小，祖父後至，仍令子孫迴避。外姻親屬中母之父，兄弟妻之父，兄弟己之女婿、嫡甥，有補放本衙門堂官者，亦令筆帖式迴避。若系司員並同系筆帖式，毋庸迴避。[46]

外省官員的親屬迴避，宗族外姻親屬中若有現任督、撫、藩、臬及統轄全省之道員，俱令官小者迴避。雖在同省但無統屬關係之道、府，無庸迴避。若道、府以上有同胞同祖兄弟、叔姪同在一省為同知、通判州，官小者迴避。祖孫、父子、伯叔、兄弟等親屬自道府以至佐雜等官，無論官階大小，概不准同任一省。同祖兄弟及例應迴避之外姻親族，同在一府為丞率、牧令、佐雜等官，俱令官小者迴避，也不准同在一府當差。如有借詞出繼，仍應令其迴避。河工、鹽場人員一體照地方辦理。[47]

籍貫迴避。清朝迴避制度中之「籍」，既指祖籍，也包括寄籍。祖籍迴避有兩層含義：外省上自督撫下至府、州、縣雜職等官，不得在其籍貫地任職；如果雖不在本省，但在籍貫地 500 里以內，亦不得為任。《銓選則例》規定：

> 各省員缺，在五百里之內者俱行迴避。安慶、蘇州、湖北、湖南、甘肅、西安，原係兩省，毋庸迴避。其在五百里以內者，仍行迴避。[48]

46　《欽定工部則例》卷 99，另可參見《欽定大清會典》卷 10。
47　《欽定六部處分則例》卷 3。
48　《欽定吏部銓選則例》卷 8，《中華律令集成》（清卷）第 335 頁。

在籍貫迴避中，由於總督管轄的省有兩省三省，其迴避亦相應而定。如兩江總督，凡江蘇、安徽、江西三省之籍者均須迴避。

教職的籍貫迴避與其它官員有所不同。清朝法律規定，教授、學正、教諭、訓導等教官，皆任本省之人，但不得就職於籍貫府之內。

幕賓也有籍貫迴避。乾隆三十五年議准，凡流寓幕客及有家屬居住該省者，若距所轄地方在五百里以內，亦照官員迴避之例，俱不得延請。[49]

籍貫迴避在中央部院也有相應要求。如戶部刑部司官，不得任其本籍所在省分之清吏司郎中。

師生迴避。「師生」有較嚴格的限定，主要指鄉會試之同考官與在其管轄受驗及第者。凡中式閱文之同考試官，若取中之人為督撫、司道而考官適在下屬，令官小者迴避。如考官外任督撫，其屬官內有被取中者，諮部存案，遇舉劾時於本內聲明。考官外任司道，其屬官內有被取中者，申報督撫存案，如有舉劾，督撫在本內一併聲明，以憑查核。知府與所屬州縣一切刑名錢谷之案，考核盤查，因最為親切，如分屬師生，俱令官小者迴避。[50]

師生迴避還適用於受業師生之間。[51] 乾隆三十二年議准：

> 外任官員，有受業師生為上司下屬，均照鄉會師生之例，一體辦理。[52]

特殊迴避。特殊迴避是指某些承擔特殊政務的官缺，在任官時有特殊的迴避要求。較為重要的如科道人員之親屬迴避：

> 凡父兄現任三品京堂、外任督撫，子弟俱不准考選科道。其父兄在籍起文赴補，及後經升任者，有子弟現任科道，皆令迴避，改補各部郎中。[53]

49　《欽定大清會典事例》卷 75。
50　《欽定吏部銓選則例》卷 8，見《中華律令集成》（清卷）第 336 頁，另見《欽定大清會典事例》卷 47。
51　有些論著認為，清朝師生迴避僅適用於考官與取中者之間，如《清國行政法泛論》（日，織田萬撰，第 723 頁），這不符合清律規定。
52　《欽定大清會典事例》卷 47。
53　《欽定大清會典事例》卷 56。

　　御史任職也有籍貫迴避，即不得任於其本籍所在省分。又如，凡祖孫父子以及嫡親伯叔兄弟，現有經營鹽業者，不得任職於戶部。[54]

　　以上各種任官迴避，如有詔旨特許，則可免除。

　　在清朝文官任用中，除上述一般要求外，對一些負有特殊職責或專業性較強的官缺另有特殊的要求，目的是使其能更好地勝任職務。例如，教職經部選後還要由督撫考試：

> 教官部選後，令赴本省督撫考試。考居一、二、三等者，准其給憑赴任，四、五等令歸學習三年後，再行考試，六等者革職。[55]

又如，河工官員需有特殊的任職經歷：

> 河工官員例應先行題署試看，是以必經閱三汛後，如果稱職，送部引見實授。……其由現任調署者，一年後果能勝任，具題實授。[56]

四、試任

　　清朝文官任用制度中有「學習」、「行走」、「試用」、「試俸」等概念，它們的含義與現在的「試用」不完全相同，但這些概念和規定的內容類別似於現在的試用制度，其中包含著一些中國古代長期行政管理的經驗。

（一）學習行走

　　所謂「學習行走」，就是練習政務，熟悉政體，一般以三年為期滿。這項制度的適用對象和性質可以通過以下法律規定來分析：

> 進士分部學習及捐納議敘人員俱應到部實歷三年，期滿方准奏留。
>
> 進士籤掣到部，在額外主事上學習行走，俟三年期滿，該堂官秉公

54　《欽定大清會事例》卷 39。

55　《欽定禮部則例》卷 56，見《中華律令集成》（清卷）第 625 頁，另見《欽定大清會典事例》卷 62。

56　《欽定大清會典事例》卷 60。

核實，分別帶領引見，如果熟諳部務，即奏留本部以主事補用。仍照報滿日期先後及行走年分淺深以次挨補，同時報滿，行走並無間斷者，按其科分甲第名次題補。若於部務未能諳熟，才具尚可造就，堪勝民牧者，奏明以知縣用。（歸入進士原班，吏部查其甲第名次銓選。）[57]

從上述規定可以看出，學習行走（外省稱試用）的適用對象是取得入仕資格並已經初步確定部用或外用，但尚未正式得缺的候補（即已經銓選，專待補實缺）者。學習行走期滿並表現優良者，可為部院和外省奏留和挨補得缺；表現不良者，部院外省不得奏留，諮回吏部辦理。被部院奏留以後、得缺之前，這段期間仍叫行走。所以，學習行走實際上是一種尚未挨補得缺之前的試用制度。

學習行走的期限，外省（試用）一般一年為期滿，部院主要依出身和所在部門而有所區別：

> 滿州、蒙古文進士、翻譯進士分部行走者，兵差年滿分部行走者，捐輸分部行走者，漢進士分部行走者，蔭生分部行走者，捐輸分部行走者，皆以三年為期滿。滿州、蒙古蔭生分部行走者，以二年為期滿。內閣中書行走者，以一年為期滿。拔貢分部行走者，統以九年為期滿。[58]

候用人員學習行走的時間，與他日後的正式閱俸資歷有無關係？一般而言，奏留之前的學習行走期與其正式閱俸資歷無關，而奏留以後、得缺之前的行走期的長短，對得缺後的升轉有所影響：

> 其得缺以前先經在本衙門學習期滿奏留，又行走過三年始得缺者，於補缺後試俸年滿，准其題升。若奏留後未過三年得缺者，則於試俸年滿後再扣限一年，准其題升。[59]

清朝實行學習行走制度的初衷，是希望借此安排部分候用人員，減輕「員」、「缺」矛盾，緩和仕途阻滯局面。更重要的是對即將除授的候用人員

57　《欽定工部則例》卷100，見《中華律令集成》（清卷）第940頁。

58　《欽定大清會典》卷10。

59　同上。

嚴加考察，分別去留，而且將此考察甄別任務交於富有從政經驗的部院堂官和外省督撫。然而實際效果並非理想。堂官們或顧於人情，或受所賄囑，因而經學習行走而被去除者極為罕見。為此，清廷常發諭旨，對堂官們嚴加批評和督責。嘉慶十五年諭曰：

> 向來分部行走人員，三年期滿例應由各該堂官秉公考察，分別去留，原為核實程才之道。經節次降旨，諄諄訓飭，乃近日各部院堂官于學習人員報滿時，往往以該員等行走已歷三年，一經澄汰，未免觖望，遂爾概行保留，籍以沽名釣譽。殊不思各部院大臣經理政務，自應綜核名實，以公事為重。各司員分理庶事之責，總當視其人之材具能否勝任，不可曲徇人情，多為遷就。且該員等甄別改用之後，亦尚有官可補，不致終於廢棄，又何所用其瞻顧耶？嗣後各該堂官務于行走人員隨時留心察看，報滿時將應去留秉公核實甄別，無涉冒濫，以副朕澄敘官方至意。[60]

其實，嘉慶皇帝只看到了問題的表面。學習行走制度在實踐中產生的現象，根源還要深刻得多。同時，學習行走要以三年為期，三年期滿被定為優良者也還不一定馬上被授於實職，所以期限明顯過長。另外，對學習行走期滿後的甄別去留，也無具體明確的規定。這些立法上的缺陷也是導致堂官督撫們「多為遷就」的重要原因。

（二）試俸

　　清朝的試俸制度十分複雜，與現在的試用制度有很大的區別。從現有史料分析，法律似乎沒有規定試俸是每個官員任職中的必經程序，這可能與實行「學習行走」制度有關。但是，試俸的適用仍很普遍，各種規定也錯綜複雜，其主要特點有以下幾個：

　　其一，試俸不是僅僅適用於初任官，原已任官者升任另一種官職時，也可能仍要試俸，但對初任者的試俸要求更加嚴格。法律規定：

> 員外郎等官由主事等官論俸升補，其本有前俸、奉特旨補授者，俱試俸一年。如係保題及本無前俸、奉特旨補授者，試俸三年。若蔭

60　《欽定工部則例》卷100，見《中華律令集成》（清卷）第940頁。

生補用並各項初任者，俱試俸五年方准升轉。主事等官由小京官、
筆帖式等論俸升補並降官補用者，俱試俸二年。如本無前俸，奉特
旨補授及各省理事同知通判，俱試俸三年。如係保題及蔭生補用並
各項初任者，俱試俸五年方准升轉。[61]

可見，主事等官升員外郎後，小京官、筆帖式等官升主事後，仍要試俸一定年
限才能升轉。但同樣任員外郎或主事等官，有俸者、無俸者、保題者、蔭生和
各項初任者，其試俸年限各不一樣，而以蔭生和初任者為最長。

　　清例規定，升任官員前後兩職的業務有較大的差異，那麼，升任後多應試
俸。如教職任知縣，應試俸兩年才能實授。[62]

　　官員降革後援例開復，在補任內都應試俸三年。[63]

　　其二，對捐納人員的試俸特別嚴格。首先，捐納人員初任官職，例應試俸
後方准實授，例如：

凡本監監丞、博士、典簿、典籍等官，有捐納出身者，例應試俸三年。
如果稱職題請實授，奉旨後諮部註冊。[64]

其次，試俸適用於捐升得缺的全過程：

不論滿漢在內捐升郎中等官以下、小京官以上，在外捐升道府以下、
雜職等官以上，俱令其於現任內試俸三年，其捐駝運米種地議敘侍
讀學士京堂等官、郎中道府以下等官，亦令其試俸三年，方准照常
升轉。無論已未滿三年又照例捐升者，仍令于升任內試俸三年，……
限滿始行具題實授。應將捐納各官自到任之日扣算，俸滿三年，果
能稱職者，在內各部堂官，在外各該督撫具題到日，准其實授。雜
職教官免其具題，止令諮部註冊，准實授。[65]

61　《欽定吏部銓選滿官則例》卷 2，見《中華律令集成》（清卷）第 272 頁。
62　《欽定大清會典事例》卷 60。
63　《欽定大清會典事例》卷 38。
64　《國子監則例》卷 25，見《中華律令集成》（清卷）第 574 頁。
65　《欽定吏部銓選滿官則例》卷 2，見《中華律令集成》（清卷）第 272 頁，另參見《欽
　　定大清會典事例》卷 38。

也就是說，不論何種出身的官員，以捐納升任者，在所升任內都要試俸三年。而且，如果援例再捐納升任，在升任內還應試俸三年，稱職者方能實授。

其三，有些試俸期的規定能從實際出發，較為靈活。如，「河工人員，經歷桃汛、伏汛、秋汛後，即銷去試俸，准其題升。」又如，外官由分發試用補缺者，一般試署一年，但如銜小缺大者，則要試署二年，才能保題實授。[66]

官員的試俸期能否作為升轉的正式閱俸資歷？一般而言，官員試俸年滿，有關部門將其檔案上之「試俸」字樣銷去，准其升轉。但有法律特別規定的則例外。如京官由本衙門題升者，應於試俸年滿之後，再歷俸二年方准題升。這項規定的目的是為了對「題升」加於限制和監督。又如捐輸出身分發外省試署者，試署年滿後另扣試俸三年。由部論俸推升者，亦俟實授後方准計算正式俸資，不准通理試署之俸。[67]

五、任用制度的特點

綜觀清朝文官任用制度，有下列四個顯著的特點。

（一）以「出身」作為文官任用的最主要依據

清朝的文官任用，首重出身，以出身分別仕籍，這是清朝文官任用中最顯著的特點。《大清會典》寫道：

> 分出身之途以正仕籍。凡官之出身有八：一曰進士、二曰舉人、三曰貢生，四曰蔭生，五曰監生，六曰生員，七曰官學生，八曰吏。無出身者，滿州、蒙古、漢軍曰閒散，漢曰俊秀。各辦其正雜以分職。其以醫祝僧道出身者，各授以其官而不相越。[68]

重出身的特點，突出表現在官員的初次除授上，各等不同出身者所除授的官職有極大的差別。現僅以進士、舉人、貢生為例列表說明之：

66　《欽定大清會典》卷 10。
67　《欽定大清會典》卷 10。
68　《欽定大清會典》卷 7。

進士、舉人、貢生除授舉例一覽表：[69]

出身	除職舉例
進士	1.一甲一名除修撰，一甲二、三名除編修。2.進士改庶吉士散館後留翰林者，二甲除編修，三甲除檢討。3.分部學習新進士，為額外主事，期滿奏除。4.以中書、學正、學錄用者，各按科分甲第除。5.以知縣即用者，按科分甲第除。6.就教職者，除府教授。7.以知縣分發者，歸各省補用。8.滿州、蒙古文進士、翻譯進士，除翰林院典簿、詹事府主簿、光祿寺署丞、國子監監丞、博士、典簿等。
舉人	1.滿州、蒙古、漢軍舉人除知縣。2.漢舉人除國子監監丞、博士、翰林院待詔、知縣、州同。3.漢軍舉人就教職者，除直隸省學正、教諭。4.滿州、蒙古舉人亦可除翰林院典簿、詹事府主簿、光祿寺署丞、國子監監丞、博士、典簿。5.宗室舉人除宗人府筆帖式。
貢生	1.拔貢朝考以七品小京官用者，行走期滿奏留，除主事。2.拔貢朝考以知縣用者，分省試用（滿、蒙、漢軍與漢同）。3.拔貢朝考以教職用者，除複設教諭、經制訓導、複設訓導。4.恩、拔副貢就職，除州判；就教職者，除複設教諭。5.歲貢，除經制訓導、複設訓導。6.優貢附於歲貢班末。

　　在各種出身中，進士尤為受到重視。清制，科甲遠優於其它出身者，而同為科甲之進士、舉人，舉人又遠不及進士。有學者曾對清朝部分進士的初任官職情況作過統計，頗能說明清朝之用人政策。

漢進士初任官職統計表：[70]

官職	品級	人數
修撰	從六	29
編修	正七	122
檢討	從七	22
庶吉士		365
內閣中書	從七	35
六科給事中	正五	6
各部主事	正六	105
各部員外郎	從五	2
太常寺博士	正七	1
御史	從五	3

69　此表根據《欽定大清會典》卷7製作，另參見《欽定吏部銓選則例》卷4。另外，關於蔭生、監生、吏員的除職情況，在第一章中已有所說明。

70　以下3張統計表參照《中國文官制度史》（下），（楊樹藩著，臺灣黎明文化事業出版社1982年出版）第429–431頁的有關內容製作。

大理寺評事	正七	1
國子監典籍	從九	1
各部郎中	正五	1
知府	從四	3
知州	從五	3
知縣	正七	149
教授	正七	12
教諭	正八	1
合計		861

滿州進士初任官職統計表：

官職	品級	人數
修撰	從六	2
編修	正七	5
檢討	從七	2
庶吉士		41
內閣中書	從七	3
六科給事中	正五	1
各部主事	正六	17
各部郎中	正五	1
國子監學正	正八	1
知縣	正七	1
合計		74

蒙古進士初任官職統計表：

官職	品級	人數
編修	正七	2
檢討	從七	1
庶吉士		5
各部主事	正六	2
知縣	正七	2
合計		12

　　從上述三份統計表可以看出，清代進士初任官職最高者為從四品知府，這確非容易，以下五、六、七品者居多，其中修撰、編修、檢討三職官品雖不高，

卻是耀眼之職。它們均為翰林院官職，而自明代以來，就有「非進士不入翰林，非翰林不入內閣」[71] 之傳統。

　　上述材料還說明，由進士而為庶吉士者最多。其實，庶吉士雖隸屬於翰林院，但不是正式的官職名稱，自然也無品秩，他們是朝廷特選的高級學習人員。庶吉士之制正是清朝重用進士的一個突出表現。庶吉士制度創立於明朝。朱元璋從進士中挑選庶吉士加於重點教養。明成祖對庶吉士尤為重視，多方扶持，寄予厚望。史載：「進士惟永樂甲申科，多至四百七十三人，太宗命近臣拔其優異者二十八人，賜名庶吉士，俾入文淵閣讀書。諸人日游中秘，食於太官，月給膏燭費，上閑燕之頃，駕親臨問，時舉群書疑事，以驗其學，激勵而期待之甚。」[72] 庶吉士在文淵閣學習三年，優者留翰林為編修、檢討，次者出為給事中、御史。庶吉士日後成為朝廷重臣者甚多，「通計明一代，宰輔一百七十餘人，由翰林者十九」。所以「庶吉士始進之時，已群目為儲相」。[73] 清朝沿用明朝的這一儲才教養之制，並且使之更加完善。從乾隆開始，所有庶吉士都從殿試後的朝考優異者中選拔，同時考慮各省平衡。庶吉士入庶常館後，戶部月給稟餼，工部供張什物，選派翰林出身者充任大小教習，學習內容以詩書為主。三年肄業期滿，試於一賦一詩。考試優異者留館，第一者並保送武英殿協修，其他改用部屬或知縣等。與明朝一樣，庶常館（明朝為文淵閣）也成了宰輔的搖籃：「有清一代，宰輔多由此選，其餘列卿尹鷹疆寄者，不可勝數，士子咸以預選為榮。」[74] 明清的庶吉士制度雖然也有種種缺陷（如學習內容以詩、賦、書為主，閉門讀書的方式等等），但是，統治者高度重視高級官員的培養和造就，從科甲最優異者中挑選人才，作為日後朝廷大臣的造就對象，還提供優異條件讓他們繼續學習研修，而不是急於讓他們直接從政，這些做法在當時是富有遠見的，是明清文官任用中的一條成功經驗。

　　由於法律對進士的初次除授最為重視和優加，使他們一入仕途就有了良好的基礎和較高的起點，加之他們的整體素質也確實高於其它出身者，所以，進

71　《明史‧選舉志》。
72　《國朝紀錄彙編》卷 152〈餘冬序錄〉。
73　《明史‧選舉志》。
74　《清史稿‧選舉三》。

士在清朝文官隊伍中起到了中堅作用，成為朝廷高品秩官員的主要成員。[75]

　　與進士形成鮮明對照的是，一些出身較低的官員不僅初次除授時官職低微，而且日後也受到種種限制。康熙六年議准：

> 生員、例監生、吏員出身等官，經堂官及督撫保舉，方升京官及正印。
>
> 由生員、例監生、吏員出身之郎中、員外郎、主事等官無保舉者，郎中以運同升補，員外郎以運同、府同知升補，主事以府同知升補。……在外官員，由生監、吏出身無保舉者，亦不准升京官及正印官。[76]

在清朝，生員、例監生、吏員等出身較低者是很難擠入高層行列的。

　　文官任用重出身的特點，自隋唐實行科舉制以來就已逐漸產生和形成，至明朝時，獨重進士的政策已較明顯，清朝是將這種特點加於進一步發展而已。這一特點表明了統治者以學歷和知識作為任人的主要依據，儘管其要求的「知識」很多於實際無多大用處，但作為任人的價值取向，是應該肯定的。而且，科舉制度是開放的，只要有條件和才能，絕大多數人皆可為進士，這樣就為下層庶民步入高級文官行列敞開了道路。當然，在任官實踐中，清朝在一定程度上出現了將重出身政策片面化和絕對化的傾向，過分迷信進士，挫傷和壓抑了其它出身者的進取心，也對進士本身的發展和提高產生了一定的消極作用。康熙五十一年曾專發詔諭，要求對進士外用知縣的做法予以修正。因為知縣「具有刑名錢谷之責」，雖為進士，「未登仕前，不知事宜，仕時安有裨益」。所以，進士毋須立即赴省，留京教習，日後再補。但是，雍正初年就停止了上述做法。[77]

75　《中國文官制度》（李鐵著，中國政法大學出版社 1989 年出版）第 166 頁載有「清代高級官吏出身進士統計」表，但不知此表緣於何據。暫且附上，僅供參考。

清代高級官吏出身進士統計

官職	總數	出身進士數	比率
尚書	744	339	45%
左都御史	430	221	51%
總督	585	181	31%
巡撫	989	390	40%

76　《欽定大清會典事例》卷 71。

77　《欽定大清會典事例》卷 361。

（二）線路細密，程序明確，操作性強

文官任用本來就是一項非常複雜、具體、技術性和操作性要求十分高的工作，在員、缺矛盾十分突出的情況下就更是如此。承擔文官銓任主要職責的吏部，一方面權力重大，位居中央六部之首，另一方面也是百官矛盾的交匯之所。任用制度應有正確的指導方針和原則，以便能夠在宏觀上保證將高素質的人才優先使用，保證文官隊伍具有合理的結構。同時，嚴密的規範和程序也是必不可少的，它既能使統治者的方針和原則付諸實施，也能防止和減少任用中的主觀性、隨意性以及任用者的營私舞弊，求得任用的形式公正，從而減少矛盾，增強管理階層內部凝聚力。清朝任用制度集歷代之經驗，其規範性和程序性達到了較高的程度。

1. 官員的除、升、轉、改、調有明確的線路

在文官任用中，除、升、轉、改、調是幾種最基本的方式。對於這幾種方式，清朝法律都詳細明確地規定了具體線路，銓任官在操作中基本上都有直接的依據可循。這些細密線路的確定，是一件十分複雜和費時的工作。除、升、轉、改、調各線路確定的官缺之間的內部聯繫，包含著長期的任官經驗和行政管理經驗的總結。依照這些線路操作，有利於行政管理的銜接和效能的發揮。同時，這些線路使官員的任用基本上做到了按步挨階循序而上，從而有利於防止和減少亂提、濫提現象的發生。

除、轉、改、調幾種方式在前文已有所敘述，這裡僅對升的線路再加詳述。清朝官員升進的規定極為繁多，上自內閣大學士、下至京外縣典史、崇文門副使關大使，都被一一載明，下面僅擇中央和地方的部分重要官缺清單說明。

文官升進表 [78]

應升官職	原任官職及升任次序
內閣大學士	以尚書、都察院左都御史升。
尚書 左都御史	以侍郎升；以內閣學士、左副都御史、通政使、大理寺卿、詹事為次應升。
總督	以侍郎、巡撫升。

78　本表依《欽定大清會典》卷 7、《欽定大清會典事例》卷 17 製作。

侍郎	以內閣學士、左副都御史、宗人府丞、通政使、大理寺卿、詹事升；以太常寺卿、奉天府尹、順天府尹、光祿寺卿、太僕寺卿、通政司副使、大理寺少卿、少詹事、太常寺少卿、鴻臚寺卿、太僕寺少卿、內閣侍讀學士、蒙古內閣侍讀學士、翰林院侍讀學士、侍講學士、祭酒、庶子為次應升。
巡撫	以內閣學士、左副都御史、府尹、布政使升。
布政使	以按察使升。
左副都御史	以通政使、大理寺卿升；以太常寺卿、府尹、光祿寺卿、太僕寺卿為次應升。
通政使 大理寺卿	以詹事，太常寺卿、府尹、光祿寺卿、太僕寺卿升；以通政司副使、大理寺少卿為次應升。
宗人府丞	以太常寺卿、順天府尹、光祿寺卿、太僕寺卿升；以通政司副使、大理寺少卿為次應升。
按察使	以運使、道升。
鹽運使	以各省道員、知府升。
道員	以給事中、知府升。
翰林院侍講學士 國子監祭酒	自左右春坊庶子、翰林院侍讀、侍講、司經局洗馬、國子監司業之科甲出身者升；在漢缺，又以司經局洗馬、左右春坊中允、國子監司業、左右春坊贊善為次應升。
知府	以御史、郎中、順天府治中、鹽運使運同、府同知、直隸州知州升。
部院郎中	以員外郎、內閣侍讀升。
知州	以通判、知縣、布政司經歷、布政司理問、運司運判、直隸州同知、州同升。
知縣	以兵馬司副指揮、京縣縣丞、漢軍七品筆帖式、京府經歷、按察司經歷、布政司都事、鹽運司經歷、直隸州州判、按察司知事、府經歷、縣丞、京府漢教授、官廳教授、州學正、縣教諭、布政司庫大使、鹽運司庫大使、鹽道庫大使、鹽課司大使、批驗所大使升。

　　關於官員的除、升、轉、改、調，除《會典》有集中的通行已久的規定外，《事例》中又有許多因個案而定的規定。如嘉慶五年定：宗人府理事官員缺，由副理事官升補；副理事官員缺，由經歷主事升補；經歷主事員缺，由委署主事補用；委署主事員缺，由筆帖式升補；筆帖式員缺，由效力筆帖式補用。[79]

79　《欽定大清會典事例》卷68。

2. 任用有明確的先後次序

次序是銓任中一個十分敏感而又頗難解決的問題。清朝法律一方面通過「六班」之制及其相應措施從宏觀上對任用人員加於分類和排序（見本章第一部分），另一方面又有一系列更加具體的任用次序的規定。如《吏部銓選則例》規定：

> 京外官員推升，如遇月分所出之缺，均係應升者，悉按京外的品級大小，照品級考所載係俸深者，論俸次先後；係即升者，論即升年月先後。先盡京缺，次用外缺。京外相同者，則以品級大小為序。如品級又相同者，則以品級考所載先後為序，挨次坐升。[80]

> 捐納議敘人員較日期先後補用，降調候補開復人員較文到先後補用。如議敘人員同日奉旨、捐納人員同日到部，有俸者論俸之深淺，歷俸相同者論前層之先後。如捐納議敘人員注有即用字樣，雖係同日同俸，准以本班先用。[81]

第一段例文明確了官員推升的次序：即升人員先於應升人員，京缺先於外缺。應升人員內部又以品級和俸次分別先後，即升人員以詔旨先後為序，京外相同以品級和任職先後為序。第二段例文明確了捐納、議敘和降調候補人員各自的排序辦法。

某種官職缺出，多種類型的人員均可任用，他們之間就有先後次序以及搭配選用的問題。如嘉慶五年議定：

> 宗人府效力筆帖式缺出，先用議敘二人，次用考取一人。議敘內如舊班有人，先用舊班一人，再用新班一人，各按議敘考取名次先後挨次補用。[82]

3. 任用有明確的程序

清朝幾種基本的任命形式如開列、題授、揀授、推授、考授、選授，各自

80　《欽定吏部銓選則例》卷3，見《中華律令集成》（清卷）第295頁。

81　《欽定吏部銓選滿官則例》卷2，見《中華律令集成》（清卷）第271頁。

82　《欽定大清會典事例》卷41。

都有規定的程序（見上述），從而基本上使各項任命活動在法定的範圍內進行。不僅如此，法律對一些基本的任命形式還有更進一步的程序規定。譬如，揀授因官缺不同而有多種類別，它們既有作為揀授所具有的一般的程序要求，又有各自的具體要求，法律對每一種揀授的主體、範圍、對象要求和操作過程等都一一作了規定。例如關於滿州司業的揀授是這樣規定的：

> 滿州司業員缺，由部將翰林院編修、檢討、宗人府副理事官、各部院宗室滿州員外郎、內閣侍讀、詹事府中允，不論滿州蒙古，凡科甲出身人員，奏請欽派大學士、九卿會同揀選，擬定正陪、帶領引見，恭候簡用。（以上無合例人員，準將試俸未滿及其次應升人員，一體揀選，於摺內聲明。其由大考降為部屬各官，均行扣除，不入揀選單內。）[83]

（三）廣泛適用捐納

在清朝，捐納盛行於選官制度，也盛行於任官制度。與選官制度相比，任官制度的環節更多，內容更複雜，與此相應，捐納的名目也更多。尤其是從咸豐朝開始，捐輸日益肆濫。

任官中的捐納適用兩條通例：其一，「新捐班次視舊班為優」，[84] 其二，依例可以改捐：

> 捐納京外官員，有因本項人數眾多，情願改捐者，除品級相同又係應升之階，仍照捐升辦理外，其非應升階，准其捐改互捐。[85]

任官中的捐納項目主要有下列各種：

捐免保舉。康熙初年定制，捐納吏員出身者，無保舉不得升京官及正印官，然而康熙三十年准戶部奏請，許捐免保舉，捐納吏員出身者由此而可為京官及正印官。以後，適用範圍逐漸擴大。凡捐升京官之治中、都察院都事等，外官之運同、提舉等，均應選捐免保舉。捐納辦法也日漸具體：

83　《欽定大清會典事例》卷 52。

84　《清史稿・選舉七》。

85　《增修籌餉事例條款》，見《中華律令集成》（清卷）第 314 頁。

由生監吏員出身人員，應令先捐免保舉，再行捐升京外正印各官。
四品捐銀一千二百兩，五品捐銀一千兩，六品捐銀八百兩，七品捐
銀六百兩，八品以下捐銀四百兩。[86]

捐免考試。清朝原例規定，漢軍捐納官非經考試不得銓選。康熙時准許捐
免。以後的定制是：

八旗、漢軍候選官員捐免考試，四品捐銀一千兩，五品捐銀八百兩，
六七品捐銀五百兩，八品以下捐銀二百兩，俱免考試，准其補用。[87]

捐免試俸。乾隆時，試俸始得捐免。但清朝捐試俸不得全捐，如光緒十年
定：

由文進士、翻譯進士、蔭生出身，例應試俸五年者，准其捐免二年。
如係保題，例應試俸五年者，准其捐免二年；試俸三年者，准其捐
免一年。捐免後，准其扣滿年限，照常升用。應議敘人員，例應試
俸三年，題銷後方准升用之員，亦准其捐免一年，仍扣試俸二年，
俟題銷後方准升轉。[88]

保舉、考試、試俸，本是清朝任官制度中的三項限制之法。而自乾隆
四十一年「戶部奏請保舉、考試、試俸捐免例，列入常捐。限制之法，至是悉
弛。」[89]

捐先用。清朝將捐先用稱作買「花樣」：

捐納官或非捐納官，於本班上輸資若干，俾班次較優，銓補加速，
謂之花樣。

清朝能使銓補加速的班次名目日新月異，不斷增加。道光咸豐時，「花樣繁多，
至斯已極」。迨清朝末季，「大八成各項銀捐班次，無論選、補，得缺最易，

86　《增修現行常例》，見《中華律令集成》（清卷）第 325 頁。

87　同上書，第 327 頁。

88　《欽定大清會典事例》卷 38。

89　《清史稿·選舉七》。

統壓正途、勞績各班」，甚至「進士即用知縣，非加捐花樣」，足見「補缺甚難，他無論已」。[90]

捐指省改省。部選人員在掣籤之前要求選定省分為指省，已掣籤之後要求更換為改省。法律規定：

> 進士即用知縣並俸滿教職、教習期滿，於未經掣省之先大挑一等例應赴省人員，于未經掣籤之前有按指省銀數報捐者，即准歸指捐之省補用，毋庸別捐分發銀兩。已經掣有省分者，如願另指省分，仍令先捐離省，亦毋庸另捐分發。[91]

各省揀發人員屬督撫題補對象，例應在本省範圍內補授。咸豐時開始允許其改省，但必須捐兩層銀數：

> 揀發人員向不准其改捐他省。今量為推擴，令其先捐離省，再按分發指省銀數報捐。[92]

改省中還包括遠省改近省。原有舊例規定，各項分發銓選人員，若有嫡親年六十五歲以上，准其告近存案。銓選分發時，若籤掣遠省，可以近省改掣。待親老事畢，仍赴原省坐選原缺。咸豐時作了很大修改：

> 各項候選分發人員，如親年未及六十五歲，有因精力就衰，遠省難以迎養，願以近省分發銓選者，應令照捐免坐補銀數，先行捐免遠省，再照指省銀數酌減五成報捐，作為捐入近省銀兩，方准以鄰近省分選補。[93]

所謂「精力就衰」，絕無確切標準。此條規定實際上是允許有親年六十五歲以上者均可改遠省為近省。

捐坐補原缺。病痊人員依本職分發銀數報捐，即可赴省坐補原缺。若不願

90　同上。
91　《增修籌餉事例條款》，見《中華律令集成》（清卷）第 310 頁。
92　同上。
93　《增修籌餉事例條款》，見《中華律令集成》（清卷）第 311 頁。

坐補原缺而要求改發，依例先捐免坐補，再報捐分發。[94]

捐丁憂提前差委。舊例規定，滿州、蒙古外任官員丁憂回旗，應俟服滿後歸班選用。咸豐時改定，上述官員若回旗後未服滿但百日孝滿，「如有思及時自效者，准其按應補人員捐足分發指投軍營省分，先行差委，仍俟二十七個月服滿，由該旗結報起復後，方准按原捐班次分別補用。」[95]

捐指項升用。應升人員奉旨有指項升用，或應升之缺有數項而要求只准一項，均可分別輸捐以指項升用：

> 現有外官各項著有勞績人員，奉旨以何項升用及以應升之缺升用者，指項升用，准其按照本項報捐。其應升之缺有數項者，亦准指定一項捐入候補班內補用。[96]

捐升。現任實缺人員不論正途、捐納，均可依照《籌餉例》的規定報捐升職。已升署而未實授人員也可捐升，但要捐足兩層銀數：

> 升署未經實授人員，如有援例捐升者，應令其先捐免實授，再行捐升。[97]

> 外任各官推升、題升，未經引見尚未實任人員，如有再行捐升者，如本任捐升銀數比之升任報捐銀數較多，將所多之數減半報捐。[98]

捐改職。京職、外職可以對品改捐。文職可以改捐武員，武職可以改捐文員。[99]

捐俸歷。如州縣等官歷俸三年，准其升補。歷俸未滿三年，准其升署。接算前任本任滿三年，准其實授。歷俸未滿三年升署人員，升署任內並無違誤處分，於升署後即准其各按本職隨帶一級銀數酌加兩倍捐免實授。[100]

捐免迴避。這項捐免時廢時存，同治初年，吏部在議覆給事中博桂奏案中

94　同上書，第 310 頁。
95　同上。
96　同上書，第 312 頁。
97　同上書，第 314 頁。
98　同上書，第 313 頁。
99　《增修籌餉事例條款》，見《中華律令集成》（清卷），第 316 頁。
100　《增修現行常例》，見《中華律令集成》（清卷）第 325 頁。

說：「例應迴避人員從前准其捐免，嗣經停止，復又變通准其捐免。」迴避得捐免主要適用於分發外省人員，其又分為未離省和已離省兩種情形：

> 若未經領諮離省即行捐免人員，並不扣其離省銀兩。其改有省分及掣定省分，業經領諮起程離省，又經捐免回省人員，自應按照捐例，另扣離指省分發銀兩，以示區別。[101]

如上所述，捐納幾乎滲透到了清朝文官任用的每一個環節。捐納的實質是以錢買身分，這與正常的文官任用原則是完全對立的，也不符合清朝統治者為文官任用所確定的根本方針。在中央各部，最竭力主張捐納的是戶部，[102] 戶部也確實從中籌到了不少款餉。但是，這些款項根本不能與捐納對文官任用所產生的破壞作用相提並論。對朝廷而言，捐納是一項因小失大的陪本買賣。原先確定的候用人員的分類排序、官缺的分類排序、員、缺的對應、任官的要求、用人的標準、任官的程序等等，都因捐納的盛行而遭到了極大的破壞。至清末，奉有特旨即用的進士，也還須買「花樣」才能覓得知縣一職，不能不令天下士子寒心矣！

（四）維護滿人特權

清朝文官任用中對滿人特權的維護主要是通過特有的官缺制度實現的。

《大清會典》規定：

> 凡內外官之缺，有宗室缺，有滿州缺，有蒙古缺，有漢軍缺，有內務府包衣缺，[103] 有漢缺。[104]

將所有官缺作如上劃分，是清朝官制的一大特點。這種劃分的直接目的是明定各族的所得官額，防止和減少各族為官缺而爭鬥，亦即中國古人常說的「定分止爭」，從而協調各族的關係。這種官缺制度是清廷根據本朝的特點而創立的，

101　《增修籌餉事例條款》，見《中華律令集成》（清卷），第 310 頁。

102　這一點可以從《清史稿·選舉七》中得到證明。

103　包衣，滿州語，謂臣隸僮僕之意。八旗有內外之分，內旗曰包衣。八旗包衣分隸內務府和諸王府，屬內務府者曰內務府包衣。內務府包衣缺，指內務府郎中以下未入流以上官，皆由總管內務府大臣於內務府人內保題揀選。

104　《欽定大清會典》卷 7。

它對於維護清朝的統治起到了較大的作用。但是，這種官缺制度也是為了維護滿人在任官中的特權，具有明顯的民族不平等性。

首先，在中高品級京官缺中，滿人比漢人占優。試以六部說明之。六部尚書滿漢各一人，但品秩曾有差別。初制，滿人一品，漢人二品。順治十六年改滿人二品，康熙時又先後改為一品和二品，至雍正八年才定滿漢尚書各從一品。左右侍郎滿漢各一人，其品秩也曾有差別，滿人比漢人高一品，至雍正八年俱定為從二品。六部各司郎中，滿人 74，宗室 4，漢人 50，各司員外郎，滿人 95，宗室 8，漢人 51。[105] 可見，滿漢之間極為懸殊。

其次，中央和地方的一些要缺多為滿人占據。吏部在六部中的地位最重要，而吏部中的文選司「掌班秩遷除，平均銓法」，考功司「掌考課，三載考績」，是尤為清要的機構。在文選司中，滿人郎中 4 人，漢人郎中 2 人；在考功司中，滿人郎中 3 人，漢人郎中僅 1 人。在一些掌管國家財政賦稅的部門和機構，滿人尤其受到重視。在戶部，滿人郎中 17 人，宗室 1 人，漢人郎中 14 人；滿人員外郎 36 人，宗室 2 人，而漢人僅為 14 人。其它如戶部所屬之內倉監督，三庫（銀、緞匹、顏料）之所有郎中、員外郎、司庫、大使、筆帖式、庫使，刑部所屬賦罰庫司庫、庫使，工部所屬節慎庫郎中、員外郎、司庫、庫使、製造三庫員外郎、主事、司庫、司匠、庫使、寶源局大使，理藩院所屬銀庫司庫、庫使、筆帖式，太常寺司庫，光祿寺銀庫司庫等缺，均為滿人缺。[106]

再次，各缺的轉用也有利於滿人。《大清會典》規定：

> 凡宗室京堂而上，得用滿州缺，蒙古亦如之，內務府包衣亦如之。漢軍司官而上，得用漢缺，京堂而上，兼得用滿州缺。凡外官，蒙古得用滿州缺，滿州、蒙古、漢軍、包衣皆得用漢缺。滿州、蒙古無微員。（從六品首領、佐貳以下官不授滿州、蒙古。）宗室無外任。（外任道以下官不授宗室，其督撫藩臬由特旨簡放者，不在此例。）[107]

這是說，宗室京堂以上官，可任滿州缺、蒙古缺、內務府包衣缺。漢軍司官以上官，可任漢缺；漢軍京堂以上官，可任滿州缺。滿州、蒙古、漢軍、包衣均

105　以上數字根據《清史稿·職官一》統計。

106　見《清史稿·職官一》。

107　《欽定大清會典》卷 7。

可任外官漢缺。依據這種辦法，滿人不僅可為自己的專缺，還可為漢缺。至於「滿州、蒙古無微員，宗室無外任」，則有維護滿人體面和便於管理等考慮：「一則以虞其在外省，行參謁拜跪于其上司，徒損宗室之威嚴也。一則以防其藉宗室之名，蔑視上司，以營其私。至詢其罪，亦難加制裁於其身也。」[108]

第四，筆帖式之制為滿人入仕提供了很大的方便。清制，筆帖式專用旗籍。其雖然只掌低級事務，但官缺數量多，補官容易，而且升遷較快。《清史稿·選舉五》對此有較客觀的敘述和分析：

> 京師各部、院，盛京五部，外省將軍、都統、副都統各署，俱設筆帖式額缺。其名目有翻譯、繕本、貼寫，其階級自七品至九品，其出身有任子、捐納、議敘、考試。凡文、武翻譯舉人、貢監生，文、武翻譯生員，官、義學生，驍騎閒散，親軍領催，庫使、皆得與試。入選者，舉、貢用七品，生、監用八品，官、義學生、驍騎閒散等用九品。六部主事，額設百四十缺，滿、蒙缺八十五，補官較易。筆帖式擢補主事，或不數年，輒致通顯。

還需指出，「員」、「缺」矛盾是文官任用中的焦點和難點。相比而言，滿人的員、缺矛盾比漢人要小得多。如果考慮到這一因素，那麼，清朝任官制度中對滿人特權的維護就更加清楚了。

108　〔日〕織田萬撰，《清國行政法泛論》，華世出版社 1979 年影印，第 615–616 頁。

第三章　文官之權利和義務

　　中國封建社會官員之職務及其相應之利益，根本上是由皇帝恩賜的，這種利益缺乏牢固的確定性和不可侵犯性（詳見本章第三部分），所以嚴格地說它們與現代法律上的權利相距甚遠。但是，清朝法律上確實給文官規定了一系列利益和義務，為了敘述的方便，我們權且亦將它們稱作權利和義務。

　　在中國古代，文官是社會管理的主要承擔者，這種特殊的身分決定了他們必然具有一般社會成員所沒有的特殊的權利和義務。「長期的官僚政治，給予了做官的人，準備做官的人，乃至從官場退出的人，以種種社會經濟的權利，或種種雖無明文規定但卻十分實在的特權。」[1]毫無疑問，官員是中國古代享有權利最多的社會群體。但是另一方面，他們的職責和行為直接影響著國家行政管理效能的發揮程度，直接影響著以管理者和被管理者為核心的種種社會矛盾的產生狀況和尖銳程度，必然會受到各種法律的規範和管束。因此，他們也是承擔義務最多的社會群體。文官的權利和義務是由君主和國家賦予的，其內容從一個方面反映出中國古代文官制度的特點和精神。所有這些，清朝都不例外。

一、文官之權利

　　關於文官的權利，是歷代統治者竭精殫慮的一個問題，因為它直接關係著

1　王亞南著，《中國官僚政治研究》，中國社會科學出版社 1981 年出版，第 112 頁。

統治者內部權利分配的平衡與否，對統治者內部關係的協調有著重大影響。在中國古代，儘管文官隊伍中良莠不齊，賢不肖者俱存，但作為一個群體，在人們的觀念中是將他們作為賢者來看待的。國家立法的出發點是對他們譽之、貴之、富之，以保證他們能夠盡心盡力地為朝廷效勞。所以，文官享有的權利和待遇是較為優厚的。

清朝文官的權利可歸納為以下幾項：

（一）品級

品級是官員身分高低的標誌，它既是官員權利的重要內容，也是其它權利的主要依據。清朝文官有等內官和等外官之分，等內官的品級自一品至九品，每品有正、從之分，凡十八等。等外官統稱未入流官，無有分別。現將清朝文官中重要職官的品級列表如下：[2]

品級	主要職官
正一品	太師、太傅、太保、大學士。
從一品	少師、少傅、少保、太子太師、太子太傅、太子太保、尚書、都察院左右都御史。
正二品	太子少師、太子少傅、太子少保、總督（有尚書加銜者從一品）、侍郎、內務府總管。
從二品	內閣學士、翰林院掌院學士、巡撫（有侍郎加銜者正二品）布政使。
正三品	都察院左右副都御史、宗人府府丞、通政使、大理寺卿、詹事府詹事、太常寺卿、順天府尹、奉天府尹、按察使。
從三品	光祿寺卿、太僕寺卿、鹽運使。
正四品	通政司副使、大理寺少卿、詹事府少詹事、太常寺少卿、太僕寺少卿、鴻臚寺卿、順天府丞、奉天府丞、道員。
從四品	翰林院侍讀學士、翰林院侍講學士、國子監祭酒、內閣侍讀學士、知府、鹽運司運同。
正五品	左右春坊庶子、通政司參議、光祿寺少卿、給事中、宗人府理事官、郎中、順天府治中、欽天監監正、太醫院院使、府同知、直隸州知州。
從五品	翰林院侍讀、翰林院侍講、司經局洗馬、鴻臚寺少卿、御史、宗人府副理事官、員外郎、知州、鹽運司運副、鹽課司提舉。
正六品	內閣侍讀、左右春坊中允、國子監司業、部院主事、宗人府主事、各寺主事、都察院都事、都察院經歷、大理寺左右寺丞、欽天監監副、太醫院院判、京府通判、京縣知縣、欽天監五官正、府通判。

2　此表根據《欽定大清會典》卷7製作。

從六品	左右春坊贊善、翰林院修撰、光祿寺署正、布政司經歷、布政司理問、鹽運司運判、直隸州州同、州同。
正七品	翰林院編修、通政司經歷、通政司知事、大理寺左右評事、太常寺博士、國子監監丞、內閣典籍、部寺司庫、京縣縣丞、按察司經歷、知縣、順天府滿州教授、訓導、府教授。
從七品	翰林院檢討、中書科中書、內閣中書、詹事府主簿、光祿寺典簿、國子監博士、國子監助教、京府經歷、布政司都事、直隸州州判、州判。
正八品	國子監學正、國子監學錄、太醫院御醫、欽天監主簿、五經博士、布政司庫大使、鹽運司庫大使、按察司知事、府經歷、縣丞、州學正、縣教諭。
從八品	翰林院典簿、國子監典簿、鴻臚寺主簿、布政司照磨、府州縣訓導。
正九品	欽天監監候、太常寺贊禮郎、按察司照磨、府知事、同知知事、通判知事、縣主簿。
從九品	翰林院待詔、國子監典籍、欽天監博士、刑部司獄、太醫院吏目、京外府照磨、通判照磨、州吏目、司府廳司獄、巡檢。

　　品級是官員等級的標誌，而在中國古代，服飾是明示官員品級（等級）的最重要的制度。百官章服，所以辨等威，昭品秩。各朝的禮制和行政法律都把規範服飾作為重要內容，明確規定各品官員的相應服飾，每個官員都必須嚴格按照法律穿戴，不能僭越。從國家來說，規範服飾能夠有效地貫徹貴賤不愆、尊卑有序的等級原則，維護行政管理秩序。從官員來說，服飾是其地位和權利的象徵，收繳其服飾意味著地位和權利的喪失。清朝十分重視服飾規範，朝廷在詔諭中明確指出，「服制者，立國之經。」[3] 在繼承唐、宋、明歷朝規定的基礎上，制訂了完備的章服制度。其章服包括冠制（朝冠、吉服冠）、服制（朝服、補服）、佩飾（朝珠、朝帶、吉服飾）和端罩，自一品至未入流各級官員，上述每一項都有具體的標準和規格。這裡，僅以文官的吉服冠和朝帶為例列表說明之：[4]

品級	吉服冠	朝帶
一品	頂用珊瑚。	鏤金銜玉方版四，每具飾紅寶石一。
二品	頂用鏤花珊瑚。	鏤金圓版四，每具飾紅寶石一。
三品	頂用藍寶石。	鏤花金圓版。
四品	頂用青金石。	朝帶銀銜鏤花金圓版四。
五品	頂用水晶。	朝帶銀銜素金圓版四。

3　《清史稿・輿服二》。

4　此表主要根據《欽定大清會典》卷 29 和《清史稿・輿服志》製作。

六品	頂用硨磲。	朝帶銀銜玳瑁圓版四。
七品	頂用素金。	朝帶素圓版四。
八品	鏤花陰文，金頂無飾。	朝帶銀銜明羊角圓版四。
九品	鏤花陽文，金頂無飾。	朝帶銀銜烏角圓版四。
未入流	同文九品。	同文九品。

文官大臣有違服式，由吏部稽察參處；各衙門官員由該管官查參，按其情節輕重分別處分，違式之物入官。

（二）俸祿

法家曾經認為，君臣關係實質上是一種買賣關係；君以祿、臣以力，雙方互市互利。法家的觀點雖然有失偏頗，但說明俸祿是官員最基本、最重要的權利。這項權利的立法和執法狀況，對於文官建設乃至全部政治生活有著舉足輕重的影響。但是，清朝的俸祿制度較為繁雜，俸祿種類多樣，京、外官又有區別。立法中的不善又影響到執法，對吏治帶來了許多消極作用。

1. 正俸

文官京員的正俸有俸銀和俸米，文官外員有俸銀而無俸米。但正俸支給的原則是統一的：「中外大小文員、八旗官員，按品給與俸銀。」[5] 文官的歲支正俸標準詳見下表：[6]

官品	俸銀（兩）	祿米（石）（外官不支）
正從一品	180	90
正從二品	155	77 石 5 斗
正從三品	130	65
正從四品	105	52 石 5 斗
正從五品	80	40
正從六品	60	30
正從七品	45	22 石 5 斗
正從八品	40	20 石
正九品	33 兩 1 錢 1 分 4 釐	16 石 5 斗 5 升 7 合
從九品、未入流	31 兩 5 錢 2 分	15 石 7 斗 5 升

5　《戶部則例》卷 73，見《中華律令集成》（清卷）第 905 頁。
6　此表根據《戶部則例》卷 73 製作。

如果僅從正俸和清朝的糶米價格分析看，清朝文官的俸祿標準不能算高。[7]

2. 恩俸

恩俸是指京職文官除正俸外，以正俸數再加賞給，亦即領受雙俸。恩俸的目的是「令其用度從容，益得專心官守。」具體辦法是：

> 大學士、六部堂官俸銀、俸米，暨各衙門大小經制文員俸銀，欽遵恩旨，加倍支給。……凡恩加俸銀，自部院經制文員而外世職武員，例不給與。又恩加俸米，自大學士、六部堂官而外餘官，亦給與。
>
> 內務府總管卿、郎中、員外郎、主事、內管領，……均支恩俸銀兩。[8]

從以上規定可見：恩俸專給在京文官；部院大小經制文員的恩俸，都包括俸銀和祿米；不是所有在京文員都享受俸銀和祿米的雙倍賞給，如內務府總管卿等只享受俸銀的雙倍賞給。[9]

3. 養廉銀

外省文官既無祿米，又無恩俸，只領俸銀，與京官差距甚大。為解決這種懸殊差距，清朝設立養廉銀，專支外省文官。養廉銀的經費由各省籌集。州縣每年徵收的各種火耗，其剩餘部分（即耗羨）依例交納布政司，以作全省養廉銀之用。各省均依品級發放養廉銀，但省與省之間因地區不同而有所差別。或者事務繁劇，或者地處邊要，或者區域廣大的省分，養廉銀標準較高。但不管哪個省，養廉銀的數額都比正俸要高得多，例如，總督的養廉銀一般是其正俸的 8–12 倍左右。這種現象應該說是很不正常的，它對清朝的俸祿制度及其吏治都產生了不良的影響。這裡試選擇高、中、低三個層次的甘肅、江蘇、湖北、貴州四省為例，列表說明和分析養廉銀之實際情形：[10]

7　雍正中，漕米每石銀一兩，銀價每兩易錢 700–800 文。見《庸閑齋筆記》卷 6，轉引自楊樹藩著《中國文官制度史》（下），黎明文化事業公司 1982 年出版，第 498 頁。

8　《戶部則例》卷 73，見《中華律令集成》（清卷）第 906–907 頁。

9　有學者認為，大學士、尚書、侍郎等官的恩俸包括俸銀和祿米，餘官只享受俸銀。（如日，織田萬撰《清國行政法泛論》，第 754 頁）也有學者認為，所有在京文員都享受俸銀和祿米的雙倍賞給。（如楊樹藩著，《中國文官制度史》（下），第 498–505 頁）。這些說法均與實際不符。

10　此表根據《欽定大清會典事例》卷 261 製作。

省分 ＼ 官職養廉 銀（兩）	總督	巡撫	布政使	按察使	道員	知府	知州	知縣	同知	道判
甘肅	20000	12000	7000	4000	3000	2000	600－1200	600－1200	800－1400	600
江蘇	18000	12000	8000－9000	8000	3000－6000	2500－3000	1000－2000	1000－1800	600－1000	500
湖北	15000	10000	8000	6000	2500－5000	1500－2600	800－1000	600－1680	600－1000	500－625
貴州		10000	5000	3000	1500－2200	800－1500	500－800	400－800	500－900	500－800

備註：表中有些數目由某數到某數，是指從最低數到最高數，中間尚有幾個等差。

　　養廉銀是清朝在文官俸祿制度中的一個創設，其動機和目的正如其名稱所言，是希望外官憑此待遇而免於貪瀆，潔己自好。然而，這一制度實施的效果與立法者的願望相距頗遠，甚至走向了反面。

　　養廉銀之設，最直接的目的是為了平衡京、外文官的俸祿標準。但是，實踐的結果不僅沒有達到平衡，反而增大了懸殊，只不過新舊懸殊互換了位置。如上所述，養廉銀的數額比正俸要高出好幾倍，所以，外省文官的實際俸祿比京官要高得多，尤其是總督、巡撫的俸祿比同品級的京官都要高出二十倍以上，布政使、按察使、道員等地方大官的俸祿比同品級的京官也都要高出好幾倍，甚至十倍以上。這裡試以中等省分湖北為例列表分析之：

京外官 ＼ 品級		正從一	正二	從二	正三	從三	正四	從四	正五	從五	正六	從六	正七	從七	正八	正九
京官	俸銀	180	155	155	130	130	105	105	80	80	60	60	45	45	40	33
	祿米	90	75	75	65	65	52	52	40	40	30	30	22	22	20	16
	合計（兩）	540	460	460	390	390	314	314	240	240	180	180	134	134	120	98
湖北文官	俸銀		155	155	130		105	105	80	80	60		45		40	33
	養廉銀		15000	10000	6000		2500	1500	800	600	600		500		80	60
	合計（兩）		15155	10155	6130		2605	1605	880	680	665		545		120	93

備註：1. 京官祿米折銀，按雍正中一石米一兩銀計算（見第 66 頁注 1）。
　　　2. 湖北文官養廉銀若同一品級有不同檔次的，以最低檔計入。
　　　3. 湖北文官養廉銀見《欽定大清會典事例》卷 261。

　　京外官俸祿這麼巨大的差別，朝廷是十分清楚的，但為什麼放任而行，這不能不使人疑竇頓生：是朝廷無力遏止呢？還是因京官另有「好處」而以此使京外官相對平衡？

　　面對新的不平衡，京官們自然不會甘休，他們採用合法的、不合法的手段為自己爭取權利。合法的手段，如仿行外省做法，亦發放養廉銀。不過，在京衙門的養廉銀未見明確和統一的條文，只有局部的發放規定，如直省每年額解戶部飯銀約 92300 餘兩，戶部從中提取 32180 餘兩，作為戶部堂官、司員、筆帖式和內閣、軍機處、吏部、禮部、理藩院之養廉銀。[11] 不合法的手段，那就是對外官竭盡敲詐之能事。「夫京官者不便於直接取之人民，勢不得不仰外官饋遺，固勿論也。而外官者，亦不可不有一京官為之聲援，以維持自家地位。……於是，每遇季節，必贈若干禮物。在夏季謂之冰敬，冬季則謂之炭敬。此外，吉、凶、慶、吊無不贈遺，是其通例也。」[12] 六部為全國政務之樞紐，各省州縣對六部都有請求。於是，奏銷地丁就有「奏銷部費」，報銷錢糧就有「報銷部費」，調缺、提官、議敘及辦理案件，常要拿出「打點」、「照應」、「招呼」、「幹旋」的手續費。京官出差到外地，更是被認為是撈油水的好機會。

　　京外官之間有如此劣跡，外官之間也很骯髒。各省督撫以攤捐和州縣官罰俸之擔保等為藉口，將州縣官養廉銀之一半扣留在布政司，州縣官實際僅得半廉。時人記載道：「世宗憲皇帝，設立各官養廉銀，所以保全服官者之操守也。今佐貳等廉，尚全給，稍知自愛者，均藉此銀以恪守官方。獨州縣官之廉，上官每扣以為攤捐各項之用，署事者僅領半廉，一經扣存，所得無幾，非從前立法之意矣。」[13]

　　州縣官既受京官敲詐，又受督撫司道勒索，他們便掊克百姓。依例規定，他們每年徵收之火耗，應先交於布政司，再由布政司統一下發。實際上，很多州縣在上交的同時，都已自行抽取，他們從布政司處領受的半額實際已是盈餘部分。為此，乾隆二十年專發詔諭指出，官員自收自支，其中恐滋影射冒流情弊，此後應一併禁止。令盡數解司，後再由司庫動支給發，以杜弊混。各督撫

11　見《欽定戶部則例》（同治十三年刻本，下引此書為同一版本）卷 75。

12　〔日〕積田萬撰，《清國行政法泛論》，華世出版社 1979 年影印，第 762 頁。

13　陳其元著，《庸閑齋筆記》卷 8，轉引自楊樹藩著，《中國文官制度史》（下）黎明文化事業公司 1982 年出版，第 503 頁。

於年終時應造冊報部查核。[14] 更有甚者，州縣官在養廉銀之外，另設種種名目，巧取豪奪。所以，百姓民眾不僅沒有受惠於養廉銀制度，反而成了這一制度的最終受害者。事實真是具有極大的諷刺意義。這種結果實際上在養廉銀設立之初就註定了的。因為養廉銀的唯一來源就是取之於民的火耗，為了保證其來源充足，勢必會對百姓民眾倍加徵收。事實上，朝廷對州縣官在養廉銀制度實施中的劣跡是十分清楚的，之所以未加徹底禁止，一是因為勢不可遏，法不責眾，二是因為最高統治者的內心具有一定的容忍度，只要州縣官不是很出格，例可不予追究。康熙帝曾對河南巡撫鹿祐諭云，所謂廉吏者，非分文不取也。若無纖毫所私，則居常日用及家人胥役，何以為生。州縣官止取一分火耗而不取其它，便可稱好官也。若一概糾摘，則屬吏不可勝參。[15] 康熙帝的這番言論很直率，對於我們理解封建政治是頗有幫助的。

（三）公費和役食

公費，即由官府支給官員為執行公務之費用。據《大清會典》「戶部」規定，「公費皆月給」，工部官由寶源局支給，其餘由本衙門於上月具文到部，各於本月十一日發放。公費標準依官職高低後定，但差距不大。京官最高為五兩，最低為一兩。如宗人府宗人、大學士、尚書、左都御史月給五兩。侍郎、內務府總管、內閣學士、宗人府府丞等月給四兩。國子監學正、各部、院、寺筆貼式月給一兩。役食，即各衙門為官員提供公務伙食，其費用由戶部支給。役食有月給，有季給，有歲給，皆由各衙門縣文總領，然後按名分給應支數目。各衙門的役食數目有明確的規定，如宗人府季支銀 38 兩，內閣季支銀 52 兩，吏部季支銀 64 兩，戶部季支銀 110 兩。

（四）封贈

清朝品官凡十八等，各有相應之階稱，命婦亦依九品而各有稱號。職官若遇覃恩詔旨，可依階稱和命婦之號得受封典。封典依品級不同而有誥授、敕授之分，有封贈代數之別，具體辦法是：

> 職官恭遇覃恩得應封典，均如其品秩給以誥敕並推恩於其先，五品

14　《皇朝通考》卷 90。

15　同上。

以上授誥命，六品以下授敕命。一品封贈三代（存者曰封，歿者曰贈）、二品、三品及二代，四品至七品一代，八品、九品止封本身，不封父母。

命婦視夫、若子之品封贈。（命婦但論品級、不分正從。）[16]

若命婦視夫封贈，七品以上得封贈，八品九品不封贈其妻，惟貤封者，乃封贈其母。凡封妻者，嫡妻、繼妻皆封焉；封母者，嫡母、繼母、生母皆封焉。[17]

依據上述規定，清朝文官的封贈可見下表：

封贈稱號和代數 ／ 品級	文官階稱	命婦稱號	封贈代數
正一品	光祿大夫	一品夫人	三代
從一品	榮祿大夫		
正二品	資政大夫	夫人	二代
從二品	通奉大夫		
正三品	通議大夫	淑人	二代
從三品	中議大夫		
正四品	中憲大夫	恭人	一代
從四品	朝議大夫		
正五品	奉政大夫	宜人	一代
從五品	奉直大夫		
正六品	承德郎	安人	一代
從六品	儒林郎（吏員出身者宣德郎）		
正七品	文林郎（吏員出身者宣議郎）	孺人	一代
從七品	徵仕郎		
正八品	修職郎	八品孺人	止封本身
從八品	修職佐郎		
正九品	登仕郎	九品孺人	止封本身
從九品	登仕佐郎		

在清朝封贈制度中，允許貤封，即官員將自己應受之封號呈請移至父母等

16　《欽定吏部驗封司則例》卷2，見《中華律令集成》（清卷）第362頁。

17　《欽定大清會典》卷12。

前代，移至存者曰貤封，移至歿者曰貤贈。法律規定：

> 若貤封，各以其情請焉，得旨則停其身與妻之封而予之。凡貤封，
> 不逾制，八品、九品官皆令貤也封父母焉。[18]

所謂「凡貤封，不逾制」，就是指貤封也應遵循封贈的一般規定。若八品、九品官本應止封本身，若貤封，則止許封至父母；四、五、六、七品官本應封贈一代，若貤封，則止許封至祖父母，依此類推。

封贈（包括貤封）作為文官的一項重要權利，迎合和滿足了他們光宗耀祖的傳統心理要求，反映了宗法思想對清朝文官制度的影響。

（五）蔭子

清朝官員對上可以封贈以榮祖，對下可以蔭子以興後，兩者的立法宗旨一脈相承。（蔭子的內容已見第一章）。

（六）終養

官員父母、祖父母年老無人奉養，依例告請離職回籍侍養（詳見第七章）。

（七）給假

官員在職期間，若因生病或其它法定的事故，可依一定的程序告假，有關給假的期限、給假期間的待遇等等，法律均有具體的規定。

1. 病假

文官因病告假，京官與外官有不同的規定（主要是報批程序），滿官和漢官更有實際待遇的顯著差別。

京官因病告假依官品而有不同的審批程序：

> 京官告病告休，三品以上者由本衙門具奏；奉旨後知照吏部。四五品以下者具呈本衙門諮明吏部，俱由考功司移付稽勳司入於半月匯題。[19]

18　《欽定大清會典》卷 12。

19　《欽定六部處分則例》，卷 9。

同為京官，滿、漢官各有明確的規定，滿官告病的具體辦法是：

> 滿州文職各官，無論現任及指缺、推升、擬補或未經引見與已經引
> 見尚未到任人員，如實係患病，令該管官委員確實查明，並無捏飾，
> 酌量給以假期，諮部存案，准其在家調治，總不得過六個月之限。
> 如逾期不痊，即行移諮吏部開缺另補，俟病痊之日仍以原衙門補
> 用。……如逾期不痊即行停俸，俟病痊之日仍在原衙門行走。如係
> 無疾捏稱有疾呈報者，另經發覺，照例議處。[20]

可見，滿州文官患病可有最長為六個月的在家調治期，不予開缺，也不停俸。
逾期不痊才開缺和停俸。病痊之後即以原衙門補用。

但是，漢文官就不同了：

> 漢官告病，准開缺回籍調治。[21]

就是說，漢官一經患病告假，即行開缺。待回籍調治病痊之後，由該地方督撫
諮部註冊，赴部補用。另外，漢官告病呈請，必須先取同鄉京官具結。

漢官回籍調治期間，要接受該省督撫監督，若有借官營私，滋生事端，即
予革職，地方官知而不報降二級調用。

外官告病的程序，亦依品級而略有不同。總督患病，由巡撫驗明題具；巡
撫患病，由總督驗明題具；如無總督之省，巡撫自行具奏。布政使以下等官告病，
由督撫委官驗看，確實具題，令該員解任，或回籍調理，或留本省調理。病痊
之後，由督撫給文赴部，仍以原官補用。[22]

2. 事假

事假依有無歷俸要求而分為兩類，即有些事假必須有一定的任職年限才能
呈請，有些事假則因事故可以隨時呈請。有歷俸要求之事假，如祭祖父、省親、
遷葬等；無歷俸要求之事假，如探望患病父母、娶妻等。

京官有歷俸要求的各類事假以四個月為期（扣除程限），假滿時各返其衙

20　《欽定吏部銓選滿官則例》卷4，見《中華律令集成》（清卷）第338頁。

21　《欽定大清會典》卷11。

22　《欽定大清會典事例》卷92。

門以供職：

> 凡在京大小各官有祭祖父者，歷俸十年以上；省親者，歷俸六年以
> 上；遷葬者，歷俸五年以上；送親者（親老送還原籍——引者注），
> 不論歷俸。以上各官俱取本衙門堂官諮文並同鄉京官印結到部，吏
> 部具題，奉旨准去。俸深遇應升月分不准告假。其定限，直隸各省
> 俱一體在家許任四個月。[23]

外官的上述事故給假，《會典》及《會典事例》等法律無詳細規定，唯道
府文官告假回籍，省親祭掃者，准假二十日，修墓及遷葬者准假一個月，均扣
除程限。另外，各省教職食俸三年以上，欲回籍省親、葬親、掃墓等，准其諮
明州縣官，轉詳該管上司，查明實情，取具該州縣印結，依路程遠近酌給假期。[24]

京官探望患病父母等，不定期限，即行開缺，事故消失後回部補用：

> 在京官員有聞其父母患病，急欲省親或父母年逾七十而衰憊者，俱
> 不俟六年俸滿，亦不得定以限期，著取同鄉京官印結，具呈本衙門，
> 該堂官具奏請旨，給假回籍。該堂官具奏之後，即行知照吏部開缺，
> 不必匯題。[25]

法律對這類事假規定回籍開缺，本意是為了防止官員藉故離職，但對真有此類
事故的官員就有失公允，在一定程度上限制了他們的這種權利。法律還特別規
定不允許各衙門隱瞞不報或含糊陳奏，以避開缺。若一經發現，除仍行開缺外，
並將該堂官交部議處。

京外官員有娶妻者，不論歷俸則告，給假不過四個月（扣除程限），事畢
之後回原衙門供職。[26]

23　《欽定吏部銓選則例》卷 8，見《中華律令集成》（清卷）第 335 頁。另，有關這段
　　例文的標點，筆者依原意，有所改動，故與《中華律令集成》的標點不同，特此說明。
　　這段例文可參見《欽定大清會典事例》卷 92。

24　《欽定大清會典事例》卷 92。

25　《欽定吏部銓選則例》卷 8，見《中華律令集成》（清卷）第 335 頁。

26　《欽定大清會典》卷 11。

（八）身分權

「普天之下，莫非王臣」，文官對於君主而言，上自一品下至未入流，個個都是奴僕臣卒，因而也談不上身分權之保障。但是，除了君主以外，任何人都不得隨意剝奪其他文官之任職資格。文官資格之剝奪，必有法定之事實，必經法定之程序，由特定的機構審議奏請。清朝法律對上述內容雖無直接的規定，但通過其它條文的分析不難推得文官的這一權利。《會典事例》規定：

> 凡上司催會公事，立案定限，或遣牌，或差人，行移所屬衙門督並（完報）。如有遲錯，依律論（其稽遲違錯之）罪。若擅勾屬官，拘喚吏典聽事及差點司獄，各州縣首領官因而始廢公務者，笞四十。若屬官承順逢迎，及差拔刑名赴上司聽事者，罪亦如之。其有必合追對刑名、查勘錢糧、監督造作重事，方許勾問，事畢隨即發落，無故稽留三日者，笞二十，每三日加一等，罪至笞五十。[27]

這條法律規定的是上司在催會公事中的權限，明確禁止上司不得借托催會公事而擅自勾問、拘喚屬官吏典，只有在「追對刑名、查勘錢糧、監督造作重事」這些規定的事項中才能勾問屬官，但一俟事畢，必須隨即放人。若無故稽留屬官，要受到刑事處罰。這條法律的本意主要是防止上司擅自拘問、拘喚屬吏而影響公務，但同時也清楚地說明上司不能隨意剝奪屬官的人身自由權，那麼，文官之身分權受法律保護也是不言而喻的事實。

日本學者織田萬在《清國行政法泛論》（第四編第四章）中指出：「清國法之于官吏，附與保障，尤為牢固，今視之近世國家法制之最為進步者，殆無遜色。然此制度，固非出於近世國家尊重官吏分限以與特別保護之意，而因鞠躬盡瘁、死而後已之義，以官吏分限終始附隨其身為原則耳。今查，近世國家之于官吏分限，即以權利之觀念為其主也，清國之于官吏分限，即基於義務之觀念也，故其形式雖相似，然其觀念則異。」我們認為，這段論述立論雖高，但頗有牽強附會之嫌。清朝法律規定的文官身分權應視其為對官員利益的承認，不應將其歸結為出於義務之考慮。同時，清朝對於官員身分權的保護，與「近世國家法制之最為進步者」相比，也絕非「殆無遜色」。清朝法律賦予文官身分權的實質，是排除和禁止君主以外的任何人具有官員褫奪權，從而確保君主

27　《欽定大清會典事例》卷749。

牢牢地獨掌官員任免權。如果將君主視為國家象徵的話，那麼，清朝文官的身分權在客觀上得到了國家的保護。

（九）死亡恤銀

清朝官員死亡時，依例可得到一筆恤銀，這是朝廷對一生為國效勞的官員本身的恩惠，也是對其家屬的撫慰，這項制度於情於理都相宜，是一項值得肯定的「仁政」措舉。

文官死亡時，禮部照會吏部，查明歷任事蹟，有無加級降革等項，而後由禮部核查應受之恤，按例具奏，得旨則給。

文官死亡恤銀包括祭費和葬費兩項，一品官必命勒碑，故又有建碑費。各品文官普通死亡的恤銀見下表：[28]

品級 恤銀	一品	二品	三品	四品	五品	六品	七品	八品	九品
祭銀（兩）	25	20	16	12	10	8	6	6	6
葬銀（兩）	500	400	300	200	100	100	100	100	100
建碑銀（兩）	350								

官員若因公務而死亡，恤銀會增加。其中又因死亡情形不同而各有差別。在大洋、大江、黃河、洞庭、洪澤等處飄歿者，照陣亡例發放。內洋、內河飄歿者，減半發放。[29]

二、文官之義務

從邏輯上分析，清朝文官的義務基本上可以分為兩類，即因履行職務而生之義務和因其身分而生之義務。就第一類義務而言，法律要求大小各官以克盡職守為首務。《欽定六部處分則例》（卷 14）〈曠職〉開篇就寫道：「朝廷設官，各有分司，惟當各盡職守。主錢谷者必謹出納之數，理刑名者必諳律例之條。大僚有恭儉惟德之思，一命有存心愛物之志，豈可萌出位願外之妄想，自曠當官之職業哉？為諸臣者務宜痛自警省，咸思清白，乃心靖共，爾位不負讀

28　此表根據《欽定禮部則例》（道光十七年刻本，下引此書為同一版本）卷 117 製作。
29　《欽定禮部則例》卷 167。

書二字，嚴義利之辨，立廉恥之防，庶幾風俗古而人心端，斯吏治清而民生厚。」就第二類義務而言，文官之身分在對君和對民的關係中，又表現為不同的角色，相應地產生了不同的義務。對君，文官是臣，臣便有臣之義務；對民，文官是表率者，表率者有表率者之義務。上述邏輯上的劃分可以說明我們清楚地認識文官義務的產生和來源。但是，實際中的義務項目很難與上述邏輯劃分一一對應，所以，我們這裡以列舉的方式予以敘述。

　　一般而言，從義務的內容可以較為清楚地觀察到立法者的宗旨和取向，認識該種法律制度的精神和原則。在以義務為本位的清朝法律中，更是如此。所以，有幾項重要的義務，我們將在第七章中再予詳述，如忠君、公正廉潔、丁憂、按時赴任、按時完成公務等。除這些以外，清朝文官的義務主要還有下列幾項：

（一）講讀律令

　　中國歷代封建王朝都很重視依法行政，各種法律是官吏執行公務的唯一依據。要很好地依法行政，必須首先熟悉瞭解法律。自法家開始，強調熟讀法律是官員的職責和義務。明清時期，各種條例紛繁複雜，不斷修訂，續有增加，官員熟讀法律更為重要，也更為困難。所以明清兩朝對官員講讀律例尤為重視。乾隆在一道上諭中曾說：

> 朕思律例有關政治，即以司官而論，若謂各部律例未能盡行通曉則可，若于本部本司律例茫然不知，辦理事件徒委之書吏之手，有是理乎？[30]

清朝對官員講讀律例的情況每年考核，分別優劣，予以獎罰，特別是官員升遷時應特別察核其有無「能曉律例」字樣：

> 國家律令參酌事情輕重，定立罪名，頒行天下，永為遵守。有司官吏，務要熟讀，講明律意，剖決事務。每遇年終，在內在外，各從上司官考校（在內為各部院堂官，在外為督撫司道府州）。若有不能講解，不曉律意者，係官，罰俸一個月。其內外各官有能通曉律例者，各於年終諮明吏部註冊，至升遷之時注明能曉律例字樣，以示鼓勵。[31]

30　《欽定六部處分則例》卷 14。

31　《欽定六部處分則例》卷 14。

（二）按式製作文書

中國歷代都很重視公文的格式，其目的是使文書的製作和發出符合規定的程序，保證其合法性和準確性。按式制書符合行政文書制度的一般要求，具有一定的合理因素。但是，中國古代的按式制書中也滲透著特有的文化精神。

清朝對各機構之間的文書有規定的名稱，應依制而用：

> 凡官文書，上行下行平行，各別其制。[32]

例如，在京各部院行文宗人府用「諮呈」，宗人府行各部院用「諮」，六部行寺、監用「劄」，各寺監行文六部用「諮呈」，都察院行六科用「劄」，六科行都察院用「呈文」。

法律尤其重視規範對皇帝的題奏。「題」和「奏」有明確的劃分：

> 內外大小公事皆用題本，本身私事皆用奏摺。如有應題而奏，應奏而題者，俱罰俸三個月。

官員題奏不合格式，分別情形予以處罰：題奏事件應密封而不密，不應密封而密者，俱罰俸六個月。本內錯寫銜名，或字畫舛誤，或從旁添注，將不加詳對之司員罰俸一個月，堂官免議。若係特旨交議之件，司員罰俸三個月，堂官罰俸一個月。題奏事件如有只圖省便，將官名、地名節稱一字，以及列銜列名不符體制者，俱罰俸三個月。各省題奏命盜案件，當於州縣之下犯名之上添寫旗人民人字樣，以清眉目。如有於州縣下直接犯名，以及捏寫字面致乖文義者，俱罰俸三個月。台頭錯誤者，司官罰俸三個月，堂官罰俸一個月。繕寫潦草者，司官罰俸三個月。翻譯錯誤者，筆帖式罰俸兩個月。本章漏用印信者，罰俸一年；倒用者，罰俸三個月。本章被墨染汙或被損者，罰俸一個月。本內挖補年月者，罰俸六個月。若有關弊竇者，從重論。題本有專題和匯題之分，該專題而匯題，該匯題而專題，都屬違式而要受到處罰。如，各部院將特旨交議事件歸入匯題，司官罰俸六個月，堂官罰俸三個月。匯題又分為十日匯題、半月匯題、一月匯題、半年匯題、一年匯題，各類事件均應依例列入各種匯題

本。[33]

（三）按式掌用印信

印信，是統治權力及威嚴的憑證，也是封建國家機關之間行政指揮活動的工具。印信制度的確立和遵守，對提高國家機關的行政效率有重要意義。

清代極為重視印信制度，各官府官印的印質、印紐、寸法、印文文體等都有詳細的規定，[34] 尤其強調官員必須按式掌用印信。

各科官印有指定的收掌人，收掌人不得隨意將印信交予他人，他人也不得擅自收掌。例如，各省布政司經歷、按察司經歷、鹽運司經歷、府經歷等官印悉歸經歷自行收掌，如該上司擅將經歷印信收掌自用，致生挪移情弊者降一級調用。

遺失印信，是嚴重的失職行為。在外各官印信如在署存儲，或係行寓存儲，被賊經行竊去，有印官革職。若能自行拿獲，以失竊時間長短分別降等處分。在京各衙門印信，係封儲在署，當月值宿官員專司監守，如有竊失，專司監守之員革職，有印官革職留任。能自行拿獲者，亦以失竊時間長短分別降等處分。

在京各機構的堂印，每月由四名司官輪流監用，其請領也有特殊的要求：

> 每一月專派滿、漢司官四員，按日挨次輪流監用堂印。每日筆帖式請領堂印鑰匙，到時即開。用尋常稿件後再用題本，用畢將堂印鑰匙暨印單仍交承值筆帖式呈送。……每逢監印司員屆一月期滿，先期呈堂派員更替。[35]

印信必須依例換鑄。官員印信模糊不詳請晚換者，罰俸六個月。屬員請換印信，該上司收取使費者，革職。官員接到新印，不繳還舊印者，罰俸六個月，上司不行催繳，罰俸三個月。禮部鑄印局鑄造印信關防，如有筆劃錯誤，將不行磨對之鑄印局各官罰俸六個月，失察之堂官罰俸三個月，領受新印之員失於查驗亦罰俸六個月。

33　以上「按式製作文書」史料未注明者均見《欽定六部處分則例》卷9。
34　關於清代各種印璽製作的規格，詳見《清史稿·輿服三》。
35　《欽定工部則例》卷105，見《中華律令集成》（清卷）第935頁。

印信必須依例使用。在京各衙門應用堂印事件誤用司印,應用司印事件誤用堂印,及在外兼署各官將此任之事誤用彼任印信者,俱罰俸三個月。印信倒用,罰俸三個月。外省表文計冊用印顛倒者,罰俸六個月。在外各衙門來往文移及呈報上司事件,俱於正面鈐印,其有添注挖補及接口之處,亦俱用印鈐蓋。倘有遺漏者,罰俸一年。各省督撫大員拜發奏摺,俱用棉榜紙將奏折封固,再於接縫處粘貼印花,違者罰俸一年。

用印必須登記造冊。各部院衙門應用堂印事件,俱設立號簿,逐細登記用印顆數。其各司處應用案件印結等事,該司亦設立號簿登記。在外各衙門上行、平行、下行文移牌票,俱令鈐印編號。倘有預印空白文結者,降一級調用,失於查察之堂官及該管上司,罰俸一年。督撫、司、道、府向州縣提取空白印信文結,降一級調用。內外有印衙門俱於封印前一日,酌量繁簡預用空白印紙並文移封套,以備封印後緊要公文之用,仍登記號簿,詳慎檢查。若有官吏藉端作弊,該堂官及該上司不行查參,罰俸一年。

不能亂出印結。官員印結是清朝文官制度中的一種常用文件,用於對被印結人的證明和擔保。法律要求官員應依例審慎出結。鄉會試及一切考試應試之人,如有頂替情弊,出結官降一級留用。身家不清之人捐納職銜、貢監,只係頂帶榮身,無關銓選者,出結之同鄉京官罰俸一年。各項違例之人請領封典及捐請封典,出結官罰俸一年。法律對部院司員的出結有一條專門的限制性規定:

> 各部院司員於本司應辦事件,概不准自行出結（如文選司不准為月選官出具投供印結之類）。其有率行出結者,照違令私罪律罰俸一年。

如果負有某種職權的官員為其職權範圍內的事件出結,勢必極易滋生弊端,所以上述規定是十分合理的。

不能妄用印信。官員為謀取不當之利而故意違例用印,會受到嚴厲的處罰。地方官妄用印信（如以官印用於私書稟啟之類）,及非正印官而擅用印記者（如田啟稅契等項,皆正印官該管之事,佐貳官擅將伊關防戳記鈐蓋者）,俱降一級調用。地方官給與居民鋪戶門首印示者,降一級調用。職任官員填寫印牌、印文給與不應給之人者,革職。

另外，失察盜用印信，失察假印，失察者分別受罰俸和降級等處分。[36]

（四）保密

官員對於職掌內和職掌外的一切重要事件和情報，均有保密的責任。清朝要求重要事件的公文都用「密封」的式樣投送，密封公文的投遞方式、開拆、登記、保管以及法律責任均有明確的規定：

> 凡陳奏本章有關涉緊要者、督撫、提鎮將副本揭帖用密封字樣投遞通政司衙門，該堂官親自開拆，另記檔冊封固收貯。其投各部院衙門密封揭帖，各部院堂官親拆，交司官謹密收貯。若諸文內有緊要事件亦用密封投遞者，各部院堂官親拆，交司官謹慎承辦。至各部院遇有緊要事件行文內外各衙門用密封投者，該堂官及該督撫、提鎮亦親拆收貯。其直省督撫、提鎮以至州縣往來緊要文劄應密封者，亦密封投遞，各本官親拆收貯。如封發官並不密封以致漏洩，或收受官不知慎密以致漏洩者，俱各降一級留任。

官員不得隨意談論、傳抄奏請事件：

> 在京各衙門密封題奏事件未經發抄，不得互相談論，如有漏洩，將承辦官降一級留任，稽查該衙門之科道不行糾參，罰俸六個月。
>
> 凡題奏請旨事件於未經到部之先，即行抄傳者，將該科給事中罰俸六個月。[37]

《大清律例‧吏律》「公式」中也規定，「凡聞知朝廷及總兵、將軍調兵符討襲外番及收捕反逆賊徒機密大事，而輒漏泄於敵人者，斬。」、「若近侍官員漏泄機密重事於人者，斬，常事，杖一百。」、「若私開官司文書印封看視者，杖六十；事干軍情重事者，以漏泄論。」

（五）不得擅權

官員必須嚴格依照自己的職權行事，不得越權專擅。如有擅權行為，依其

---

36 以上「按式掌用印信」史料未注明者均見《欽定六部處分則例》卷10。
37 以上「保密」史料見《欽定六部處分則例》卷9。

是否牽涉營私和擅權行為的後果分別予以處罰。清朝法律為督責官員循權執行公務，制訂有嚴格的請示制度，有關請示的事項、奏本的要求、上司答覆的憑據、奏請的時間等都有明確的規定，若未經請示而擅行，過失者處罰較輕，故意而有所規避者從重論處：

> 凡應議之人（指八議之人——引者注）有犯，應請旨而不請旨，及應論功上議而不上議，當該官吏處絞。若文武職官有犯，應奏請而不奏請者，杖一百，有所規避，從重論。若軍務、錢糧、選法、制度、刑名、死罪、災異，及事應奏而不奏者，杖八十，應申上而不申上者，笞四十。若已奏已申，不待回報而輒施行者，並同不奏不申之罪。其合奏公事，須要依律定擬（罪名），具寫奏本，其奏事及當該官吏僉書姓名，明白奏聞。若有規避，增減緊要情節，朦朧奏准，施行以後，因事發露，雖經年遠，鞫問明白，斬。若于親臨上司官處稟議公事，必先隨事詳陳可否，定擬稟說，若准擬者，上司置立印署文簿，附寫略節緣由，令首領官吏書名畫字，以憑稽考。若將不合行事務妄作稟准，及窺伺公務冗並，乘時朦朧稟說，施行者，依詐傳各衙門官員言語律科罪，有所規避者，從重論。

若官員將朝廷大權擅為行使，則科罰極重。如，「除受官員須從朝廷選用，若大臣專擅選用者，斬（監候）。」[38]

官員越出自己的職責範圍，干預他事，亦為法律所嚴禁。凡奉皇帝制書出使，使事已完，不覆命，干預他事者，杖一百。各衙門出使，不覆命，干預他事者，常事，杖七十；軍情重事，杖一百。若使事已完，越理犯分，侵人職掌行事者，笞五十。若回還後三日不繳納聖旨者，杖六十，每二日加一等，罪止杖一百。不繳納符驗者，笞四十，每三日加一等，罪止杖八十。有所規避者，從重論。[39]在籍官員倚仗勢力，干預公事，行兇不法，作害地方，革職治罪。地方官明知故縱者，俱革職。[40]

38　《大清律例・吏律》「公式」。

39　以上「不得擅權」史料未注明者均見《欽定大清會典事例》卷750。

40　《欽定六部處分則例》卷15。

（六）不得擅離職崗

居守崗位，這是文官最基本的職責，是各機構正常運行的重要前提。文官「擅離職役」，不僅要受行政處分，而且也會受到刑事處罰。若為規避緊要公務而擅離職役，處罰尤重：

> 凡州縣等官擅離職守者，降二級調用。[41]

> 凡官吏無故擅離職役者，笞四十（各留職役）。若避難（如避難解之錢糧、難捕之盜賊有干係者）因而在逃者，杖一百，罷職役不敘，所避事重者各從重論。其在官應直不直，應宿不宿，各笞二十。若主守倉庫、務場、獄囚、雜物之類，應直不直，應宿不宿者，各笞四十。[42]

居守崗位的日常要求就是正常地朝參（京官）或公座（外官），無故不朝參或公座會受到處罰：

> 凡大小官員無故在內不朝參，在外不公座署事，及官吏給假限滿，無故不還職役者，一日笞一十，每三日加一等，各罪止杖八十，並留職役。[43]

> 教職官員擅離職守者，照刑律擅離職役笞四十，罰俸九個月。[44]

外省各官因公離境必須履行嚴格的報批手續，若謊報公出離境，會受相應之處分：

> 各省大小官員，遇有公出，申報上司查明，于每月底通報督撫，並統轄各上司。如有謊報及挪移時日者，係尋常事件，仍照例降一級調用。其失察之該管官，罰俸一年。如係緊要事件，規避降革處分者，革職。不行查出之該管官，降二級調用。[45]

---

41 《欽定六部處分則例》卷 14。
42 《欽定大清會典事例》卷 748。
43 《欽定大清會典事例》卷 749。
44 《欽定六部處分則例》卷 14。
45 《欽定大清會典事例》卷 83。

　　《會典事例》還針對當時官場歪風特別規定，上司官臨視轄區，下屬官員（尤其是正官）應按規定拜見和接待，不得終日陪同，前呼後擁，影響公務，上司官也不得輒喚下級官吏：

> 撫按按臨之處，其都司、布政司、按察司及衛、所、府、州縣官，相見之後，各回衙門辦事，每日不許伺侯作揖，及早晚聽事。遇有事務，許喚首領官吏鈔案，或佐貳一員前來發落，不許輒喚正官。或有合令正佐官計議事務，或正佐官自來稟白者，不在此例。按察司官分巡同，都司布政司所至亦同，違者從風憲官舉劾。[46]

　　官員居守崗位的另一重要表現是按時朝參（或公座），不得遲值或早散。京官朝參有統一的時間，春分後於申正散值，秋分後於申初散值。散值時間由管門太監專門負責。管門太監對散值情況要逐日登記。官員若有部院應辦事務或奉旨特派事件而應早散值，應將因何早散緣由告知管門太監，管門太監隨時登記，以備查核。官員如無故不按例定時刻，散值過早者，罰俸六個月。[47]

　　官員因飲酒作樂、遊玩無度而影響上堂理事，以私罪論處：

> 外省官員住居城邑，任意宴會嬉遊，不早出堂理事，以致案件叢積者，革職（私罪）。[48]

（七）遵守良風美俗

　　儒家認為，禮義教化是治理國家的最好方法，而禮義教化的推行者便是各級為政官員。各級為政者要有效地推行教化，首先必須自身模範地遵守禮義規範，以自己良好的德行和品格身先士卒，為民表率。為政者有無高尚的人格和品德，是牧民成敗的關鍵所在，所謂「政者，正也」，「其身正，不令而行；其身不正，雖令不從」，「君子之德，風也，小民之德，草也。」在這種理論的指導下，歷代封建王朝都強調各級官員不僅是各項行政管理職責的擔當者，而且也是全社會禮義教化的承擔者。因此，許多對於一般民人是屬於道德要求

46　《欽定大清會典事例》卷 749。

47　《欽定六部處分則例》卷 14。

48　同上。

的事項，而對於官員卻是必須遵守的法律義務。遵守良風美俗，便是一個重要體現。

清朝皇帝對此也十分重視，一再強調「士風」對「民風」之相率作用。《欽定大清會典事例》卷三八三載雍正四年的一道上諭說：

> 為士者乃四民之首，一方之望。凡屬編氓，皆尊之奉之，以為讀聖賢之書，列膠庠之選，其所言所行，俱可以為鄉人法則也。故必敦品勵學，謹言慎行，不愧端人正士，然後以聖賢詩書之道開示愚民，則民必聽從其言，服習其教，相率而歸於謹厚。

而且，從某種意義上說，施行教化比執行政務更重要。嘉慶皇帝曾在一道上諭中結合當時的現狀，申述了官員的首要責任：

> 從來治民之道，教化為先。國家撫有黎庶，設群有司，畀以司牧之任，所以迪牖斯民，俾日興於善，非第催科斷獄即可稱為良有司也。近來地方官積習因循，稍能守法奉職者，已不可多得，至於教化之事則置焉不講。間有恥為俗吏勤思治本者，鮮不視為迂談。朔望讀法，孟各鄉飲，皆著於令甲，舉行者蓋已寥寥，況實能導民於善，更化易俗者乎！夫孝、悌、忠、信、禮、義、廉、恥，此八者，為盡人所當知、當行。凡在四民，舍此則無以為人；地方有司，舍此亦無以為教。[49]

嘉慶講得很清楚，「治民之道，教化為先」。當時奉法守職者鮮矣，舉行禮儀者鮮矣，勤於教化者鮮矣，如此怎能「導民於善，更化易俗」！所以，應當正本清源，各級官員務必以教化為本。

清朝為使官員保持良好和高貴的品位，以嚴法督責他們遵守良風美俗。

不准賭博。賭博為清朝法律所禁止，一般民人賭博、製作賭具等要受刑律處罰。官員犯賭，除照刑律論處外，亦受行政處分，而且極為嚴厲：

> 官員無論賭銀、賭食及開場聚賭，並上司與屬員同賭者，均革職治

49　《欽定六部處分則例》卷 45。

罪，永不敘用。[50]

乾隆四十年還定例，凡現任職官，有犯屢次聚賭，及經旬累月開場者，發往烏魯木齊等處效力贖罪。[51]

上司官員還有監督屬員的職責：

> 本衙門書役犯賭，本官自行送究者，免議。失于查察，罰俸三個月。如明知賭博，不即送究，別經發覺者，罰俸一年。若別衙門書役同賭，不移會送究者，亦罰俸一年。自行查辦者，免議。[52]

不准酗酒。官員在署酗酒，罰俸六個月，失察書役酗酒者，罰俸三個月。[53]

不准嫖娼。官員挾妓嫖娼，革職，而且加倍半也不准捐復。[54] 對於民間土妓流娼以及秧歌女戲之類，若地方有職人員容留在家，革職治罪。[55]

不准畜養戲班優伶。清朝官員（尤其是外官）喜好在官府自養優伶戲班者甚多，少則一二人，多則二三十人，此風不僅敗壞官名，而且誘生多弊，雍正、乾隆、嘉慶都曾專發詔諭嚴加禁止。雍正二年在詔諭中講：「外官畜養優伶，殊非好事。朕深知其弊，非倚仗勢力擾害平民，即送與屬員鄉紳多方討賞，甚至借此交往夤緣生事。二三十人一年所費不止數千金。……夫道府以上官員事務繁多，日日皆書辦理，何暇及此。家有優伶即非好官，著督撫不時訪查，至督撫提鎮若家有優伶者，亦得互相訪查，指名密摺奏聞，雖養一二人亦斷不可徇隱，亦必即行奏聞。」後來，清朝定例：

> 官員畜養優伶者，革職。上司徇隱不參，降三級調用。失於察覺者，照不揭參劣員例分別辦理，自行查出揭參者免議。[56]

50　《欽定六部處分則例》卷 45。

51　《大清律例・刑律》「雜犯」。

52　《欽定六部處分則例》卷 45。

53　《欽定六部處分則例》卷 14。

54　《欽定吏部處分章程》卷 2，見《中華律令集成》（清卷）第 438 頁。

55　《欽定六部處分則例》卷 45。

56　《欽定六部處分則例》卷 15。

官員因挾養優伶革職者，與挾妓例一樣，加倍半也不准捐復。[57]

不准犯奸。官員因其特殊的身分，犯和奸罪加重處罰：

> 凡職官及軍民奸職官妻者，姦夫、姦婦，並絞監候。若職官奸軍民
> 妻者，革職，杖一百的決，姦婦枷號一個月，杖一百。[58]
>
> 官員奸家人有夫之婦者，罰俸九個月。[59]

官員利用職權奸部屬軍民的妻子，要加等處罰：

> 凡軍民（本管）官吏奸所部妻女者，加凡奸罪二等，各罷職役不
> 敘。……若奸囚婦者，杖一百，徒三年。[60]

依例娶妻。娶妻本屬個人私事，但中國古代依據禮義對此多有限制。官員
因其身分除了受到一般的限制外，另有特殊的限制。這種特殊限制主要有兩項，
一是不能娶部屬和被監臨婦女為妻妾：

> 凡州縣親民官，任內娶部民婦女為妻妾者，杖八十。若監臨（內外
> 上司）官娶（見問）為事人妻妾及女為妻妾者，杖一百。女家並同罪。
> 妻妾仍兩離之，女給親，財禮入官。（恃勢）強娶者，各加二等。

這項規定是為了防止官員恃勢強娶，其立法動機是應該肯定的。二是不能娶樂
人：

> 凡（文武）官員娶樂人（妓者）為妻妾者，杖六十，並離異。若官
> 員子孫（應襲蔭者）娶者，罪亦如之，註冊候蔭襲之日，降一等敘
> 用。[61]

樂人被認為是下等人員，這項規定的本意是為了維護官員的形象，但其中
存在著明顯的偏見。

57　《欽定吏部處分章程》卷2，見《中華律令集成》（清卷）第438頁。
58　《大清律例・刑律》「犯奸」。
59　《欽定六部處分則例》卷15。
60　《大清律例・戶律》「婚姻」。
61　同上。

　　不准吸食鴉片。吸食鴉片的現象在清初就已出現，但並不嚴重。從乾隆末年開始，這一現象迅速蔓延，尤其是「官場上下，已成嗜好」。由於「鴉片煙性最酷烈，食此者能驟長精神，恣其所欲，久之遂致戕賊身命，大為風俗人心之害」，[62]吸食鴉片成了當時中國社會的一大嚴重問題。為了挽救社會風氣，維護華人健康，節省財政支出，從雍正開始，尤其是在嘉慶、道光時期，清朝頒布了一系列法令禁止鴉片。在這些法令中，要求官員一方面克盡職責，認真執行各項禁令，官員若對販運、製作鴉片，開設吸食場所、栽種罌粟、民人吸食等知情不報，故意放縱，一律革職治罪。另一方面，官員應潔身自好，遠離邪慝，若有吸食，除照刑律加等治罪外，並給予行政處分，而且各官之間應相互監督糾舉：

> 在官人役並官親幕友長隨人等，在署吸食鴉片煙，該管官知情故縱者，革職，如係失於覺察，照約束不嚴例降一級調用。
>
> 吸食鴉片之員保舉京察卓異者，原保官照濫舉匪人例降二級調用。
>
> 現任官員有曾經吸食鴉片煙，該上司知而不揭，照徇庇例降三級調用……若該員本未斷癮，該上司但以曾經吸食矇混揭報，照徇隱例降二級調用。[63]

　　不許任意嬉遊學習彈唱。優伶，樂人是低賤職業者，官員應遠離此類下流人等，更不能緬於嬉遊，自己彈唱，出入戲園，毀損體面，這種規定在當時具有一定的合理性，但同時也有錯誤的偏見。法律規定：

> 前門外戲園酒館，令都察院、五城、順天府出示嚴禁旗人出入，並交八旗大臣、步軍統領不時派役稽查，如八旗當差人等不安本分任意嬉游者，官員革職。
>
> 滿州人員如有學習彈唱，登場串戲，及攢湊銀錢約會戲耍者，係官革職。[64]

　　上述清朝關於官員遵守良風美俗的規定，雖然存在著一些錯誤的偏見，反

62　清，李圭著，《鴉片事略》。

63　《欽定六部處分則例》卷45。

64　《欽定六部處分則例》卷15。

映了那個時代社會的傳統觀念和統治者的狹隘意識。而且，這些規定的實際執行狀況也多有問題。但是，封建法律根據官員的特殊身分，明確地將遵守良風美俗作為他們的重要義務，這是中國古代統治者推行「德治」的一項重要措施。這種規定和措施對於澄清吏治，樹立官員的良好形象，淳化社會風氣無疑是有積極作用的。

（八）管束家人

官員具有特殊的身分和地位，家人往往恃勢滋事，欺壓民人，擾害地方。因此，許多朝代都要求官員不僅應該潔身自好，嚴於律己，而且還應管束家人、親友和長隨，若家人、親友、長隨犯法滋事，要追究官員的法律責任。清朝《欽定六部處分則例》卷十五為此專門規定：官員縱容子弟親友在任區內招搖詐騙革職，失於覺察者降一級調用。官員子弟夤緣納賄、犯法滋事，失於覺察者降一級調用。官員縱容家人、長隨在任區內招搖詐騙，照縱役得贓例革職，係失察家人犯贓，照失察衙役犯贓例議處。官員失察家人倚勢逞兇，降一級調用，因逞兇而致釀人命，降二級調用。官員失察家人酗酒、宿娼者罰俸一年。

三、幾點分析

（一）關於清朝文官權利內容的偏狹

清朝文官的權利，側重於經濟、榮譽和照顧家族三個方面，其內容較為偏狹。首先，政治性權利極少，而在義務中，政治性的內容卻很多。這種不平衡是由文官的「臣」的身分決定的。在君主和朝廷面前，文官也屬於子民、奴才，是馴服工具，不具有獨立的完全的政治人格。朝廷給他們經濟生活權利，他們為朝廷出力效勞，文官出仕的主要目的便是如此。其次，朝廷可以對文官革職、休退、永不敘用，但文官辭職休仕卻是根本不可能的事情。入仕做官，這是天下儒生的最大追求和唯一出路，俸祿待遇是其生活的主要依靠。一旦失去官職，不僅其自身和家庭斷了經濟收入，而且勢必為四鄰眾人鄙視和恥笑。更重要的是，溥天之下，莫非王臣。全國所有人都應聽從君命，文官辭職休仕無異於違抗君命。明朝朱元璋時就曾定有「寰中大夫不為君用」的法律，對違抗君命、拒絕入仕為官的士大夫處於重刑。再次，朝廷只強調文官入仕之前的讀書應考，

而對入仕之後的教育培訓極為輕視。造成這種狀況的原因，一是朝廷對文官的要求主要是服從既有的法律，按部就班，循規蹈矩地完成各項公務，而不強調開拓、創新和進取。二是由於經濟結構和政治結構的穩定不變、科學技術的發展極為緩慢，行政管理的模式也相對不變和單一，這就使文官的教育和培訓沒有客觀的緊迫性和必要性。

（二）關於文官權利的保障

清朝法律給文官規定了一系列的權利（儘管其並不全面），但這些權利並無切實的保障，文官失去某些權利的時候，也無有效的救濟途徑。俸祿是文官最重要的權利，其標準也明載於《會典》和《則例》，但政府可以削減俸祿，對京官謂「減折」，對外官謂「攤控」，其削減的原因全由朝廷決定。清朝後期，內憂外患，戰事連綿，賠款不斷，財政空前困難。咸豐、同治開始，官員實際所領俸祿與規定標準差距甚遠。[65] 這種結果固然與朝廷面臨特殊的困難有關，但從根本上分析，則是因為文官的所有權利是君主恩賜的。君主可以恩賜，也可以不恩賜；恩賜與不恩賜都是君主的權力。所以，文官的權利在本質上具有被動性、從屬性。這些特性也就決定了其沒有切實的保障。

（三）關於清朝文官俸祿立法的教訓

俸祿是文官最基本的經濟來源，俸祿立法的意義和作用至關重要。清朝俸祿制度實踐中出現的種種弊端和腐敗現象，固然有多方面的深刻根源，但與其本身立法的不善密切相關。其一，正俸不到位，正俸與偏俸（即正俸以外的俸祿）嚴重倒掛，這是清朝文官俸祿立法的最大缺陷。本來，正俸依品而給，是每位文官依其地位和等級而獲得的最基本的經濟權利，在立法時應該做到使其到位或基本到位。這樣，有利於從宏觀上使文官的經濟權利明確、有序和規範，有利於文官隊伍內部結構的穩定，防止因經濟待遇的無序而滋生種種流弊。但是，清朝文官的正俸很不到位，文官的經濟待遇主要依靠偏俸而不是正俸，這種現象應該說是很不正常的。由於清朝的正俸未能使文官的權利到位，因而引發了一系列問題。京官給雙俸，外官給養廉銀，繼而又使歷來高人一等的京官

65　如一品官祿米標準是 90 石，而有一年僅給 26 石 9 斗，從九品與未入流官祿米標準是 15 石 7 斗 5 升，而僅給 4 石 4 斗 8 升。參見日，織田萬撰，《清國行政法泛論》，華世出版社 1979 年影印，第 760–761 頁。

的俸祿遠不及外官，繼而又增添名目，對外官敲詐勒索等等。如果正俸到位或基本到位，有助於防止俸祿制度中的混亂和腐敗現象的產生。其二，京、外官的俸祿嚴重失衡。如前所述，由於養廉銀的數額比正俸要高出好幾倍乃至幾十倍，京官雖有祿米和恩俸，但其實際俸祿比外官要低得多。清朝最高統治者為什麼默認這種嚴重失衡，是否因為考慮到京官有許多優勢，容易升遷，考慮到京官有種種立法外的「實惠」，從而用明文的不平衡達到實際的相對平衡。但是不管其怎樣考慮，這種嚴重失衡畢竟引發了種種無謂的矛盾和不良現象。乾隆 36 年在上諭中曾說「人情喜外任而不樂京職，大抵皆然。」[66] 其三，由領俸人直接向百姓徵收俸祿銀錢。清朝允許外省直接通過向百姓徵收火耗來發放俸祿（養廉銀），使領俸祿的人和交俸祿銀錢的人發生直接的聯繫，這是一種很不科學和很不合理的做法，加之封建體制支配下官員具有特殊的身分和優勢，豈有不生貪劣之理！這是清朝俸祿制中一個極為重大的敗筆。文官作為政府的工作人員，其俸祿應由政府依據法定的方式和途徑統一籌集和支付。

66　《欽定大清會典事例》卷 59。

第四章 文官之行政獎勵和處分

依據法家的理論，中國古代君主十分重視「賞」、「罰」的作用，將它們作為治理國家的「二柄」。君主手中的賞、罰固然會應用於庶民百姓，但更強調針對各級官員。君主以賞罰勸勉官員的積極行為，懲戒各種違法違紀行為，提高行政管理效率。賞罰在文官制度中的重要體現就是行政獎勵和行政處分。清朝的行政獎勵和行政處分各有完備的體系和規範，兩者的轉換適用也有明確的規定，其內容在文官制度中具有重要的地位。在清朝，吏部考功司主管文官的議敘和處分。

一、文官之議敘

議敘，即清朝文官的行政獎勵之制，它與處分一起構成了清朝文官的行政賞罰制度。

（一）議敘之體系

《大清會典》寫道：

凡議敘之法二：一曰記錄，其等三。（計以次，有記錄一次，二次，三次之別。）二曰加級，其等三。（計以級，有加一級，加二級，加三級之別。）合之，其等十有二。（自記錄一次至記錄三次，其

上為加一級，又自加一級記錄一次，至加一級記錄三次，其上為加
二級，加二級以上記錄如之，至加三級而止，凡十二等。）[1]

可見，清朝對官員行政獎勵的方式是記錄和加級兩種，這兩種議敘之法綜合為
用，共有十二等，即記錄一次至三次，加一級，加一級記錄一次，加一級記錄
二次，加一級記錄三次，加二級，加二級記錄二次，加二次級記錄三次，加三級。

除記錄和加級外，「若即升，若卓異，皆當級之一。級一，當記錄之四。」[2]
就是說，凡議敘至即升者，付交文選司歸即用班升用外，准予註冊；大計卓異官，
復准後，即將卓異註冊；皆當加一級（記錄四次）之敘。

（二）議敘註冊之辦法

官員議敘得記錄、加級者，皆應註冊在案，以備查考給獎。由於註冊於何
時、何任，即為該官員該時、該任所有之獎勵，所以，註冊的時間十分重要。
為此，法律針對各種不同情形的官員（如降調、終養、丁憂、休致、解任、即升、
已升和未升等）作了具體的規定：

> 凡官員因勞績加級記錄，不論俸滿即升各官，除已經病故、革職者
> 不敘外，現任官員准于現任內註冊，降調、終養、丁憂候補者，准
> 於補授新任註冊，休致者准于原任註冊。如有解任議處革官，俟事
> 結之日另行議敘。其已經升任及行取官員應敘加級記錄，亦准于升
> 任註冊。如有前任之功應准即升者，于升任內准予記錄四次（此指
> 已經升任而言。）如官員前經議敘，不論俸滿即升，尚未升任，後
> 復有前任之功應准即升者，亦于升任內改為記錄四次（此指已經議
> 敘即升，尚未升用，又應議敘即升者而言。）[3]

官員於前任內所得之議敘，均可隨帶之新任，但隨帶的方法因具體情況而
有所不同：

> 凡內外官員前任得有記錄，無論調任、升任，俱准隨帶。其所得加級，

1　《欽定大清會典》卷 11。

2　同上。

3　《欽定吏部銓選則例》卷 3，見《中華律令集成》（清卷）第 294 頁，另參見《欽定大
　　清會典事例》卷 69。

除對品調補、轉補並非升任者，仍准隨帶新任註冊。如已經升任，（無論品級大小，凡品級考載係應升者俱為升任。）前任所得，恭遇恩詔、隨往陵寢及河清慶雲京察加級，俱不准隨帶，改為記錄一次。議敘加級題明隨帶者，准其隨帶；未經題明隨帶者，亦不准隨帶，改為記錄一次。唯軍功議敘加級，不論曾否題明隨帶，悉准帶于升任。[4]

就是說，對品補用之官員，其前任內之記錄、加級均可隨帶於新任；升任之官員，其記錄均可隨帶，其加級則依有無吏部題明「隨帶」字樣而定，但因軍功加級者除外。

（三）議敘之事由

與處分相比，議敘的實施有較大的困難。處分的客觀方面，是官員各種違法違紀的消極行為。對於這種消極行為，在《刑律》、《會典》、《會典事例》和各種《則例》中有具體和明確的規定；議敘的客觀方面，是官員各種勞績的積極行為。對於這種積極行為，法律沒有（也不可能）像規定消極行為那樣具體和明確。儘管如此，清朝行政法律還是對應議敘的事項和獎勵的標準作出了一系列的具體規定，為議敘機構提供了主要的法律依據。擇其幾例說明之：

拿獲私鹽議敘：

> 專管地方之印捕官，一年內能拿獲小夥私鹽一起者，記錄一次；二起者，記錄二次；三起者，記錄三次；四起者，加一級；每按一起，照此遞加。兼轄之道員府州，一年內統計所屬拿獲小夥私鹽三起者，記錄一次；六起者，加一級；每按三起，照此遞加。

> 專管官一年內能拿獲大夥私鹽一起者，加一級；二起者，加二級；三起者，不論俸滿即升。兼轄官一年內統計所屬拿獲大夥私鹽一起者，記錄二次；二起者，加一級；三起者，加二級；每按一起，照此遞加。[5]

押運抵通無欠議敘：

4　《欽定吏部銓選則例》卷3，見《中華律令集成》（清卷）第294頁，另參見《欽定大清會典事例》卷69。

5　《欽定六部處分則例》卷21。

各省押運同知通判抵通如一次無欠，加一級，二次無欠加二級，三次無欠，不論俸滿即升。其押運官員俱令該督撫出具考語，送部抵通之日，倉場總督送部引見。[6]

刑部司員駁正案件議敘：

刑部諮題案件，細小事情與例不符應行駁詰者毋庸署議外，其有各省將應擬重罪人犯，竟令脫網，或無辜之人羅織擬罪，刑部司官細心查核，駁行復審，果得實情者，於呈堂准行之時，即將定稿司官記明檔案，俟改正後於每年十二月內具題，交與吏部議敘，每一案准其記錄二次。[7]

官員拿獲盜犯重獎：

官員拿獲鄰境盜犯，或係劫掠案內殺死事主、姦污婦女者，或係疊次起意為首行劫者，或係糾夥搶竊、臨時捆毆行強者，以及海洋疊劫傷人盜犯，拿獲罪應凌遲一、二名者，罪應斬梟、斬決數在三名以上者，俱准該督撫奏請送部引見。如所獲之犯只係劫掠餘盜，及搶竊拒捕並未捆毆，並海洋盜匪只係絞罪以下，或斬梟、斬決之犯未及三名者，止准照例聲請議敘，毋庸送部。[8]

官員因事議敘，以任內之事為准。有兼任之官員，若一事而彼此任內皆有議敘，止就一任議敘，若彼此任內各有應議事件，則分別議敘。[9]

清朝文官除因勞績議敘以外，尚有捐納。如乾隆三十年議准，各省文武官員，捐給牛種招墾荒地十頃，捐銀一百兩者，准記錄一次；四十頃，捐銀四百兩者，准隨帶加一級。[10]不過，捐納之加級、記錄，在抵銷行政處分和補授任用時，其作用遠不如因勞績而得之加級、記錄。

6　《欽定吏部銓選則例》卷 8，見《中華律令集成》（清卷）第 337 頁。
7　同上。
8　《欽定六部處分則例》卷 42。
9　《欽定大清會典》卷 11。
10　《欽定大清會典事例》卷 77。

（四）議敘之程序

　　在京各衙門、在外各省文官有勞績而應議敘，依官品高低分別列入各類題本報諸吏部，吏部考功司負責審議。京官三品以上專案具題；京官四品以下入於十日匯題。外官三品以上專案具題；外官道府丞卒、州縣入於十日匯題；外官教職、首領、佐雜等官入於一月匯題。[11]

二、文官之行政處分

（一）行政處分制度的基本獨立

　　在中國古代法律制度發展過程中，行政責任與刑事責任、行政處分與刑事懲罰長期混融交叉，這種特點在清朝仍有一定程度的體現。《大清律例》將許多行政違紀行為列為犯罪，將行政處分作為某些犯罪的懲戒方式，《大清會典》、《大清會典事例》等行政法律也往往將文官的行政違紀行為稱為「罪」（如處分要劃分「公罪」與「私罪」等），將刑罰作為某些行政違紀行為的處罰方式。但是，中國古代法律發展到清朝，行政法與刑法的分野已經達到了較高的程度，行政處分與刑罰的區別也較清楚。第一，吏部「掌天下文職官吏之政令」，是文官管理的中樞機關，吏部考功司是文官行政處分的主管部門，而刑罰的主管機關是刑部。第二，行政處分和刑罰各有自己的方式和等級體系。第三，行政處分既可以與刑罰合併適用，也可以獨立適用。第四，行政處分有專門的適用原則，如劃分公罪與私罪、法律適用、罪名相因之處理等均有具體規定。第五，官員受行政處分後有專門的處理辦法，如開復、級記抵銷、捐復、申訴等等。第六，最重要的是，行政處分以「例」為首要法律依據，刑罰以「律」為主要法律依據。「例」主要是《則例》，其中又以《欽定六部處分則例》為核心。如果說《大清律例》是適用刑罰的主要法律依據，那麼，《欽定六部處分則例》便是適用行政處分的主要法律依據。《欽定六部處分則例》凡52卷，第一卷「公式」類似於《大清律例》中的「名例」，具有總則的性質和作用，以下各卷以六部職掌為序，從49個方面對六部事務中的各種違例行為的處分一一作了具體規定。由於《欽定六部處分則例》具有特殊的地位和作用，清朝人將其視為官員為仕從政必須掌握的法律經典：「出治者不讀是書而無所遵循，佐其出治者

11　《欽定六部處分則例》卷9。

不讀是書而無所引用」[12]（以上六點詳見下文）。總之，清朝的行政處分制度已經基本獨立和相當完備。

在唐宋律典「名例」篇中，有官當、除、免等規定，而《大清律例》與《大明律》一樣，將這些規定刪除了，這是明清律與唐宋律的一個重要變化。這種變化的原因是什麼？歷來論者說是統治者為了縮小和限制貴族官員的特權。這種解釋無疑是正確的。但是除此之外，我們還應當看到，由於行政處分的完備和獨立，在刑律中再規定「官當」、「除名」、「免官」、「免所居官」等條文的實際必要已經大為降低。所以，這些條文的刪除實際上是行政責任與刑事責任分離的一個重要體現。

（二）行政處分的體系和適用類型

《大清會典》寫道：

> 凡處分之法三：
>
> 一曰罰俸，其等七。（罰其應得之俸，以年月為差，有罰俸一月，罰俸二月，罰俸三月，罰俸六月，罰俸九月，罰俸一年，罰俸二年之別。）
>
> 二曰降級。留任者，其等三；（就其現任之級遞降，即照所降之級食俸，仍留現任，以級為差，有降一級留任，降二級留任，降三級留任之別。）調用者，其等五。（視現任之級實降離任，以級為差，有降一級調用，降二級調用，降三級調用，降四級調用，降五級調用之別。）
>
> 三曰革職，其等一。留任者，別為等焉。（革職之等，在降三級調用之上；革職留任者，其等在降三級留任之上，與降一級調用同等。）
>
> 凡降調而級不足者，則議革。……凡處分至革職則止焉，甚者曰「永不敘用」。革職有餘罪，則交刑部。[13]

清朝行政處分的方式有罰俸、降級、革職三種。罰俸以年月為差分為七等。降

12　《欽定六部處分則例》褚煥辰〈序〉。

13　《欽定大清會典》卷11。

級有降級留任和降級調用之分，兩者共為八等。革職僅一等。三種處分之法凡十六等。革職留任不為正式一等，它主要是為處理「降調而級不足者」設立的一種變通方式。革職是行政處分的最高形式，被革職的人員中如有犯贓等特別嚴重的罪情，特加「永不敘用」字樣。革職後仍有餘罪，交刑部議處。

關於罰俸、降級、革職三種方式的具體實施，法律各有一些重要的規定。

罰俸。乾隆二年議定，領雙俸之大小京官如遇罰俸案件，正俸、恩俸俱罰。[14]康熙四年題准，升任官員若原任內事件應罰俸，於新任罰俸；降調官員，照所降之級罰俸；裁缺、給假、丁憂解任等官，於補官日罰俸。[15]外任大小文武官，未完原任降罰俸銀，病故、休致者，概予免追罰俸。因公革職者，亦予免追。[16]

降級。官員犯事應降級調用而又無級可降（如從八品降三級，正九品降二級，從九品降一級等），原則上先議以革職，然後根據具體情形分別處理。其一，如因公處分，且一案內止於降三級，令該官長官將其平日居官狀況據實聲明。吏部將居官好者議以革職留任，四年無過開復。居官平常者議以無級可降革職。若該官係初經任職，無可定其賢否，議以暫行革職留任，試看一年，若能供職效力，則從試看之日起扣限四年，無過開復。若不能供職效力，即予革職。其二，如因私處分，且一案內降調已過三級，例於實降者，即行革職。其三，若前案內已經革職留任，尚未開復，又因事受降調處分，即行革職。[17]

降級調用的官員應重新授職，其補用均依據降級以後的實際品級，同時也有限制（尤其是對高品級的官員降調），法律對此作了具體的規定。京官降補主要分為以下幾個層次來處理。第一層次是三品以上堂官，若降至三品以上，仍照品補用；若降至正四品，則不補。第二層次是四品以上堂官。因四品以上京官品秩優崇，若降正六品以下補用司員，與體制不合，故四品以上京官降至六品以下者，並無堂官員缺，則停其補用。第三層次是五品堂官，若降從五品者，補堂官缺，降至六品以下，照所降之級補用。第四層次是其它京官，他們照所降之級補用，但有些官缺為同品級的降官不補（如降至從五品者不補鴻臚寺少卿等）。降級官員的補用次序，依文到日期的先後為准。外官降補的主

14　《欽定大清會典事例》卷85。

15　《欽定大清會典事例》卷85。

16　《戶部則例》卷74，見《中華律令集成》（清卷）第913頁。

17　《欽定六部處分則例》卷2。

要辦法比京官要簡單得多，各降級官員俱照所降之級補授，但考慮到有些職務之間的原有關係而有所限制，如布政使降一級不能補按察使，借補從三品參政道（餘級隨帶），運使、知府、運同降級不補道員、通判。另外，由於正印官有特殊的地位和作用，所以佐貳官（如布政使經歷、提問、運判州同等）均不補知縣，例監、生員、吏員出身者也不能降補正印官。[18]

革職。革職為行政處分最嚴厲的方式，其適用也很慎重。因私革職者，實革者為多。因公革職者，往往酌量降旨，令其交代後，該上司出具考語，送部引見，多有復用者。復用後若再因公議處，情節重於前案者，一律議處，不得引見；若情節輕於前案者，引見定奪。[19]

被革職的官員均應回籍，不得拖延，以免夤緣生事。若革職又應於原籍追贓治罪者，按遠近程限扣定到籍日期，押解回籍。回籍後，督撫將到籍日期報部查核。若革職而免罪者，又無未清事件，外官於交代完日，限三個月內，京官限一個月內，令該地方官催令起程，督撫將到籍日期報部。倘違限不即起程及中途無故逗留，並回籍逾限一月以上，經都察院並該督撫題參，照例治罪。倘地方官不速催令起程，或所過地方聽其逗留，將州縣官罰俸一年。[20]

清朝行政處分的適用分為兩種類形，一是獨立適用，二是與刑罰同時適用，亦即作為刑罰的附加處罰予以適用。《大清律例》和《六部處分則例》都規定，官員犯公罪或私罪，依律應處笞刑或杖刑，同時予以相應的行政處分，凡公罪之處分，皆比私罪減一等：

> 官員公罪、私罪按照刑律分別定議。係公罪，笞一十者，罰俸一個月；笞二十者，罰俸兩個月；笞三十者，罰俸三個月；笞四十者，罰俸六個月；笞五十者，罰俸九個月；杖六十者，罰俸一年；杖七十者，降一級留任；杖八十者，降二級留任；杖九十者，降三級留任；（加級、記錄准其抵銷。）杖一百者，革職留任。係私罪，笞一十者，罰俸兩個月；笞二十者，罰俸三個月；笞三十者，罰俸六個月；笞四十者，罰俸九個月；笞五十者，罰俸一年；杖六十者，降一級調用；杖七十者，

18　《欽定吏部銓選則例》卷 3，見《中華律令集成》（清卷）第 297 頁。
19　《欽定大清會典事例》卷 85。
20　《欽定六部處分則例》卷 13。

降二級調用；杖八十者，降三級調用；杖九十者，降四級調用；（雖
有加級記錄不准抵銷。）杖一百者革職。[21]

關於清朝對文官行政責任的追究，還有應該注意的一點是，除了罰俸、降
級、革職三種行政處分方式外，另有一種「記過」的方式。關於記過的性質、
種類和處理，《六部處分則例》作了這樣的規定：

部院衙門司員辦事錯誤，有奉旨記過一次者，予限半年，限內並無
過失，准其查銷。如未經查銷之先再遇奉旨記過一次，即罰俸六個
月。若係由該堂官記過一次者，予限三個月，二次者，予限六個月，
三次者，予限九個月，限內並無過失，准其查銷。記過至四次者，
即罰俸六個月，如有多者，報數遞加。[22]

可見，記過的事由是文官在辦事中的「錯誤」，其性質顯然比較輕微。記過分
為奉旨記過和堂官記過兩種，前者重於後者，兩者各有相應的限期，文官在限
期內並無過失便可「查銷」，否則便予罰俸。法律還規定，文官辦事有錯誤，
應先由堂官記過，若記過後再犯，依例移諮吏部；堂官給屬員記過也有一定的
準則。例如，戶、工兩局大使，製造錢文一次卯錢不如式者，由該衙門記過；
至二次，移諮吏部記大過；至三次，移諮吏部停升，俟一年卯錢均能如式，方
准開復。倘至四次，即撤回原衙門，仍停升一年，嗣後各項優差皆停其保送。[23]

（三）行政處分的原則

《六部處分則例》的第一卷〈公式〉，類似於《大清律例》中的〈名例〉，
在各自的法律中具有總則的性質和作用。在〈公式〉卷中，規定了行政處分的
一些主要原則。另外，《會典·吏部》卷中也有一些同類內容。

1.劃分公罪和私罪

劃分公罪和私罪，既是《大清律例》中追究官員刑事責任的首要原則，也
是行政法律中追究官員行政責任的首要原則。《會典》規定：

21　《欽定六部處分則例》卷1。
22　《欽定六部處分則例》卷2。
23　《欽定六部處分則例》卷22。

　　凡官罪有二：曰公罪，有處分以勵官職；曰私罪，有處分以儆官邪。[24]

所謂「公罪」，是因公事獲罪，及雖私事獲罪而出於無心者，如失察家人之類；所謂「私罪」，是因私事獲罪，及雖公事獲罪而出於有心者，如徇庇屬員之類。公罪與私罪區分之關鍵，是主觀上有無故意。

　　公罪從寬，私罪從嚴，這樣才能賞罰分明，才能有利於保護賢吏，提高行政管理效率。若「公罪繁多，賢吏或因之廢黜，不肖者巧於規避，部書得以舞文納賄」。「公罪從嚴，則中材以下之官益多巧避。嚴其經征處分，則多墊欠而挪新掩舊，即成虧空；嚴其承輯處分，則多諱盜而縱惡養奸，轉貽大患。」所以，「公罪有至降調革職非事關重大者，酌改從寬」；公罪處分降盜案及正項錢糧停升外，餘皆不影響推升，題調等升補。[25]公罪罰俸者、降級者，准用加級、記錄抵銷；私罪罰俸者，皆實罰，降級調用者，皆實降，雖有加級、記錄，不准抵銷。[26]

　　為了切實執行上述原則，便於吏部官員議處，《六部處分則例》中有關應予行政處分的每一條下，都一一注明了「公罪」或「私罪」的字樣。

　　2. 處分之法律適用

　　行政處分應適用何種法律，各種法律之間的階位次序如何，《六部處分則例》作了十分明確的規定：

> 凡公罪、私罪俱按照本例處分定議。其例無正條者，方准引律。若律文又無可引，則將例內情事相近者援引比照。倘律例俱無正條又無可比照之案，該司員將案情詳細察核，酌議處分，回明堂官，公同定議，於本內聲明請旨著為定例，以備引用。[27]

可見，議定行政處分時，首先應適用例文（即《六部處分則例》）；無例文，才可引律文；例文律文皆無，則比議類推。無比議類推，則酌議，酌議必須請以著為定例。這一法律適用原則雖然沒有將行政處分和刑事處罰完全區分開來，

24　《欽定大清會典》卷 11。

25　《欽定六部處分則例》卷 1。

26　《欽定大清會典》卷 11。

27　《欽定六部處分則例》卷 1。

但也強調了「例」的最高地位和行政處分的相對獨立性。

　　法律強調，在適用例文或律文議定行政處分時，必須引全原文，不能斷章取義甚至增刪原文，以致應議處而免議或減議、不應議處而議處，違者按情節論處：

> 承辦議處事件，務將律例正條或全文、或一段、或數語載入稿內，不得徒取字面相似，以滋高下之弊。若將別條割裂增刪，援引比照，致應行議處之員或免議，或減議者，將承辦之員參革審擬（私罪）。係失察書吏舞弊，降二級調用（公罪）。若將應議之員不引情罪相符之例，將別條割裂增刪，加重處分，以致被議之員革職、降調離任者，別經發覺，除將本員處分改正外，將承辦之員照所議之降革議處。如將應行免議、減議之員增刪例文，致令降革離任者，亦照此例行（俱私罪）。係失察書吏舞弊，亦照此前例議處。如於未經發覺之先，自行查出改正，准其免議。[28]

　　在適用比議時，除案情與例文、律文相近可以依照例文、律文議處分，法律還規定了兩種情況：「議處事件與例文相似而案情迥殊者」，照例文、律文減等議處；「若例輕而案情較重者，即照加等之例議處。」[29]

　　3. 加等、減等之辦法和事項

　　行政處分中的加等和減等，有其專門的規定辦法，總的原則是加等從嚴，減等從寬。加等時只能逐級遞加，且有上限規定（其上限往往是高一種處分的最低一等）；減等時，罰俸是逐級遞減，降級、革職則可以越級。加等的具體辦法是：

> 其由罰俸加等者，自一個月至二年，酌量遞加，止於降一級留任，不得加至革留。由降留加等者，自一級至三級酌量遞加，止於革職留任，不得加至降調。由降調加等者，自一級至五級酌量遞加，不得加至革職。

28　《欽定六部處分則例》卷2。
29　《欽定六部處分則例》卷1。

減等的具體辦法是：

> 革職之案改為降三級調用；降五級、四級調用之案改為降二級調用；
> 降三級、二級調用之案，改為降一級調用；其降一級調用並革職留
> 任之案，俱改為降一級留任；降級留任之案俱改為罰俸一年；其止
> 於罰俸二年、一年、九個月、六個月、三個月者，均依次遞減。[30]

以上是加等和減等的一般規定，若例文中對某種行為有專門規定的，則適
用專門規定。

行政處分中的加等事項，主要為「特旨嚴議」。清朝皇帝諭旨交辦的案件，
有嚴議、議處和察議之分：嚴議者加等議處；議處者照例議處；察議者，減等
議處。

行政處分中的減等事項，主要有以下幾種：

檢舉減議。「官員辦理事件始初失於覺察，後經自行查出檢舉」，可依例
減議。可見，檢舉主體非為他人，而是犯事者自身。但是，「若所犯之事實係
有意營私，或雖經檢舉而其事已不可改正者，仍不准寬減」。[31]

因公出境免議。官員因公出境期間，對其原轄區域內所發生的疏防失察等
案，可以不負行政責任，但因謊報而規避，則加重處罰，有關上司失於察覺也
要負相應責任：

> 官員或奉上司派委，或赴省面稟事宜，實因要事公出，州縣已出本
> 境，道府已出所轄之境，遇有疏防失察等案，即敘明事由、月日、
> 處所申報，該管上司查明並無虛捏移情等弊者，准其免議。如有謊
> 報公出及挪移月日，即行查參。係尋常事件，處分不至降革者，將
> 該員降一級調用，失察之上司罰俸一年；係降革處分，希圖規避者，
> 即行革職，失察之上司降二級調用。[32]

鄰境獲犯減議。各項應緝人犯均有緝限，若在緝限內被鄰境別訊拿獲，原

30　同上。
31　《欽定六部處分則例》卷1。
32　《欽定六部處分則例》卷2。

承緝官各依限滿應得處分分別減議，承緝官協同拿獲者，免議。若應緝人犯自行投首，承緝官亦照例減議。[33]

新到任者免議。在京堂司各官到任不及一月，如遇有失察之案，免其議處。[34]

4. 罪名相因之處理

官員議處案件，若一事而其中有兩罪名相因而致者，從其重者議處。如承審案件錯擬罪名，一案內有失出，又有失入，則從失入例議處，不必再科失出之罪。雖然二事，而一人所為亦如之。如科場頂冒，又換卷，係一人所為，對該失察官以其重者定議。若一案內犯罪各有數人，或先發覺一起，後發覺又一起，查參既分兩次，失察亦應分款議處。如一案內失察書吏舞弊，又失察家人得贓，所犯之人不同，先經該上司以失察舞弊議以降調，後又究出家人得贓，仍應按其罪名照例議處。又如盜案疏防，一日數起，雖屬一事，案犯不一，則分別議處。一案內所參數款，罪名不相因，款件不相涉者，亦皆分條定議。[35]

5. 特定官職之處分

兼任官之處分，世職官兼文武職任者，以貪汙及行止不端革職，世職與職任並革，以溺職革職，革其職任，世職是否保留，具題請旨。因公詿誤革職，革其本職（或文任，或武任）。其降調者，於何任議處，則由何任降調。革職留任者，於何任議處，即停何任之俸。文職兼世職，處分不由職任得者，世職大，就世職議處；職任大，就職任議處。借補官之處分，大銜借補小缺官，有降調處分，如係照原銜升轉者，仍照原銜降調；如不照原銜升轉者，即照現缺降調，倘現缺無級可降，即革任，仍給予所餘職銜。候補官之處分，罰俸處分，候補官於得官日罰俸。調任官原任內處分罰俸者，於新任罰俸。降革留任者，於新任降俸停俸。降調者，於新任內降調。休致官之處分，應降調者，按級降去頂戴；應革職者，革去職銜；罰俸、降俸、降職、降革留任等，俱免議。[36]

33　同上。

34　同上。

35　《欽定六部處分則例》卷1，另見《欽定大清會典》卷11。

36　《欽定大清會典》卷11。

（四）級記抵銷處分

法家認為，以功補過不符合「壹刑」的法治原則。但是，清朝統治者認為，以加級、記錄抵銷行政處分，是一項賞罰分明之良法。它使官員「以功補過，開人自新」，是「庶人皆奮勵，勉圖後效，亦鼓舞吏治之一道也。」[37]所以，法律明確允許以議敘抵銷處分，並且制定了詳細的抵銷辦法。

法律強調，官員因公罪而獲處分，才能以級記抵銷，這是級記抵銷處分的前提和原則，也是保證這項制度發揮良好作用的關鍵：

> 因公者事雖重大，其情實輕；因私者事關細微，其情實重。自來宥過無大，刑故無小，真古今不易之論。嗣後吏部、兵部議處文武各官一以公罪、私罪為斷，其被議之事本屬因公者，仍照例議抵外，其因犯私罪交部議處者，一概不准抵銷，庶辦公者得邀寬典，而營私者不致長奸。[38]

能以級記抵銷的處分是降級和罰俸，革職不能抵銷。

級記抵降罰有明確的辦法。級記分為軍功和尋常兩種，在抵銷處分時，軍功級記的效力是尋常級記的兩倍：

> 官員因公降罰准以級紀抵銷。凡軍功記錄二次，准抵降一級；軍功加一級，准抵降二級；軍功記錄一次，准抵罰俸一年。尋常加一級及尋常記錄四次，俱准抵降一級；尋常記錄二次，准抵罰俸一年；尋常記錄一次，准抵罰俸半年。

除加級、記錄以外，任內有「不論俸滿即升」一次，或「俸滿即升」一次，或「卓異」一次，或「俸滿保薦」一次，亦可以准抵降一級。[39]

以捐納所得之加級，其上庫日期須在處分之案參奏（係京員）或題參（或外員）之前，方能用作抵銷。

清朝原例規定，罰俸只能以記錄抵。雍正六年、八年分別議准，內外官員

37　《欽定六部處分則例》卷2。

38　《欽定六部處分則例》卷1。

39　《欽定六部處分則例》卷1。

遇有罰俸之案，如願將議敘加級改為記錄四次抵銷罰俸者，准其改抵，但恩詔和捐納加級不准改抵。[40]

　　尋常記錄一次可抵罰俸半年，若罰俸不滿半年，外官銷去記錄一次照抵，京官則先將罰俸註冊，待以後合計抵銷。[41]

　　官員以級記抵銷降罰之數後有餘存，仍將所存級記註冊；若級記不足抵銷降罰之數，不足部分仍以降罰。[42]

　　官員任內有數種加級，遇降罰應抵銷時，須按規定的次第辦理，各種加級次第先後的根據是其效力作用的大小，效力作用小者應先予抵用：

> 官員任內有加數級，如遇降級處分，先將捐納加級按上庫年月先後抵完，再將恩詔加級、議敘加級、隨帶加級及錢糧軍功級挨次查抵，或軍功記錄二次及尋常記錄四次，亦准抵降一級。若降調之員級不數抵，方以不論俸滿即升一次、或俸滿即升一次，或卓異保題一次，或俸滿保薦一次議抵。[43]

　　除因私罪而獲處分不准抵銷外，下列各種處分亦不應抵銷：

　　例文注明不准抵銷之處分。議定官員處分時所適用的例文，有「不准抵銷」字樣者，照例定議，並將不准抵銷之處於本內聲明。但是，若用比議方案議處者，除實係私罪外，雖原例有「不准抵銷」字樣，亦准聲明查抵。[44]

　　翰詹大考之罰俸。翰林院、詹事府官員因大考罰俸者，不准抵銷。[45]

　　戴罪承追期之處分。凡降級之案，係戴罪完納、承追、督催等案，現在雖有級記，不准抵銷，必俟承追期限滿後三日，方准照例議結，查級抵銷。[46]

　　京察大計降調處分。因京察、大計被降調官員，原任內雖有即升、卓異及

40　《欽定大清會典事例》卷 69，《欽定六部處分則例》卷 2。

41　《欽定六部處分則例》卷 2。

42　《欽定六部處分則例》卷 1。

43　《欽定六部處分則例》卷 2。

44　《欽定六部處分則例》卷 1。

45　同上。

46　《欽定六部處分則例》卷 2。

卓異加級，不准抵銷，亦不准隨帶。若別項加級記錄不准抵銷，仍准隨帶。[47]

降調官奉旨以原官復用之處分。京外四品以下官有部議應降調，奉旨從寬，改為留任，並赴部引見以原官復用，將降級之案帶於新任者，遇有恩詔加級、議敘加級，均不准其抵銷。[48]

級記抵銷必須嚴格按照規定辦理，若重抵、漏抵，視情節和後果對有關人員予以不同的處分：

> 承辦抵銷降罰事件，如將官員級記抵過前案，又行重抵後案，或應行抵銷而漏未查抵，係一時失檢者，重抵、漏抵均罰俸兩個月。因漏抵以致該員降調離任者，除更正外，將承辦之員降一級留任。如於未經發覺之先，自行改正者免議。如係徇情受賄及有意苛刻者，嚴參究辦。[49]

（五）降革文官的開復和捐復

清朝被降級和革職的官員恢復職務或原銜，有兩種途徑，即開復和捐復。

1.開復

降革官員在 定時期內無過，經過一定的程序，恢復其原官或原銜，謂之開復。

在降革處分中，降級留任和革職留任其等較輕，降級調用和革職其等較重，因而開復的辦法也有所不同。

降級留任和革職留任的官員雖被降革，但實際仍留於原職，其開復也較為容易，清朝對他們用「限年」的辦法予以開復：

> 定開復之法：降級留任者，三年無過則開復；革職留任者，四年無過則開復；若有旨六年、八年開復者，至期無過則開復。有過，則以續案計之。[50]

---

47 同上。
48 同上。
49 《欽定六部處分則例》卷2。
50 《欽定大清會典》卷11。

所謂「有過，則以續案計之」，是指降級留任和革職留任官員在年限內又有降革之案，則以後案降革之日為始，仍接扣二年（降級留任者）或四年（革職留任者），方予開復。如在年限內遇有罰俸之案，官員將罰俸銀兩全數完交及按季扣完，其罰俸之案已銷，即按年限開復；若罰俸銀兩未完，俟全完日期始准開復。[51]

以限年開復的官員，其限年內的表現是決定是否可以開復的主要依據，所以，法律要求督撫和堂官對此必須詳加查明：

> 官員限年開復之案，該督撫務將年限內該員有無降罰之案逐一查明，諮部詳核，倘不扣查清楚即為諮請開復，將督撫罰俸六個月，轉詳之司道府等官罰俸一年。其在京官員由該堂官出諮者，堂官照督撫例議處。[52]

限年期滿時，被降革官員可以呈請開復，但若年限未到而遽行呈請，罰俸一年，並以私罪論。本員合例呈請而上司勒掯不行，亦罰俸一年，並以私罪論。[53]

降級調任和革職的官員都已離開原職，且性質較重，其開復較為困難。他們的開復沒有明確的限年，若依例可以開復，或由諭旨交部審議，或由督撫出具考語送部。而且，不管何種方式，都應由督撫送部引見，引見後待旨定奪。違反降級調任和革職官員開復的規定的處罰，亦比違反降級留任和革職留任官員開復的處罰重：降調革職官員不應開復而督撫濫行保題並奉旨交議，或應行開復而遏抑不為題請者，均以私罪論，降一級留任。[54]

清朝有關文官開復的規定較為靈活，除上述「限年」和「不限年」的方式之外，還有兩種常用的方式。一種方式是，引起處分的事故消失之後，便可不拘日月，呈請開復。這種方式主要用於錢糧虧空案中。官員先是因虧空錢糧或收繳未完而被降革，俟官員將所虧錢糧賠完或在承追限內收繳完成，准予開復。康熙九年題准：

51　《欽定六部處分則例》卷2。
52　《欽定六部處分則例》卷2。
53　同上。
54　《欽定六部處分則例》卷2。

> 司道府州縣等官，如錢糧米豆正雜等項，擅自挪移別用者皆革職。
> 如正雜錢糧米穀豆草，不報明該督撫，以緊急軍需私自挪用者，降
> 一級留任。俟賠完之日，聽該督撫題請開復。

雍正元年諭，所有虧空錢糧官員均予革職，勒限追還，若果清完，居官好者，該督撫等奏明題請開復。[55]

　　另一種方式是，依據被降革官員的立功勞績情況，決定其是否開復以及何時開復。如州縣及同城知府、捕盜等官，因失守城池被革職減等議罪後，帶罪留營人員二次得有勞績，准予免罪；三次得有勞績，給予虛銜頂戴；四次得有勞績，准其開復。免罪留營人員二次得有勞績，准予虛銜頂戴；三次得有勞績，准予開復。而且，其所謂「勞績」，必須是「克敵陷陳，戰功卓著」，而不是「辦理文案，籌辦糧餉等項尋常」事務。帶罪、免罪人員開復，均令補繳加倍半捐復銀兩，不准奏請免繳。[56]

　　清朝文官的開復也有一定的限制，一些因性質特別嚴重的事項而被降革的官員，其開復有特別的要求。同治元年奏定：

> 凡加倍半不准捐復人員（詳見下述），非軍功勞績不准保奏開復。[57]

2. 捐復

　　從清朝法律的規定分析，捐復有狹義和廣義兩種。狹義的捐復是指被降革官員以納錢的方式恢復原官，廣義的捐復還包括改捐、降捐和捐復官銜。

　　捐復原官。降級留任、革職留任官員，除京官翰詹科道以上，外官臬司以上革留外，其餘均可依例捐復：

> 內外降級留任、革職留任人員，除翰詹、科道、藩臬以上革職留任
> 不准捐復外，其餘革留、降留人員有情願捐復者，俱令隨時呈明戶
> 部，移諮吏部核明，係例無展參之案，俱准其逐案報捐，俟收銀知
> 照到部，附入匯題查銷。若原議係實降、實革奉旨從寬留任者，或

55　《欽定大清會典事例》卷101。

56　《欽定六部處分則例》卷2。

57　同上。

奉旨留任而限年開復者，以及送部引見人員奉旨仍以原官用，將降革之案帶於新任者，均照尋常捐復之例酌加十分之五，一體准其報捐，銷案附入匯題。

降級調用和革職人員也能捐復原官，但其限制比降級留用和革職留用增加了「因公獲咎」一項：

降調、革職人員，內官自翰詹、科道以上，外官自藩臬以上，仍照例不准捐復外，其餘內外官一切失防失察，凡屬因公獲咎，情願呈請捐復者准予核辦。

改捐。改捐即捐任與原官對品相應之官職，實際與捐復原官相似。如，科道因公降革，可以呈請改捐部屬，編檢因公降革，可以呈請改捐中書。

降捐。降捐是指革職官員以納錢的方式獲得低於原官的職務。降捐也有限制，所降品級一般在二級之內，非正印官不得降捐正印官：

革職官員，如有情願照原官降一二級報捐者，准其報捐補用。正印官准其報捐正印、佐貳，若佐貳、首領等官不准報捐正印，其曾任正印者仍准其報捐正印。[58]

科第和貢生出身者，可降捐教職：

革職人員內有進士、舉人、恩、拔、副、歲、優、廩貢出身者，准其各按應得就教之職，降捐補用。[59]

革職官員降捐後，仍可依例捐復（原官）或改捐，在捐復或改捐時應聲明原案，如不予聲明，視其情節或降二級留任，或降三級調用。

捐復官銜。降革離任官員除少數奸贓不法者外，可捐復原銜或捐復原銜以上，或降捐原銜以下，但均不能銓選補用：

內外降革離任等官，有情願捐復原銜者，吏部核明案由，除實係奸

58　《增修現行常例》，見《中華律令集成》（清卷）第 320 頁。

59　同上。

　　臟不法者不准捐復外，其餘俱准其報捐。至京察、大計六法人員，
　　止因不能臨民蒞事，究無奸臟情罪，亦准其報捐。凡例准捐復原銜
　　者並准捐至原銜以上，俱不准銓選補用。

　　捐復的實質是以錢抵銷處分，這種制度在性質上是與整肅官場，澄清吏治
相矛盾和衝突的。清朝統治者一方面為了實現某些目的而允許捐復，另一方面
又對其實行限制，以便減少和抑制其消極作用的產生。這種限制主要有兩種，
一種是因官職而定，規定京外一定品級以上的降革官員不得捐復（主要是京官
翰詹科道以上、外官藩臬以上），在較高品級官員的範圍內保持行政處分的相
對嚴肅性；一種是因事由而定，規定因某些事項而降革的官員不得捐復。對於
後者，《六部處分則例》逐項予以明列，這些事項從一個側面反映了統治者的
施政方針和懲處重點。不准捐復條款是：

　　奸臟不法事涉營私者不准捐復；

　　京察大計劾參各官及隨時以闒冗懈弛等罪劾參者不准捐復；

　　曾擬死罪後經贖免者不准捐復；

　　革職永不敘用者不准捐復；

　　降調後已經補官者不准捐復；

　　承問故入人罪，及失入斬絞而囚已決者不准捐復；

　　公罪中情節較重如濫差斃命、因公派斂之類者不准捐復；

　　廢員蒙恩錄用者不准捐復；

　　外官送部引見，奉旨改用京職及指明以何官降補者不准捐復；

　　近京五百里疏防盜案特參革職者不准捐復；

　　失察邪教，釀成滋事重案，係例不准抵者不准捐復。

　　另外，各直省參員誣告上司者，除立案不行外，其欽派大員審訊因誣告而
罪擬流徒者，均不准贖，因賄和而被議革職者，亦不准捐復。

　　同治六年，在上述一般不准捐復條款基礎上，又奏定「加倍半不准捐復
十三條」，屬下列十三種降革人員既不准捐復，也不准降捐：

　　凡特旨降調革職者不准捐復降捐；

休致人員不准捐復降捐；

凡實犯奸贓、酷虐不法者不准捐復降捐；

凡承問故入人罪及軍流等犯錯擬斬、絞、凌遲而囚已決，及因濫刑斃命、擅受釀命降革者，不准捐復降捐；

凡大計及隨時甄別降調革職，並指明以何官降補之員俱不准捐復降捐；

凡案關倫紀名節及吸食鴉片煙、身家不清革職者不准捐復降捐；

軍營失守城池降革人員及豐工緣事降革者不准捐復降捐；

凡降革人員案情過重，例止准其捐復原銜、降捐虛銜者，不准捐復降捐；

凡事涉贓私，聽受書吏囑託革職者，不准捐復降捐；

凡因收受陋規革職者不准捐復降捐；

凡因挾妓、挾優革職者不准捐復降捐；

凡因藉端勒派、肆意誅求、罔念民瘼致釀事端革職者，雖無婪贓入己情事，亦不准捐復降捐；

永不敘用人員不准捐復降捐。

上述不准捐復降捐人員，絕大多數犯由情節特別嚴重之罪行或事故，如營私、犯贓、酷虐、誣告、故入失入人命、聚斂無度、失守城池、挾妓挾優等等，這些罪行和事故均屬不可寬恕之例。除此之外，有的是已經蒙恩從寬者，有的是已經奉旨補官、定官者，有的是捐復降捐已無實際意義者。這些限制在一定程度上減少了捐復的弊害，是清朝捐復壞法中的「良規」。

降革官員捐復應交納的銀兩，有明確的數額標準。文官捐復降級留任，依品級定標準，但京官和外官的標準迥然不同。一品至七品，外官是京官的兩倍。如，京官一品捐銀450兩，二品捐銀410兩，外官一品捐銀900兩，二品捐銀820兩。八品、九品京外官的標準無有差別。文官捐復革職留任，按具體職官分別規定數額，但相應品級的官職，京官交納標準比外官要高。如同為正五品，京官郎中捐銀2400兩，外官直隸州知州捐銀2133兩，府同知捐銀1763兩；同為從五品，京官員外郎捐銀2000兩，外官知州捐銀1603兩。文官捐復降級離任，其辦法同於捐復降級留任，但具體數額是捐復降級留任的兩倍。如捐復降級留任，京官五品290兩，外官五品580兩；捐復降級離任，京官五品580兩，

外官五品 1160 兩。文官捐復革職離任，其辦法同於捐復革職留任，但具體數額
是捐復革職留任的兩倍，而且亦是同品級的京官比外官的標準要高。[60]

除一般的捐復標準外，法律還根據各種具體人員的具體情況，另有捐復加
成的規定，有加二成、三成、五成、加倍、加倍半等等。

降革官員捐復有明確的程序規定。道光十二年之前，捐復可由本人提請，
也可由督撫奏請。道光十二年改定，所有捐復均應由本人赴吏部具呈，不得由
督撫轉請：

> 嗣後各直省有應行降捐、捐復之員，均著赴部具呈，聽其核辦，毋
> 得再由各該督撫奏請，以杜徇私而肅官常。

降革官員在呈請捐復時，除呈明本人履歷和有關案情外，法律特別強調還應呈
明以下兩項：一是前任內有無續降續革之案，以免漏捐少捐。若前任內註冊之

60　《增修現行常例》對各類降革人員的捐復標準有詳細的規定，現僅略錄部分內容：
　　一、在京文職捐復降級留任：一品捐銀450兩，二品410兩，三品370兩，四品330兩，
　　　　五品290兩，六品250兩，七品210兩，八品170兩，九品以下130兩。俱准其
　　　　復還一級，再有多降之級，俱照此數減半捐復。
　　二、在外文職捐復降級留任：其標準是同品京官的兩倍（略）。
　　三、在京文職革職留任：除翰、詹、科、道以上別行請旨辦理外，其餘郎中以下各官
　　　　概准捐復。郎中捐銀2400兩，員外郎、內閣侍讀俱2000兩，主事、都察院都事、
　　　　都察院經歷、大理寺寺丞俱1323兩，京府治中1998兩，京府通判1323兩，……
　　　　俱准其復還原職。
　　四、在外文職革職留任：除藩、臬以上另行請旨辦理外，其餘道員以下各官概准捐復。
　　　　道員捐銀4000兩，知府3320兩，運同3000兩，直隸州知州2113兩，同知1763兩，
　　　　知州1603兩，……俱准其復還原職。
　　五、在京文職捐復降級離任：自五品開始准捐，其標準是同品京官捐復降級留任的兩
　　　　倍。按以上標準俱准復還一級，再有多降之級，俱照此數減半報捐，准其復還所
　　　　降之級，以原官補用。
　　六、在外文職捐復降級離任：自道員以下正印、丞倅等四品官，開始准捐，其標準是
　　　　同品外官捐復降級留任的兩倍。按以上標準俱准復還一級，再有多降之級，俱照
　　　　此數減半捐復，准其復還所降之級，以原官補用。
　　七、在京文職捐復革職離任：其數額是同名京官捐復革職留任的兩倍，如郎中捐銀
　　　　4800兩，員外郎、內閣侍讀俱4000兩，主事、都察院都事、都察院經歷、大理
　　　　寺丞俱2645兩，京府治中3995兩，京府通判2645兩，……俱准其復還所革之職，
　　　　以原官補用。
　　八、在外文職捐復革職離任：其數額是同名外官捐復革職留任的兩倍，如道員捐銀
　　　　8000兩，知府6640兩，運同6000兩，直隸州知州4225兩，同知3525兩，知州
　　　　3205兩，……俱准其復還所革之職，以原官補用。
　　以上參見《中華律令集成》（清卷）第319–323頁。

案，應逐案聲敘，分別報銷。若漏報，令其將漏報之案加倍報捐。二是有無欠項。如有欠項，由戶部查實，「係例限已逾或未逾限而數在三百兩以下者，即令照數全繳，方准報捐。其有欠數較多，尚在例限以內者，准其先行報捐，仍將未完銀兩著落該員按照年限如數全完，一面知照吏部。倘逾限不完，已選者即行解任，未選者停其銓選。若報捐將欠項隱匿，不行聲敘，事後別經發覺，將捐復之官註銷，仍照隱匿例治罪。」

吏部將捐復呈請匯綜核明，應准應駁每月開單匯奏一次，並將奉旨獲准捐復者知照戶部，戶部按限收捐，並發給捐照，然後知照吏部。吏部將州縣以上官帶領引見，教職佐雜等官無庸引見，並移付文選司照例銓補。

有清一代，官員捐復與其它領域的捐納一樣，呈現日益擴大和氾濫的趨勢。起始，捐復主要適用於降級留任和革職留任人員，但是乾隆三十五年諭，降級調用和革職人員內，「未嘗無可及鋒而試之人，若以微眚淹滯多年，亦覺可惜，自當仍准援例捐復，俾得黽勉自新。」[61] 於是定議，降級調用和革職人員依例亦可捐復（見上述）。起始，事屬因公之降革人員方能捐復，但是，咸豐五年奏定，「私罪降革人員投效軍營，係常例不准捐復，而情節尚有可原者，」亦可捐復，續有勞績，還可儘先遇缺。起始，京官翰詹、科道降革人員不准捐復，但是，道光元年奏准，科道、編檢因公降革，可以改捐他官。[62] 咸豐以降，捐復的漫延之勢日趨加速。

對於向降革人員開放捐復之途，清朝統治者有自己的解釋。捐復是「以遂海內士民急公上進之願」，[63] 降革人員「既勇躍急公，有心報效，應一體報捐補用」。[64] 按照這種理論，清朝朝廷不僅能從捐復中獲得銀錢，而且還施捨了大恩大德。顯然，這是一種詭辯。捐復，無疑對整肅官紀官法沒有任何積極的作用。如上所述，清朝官員因故受到行政處分後，除少數為法律限制的以外，其它既可以用加級、記錄抵銷（且加級、記錄可以捐得），又可以用錢納銷，這樣，實際受處分者大為減少，行政處分和行政責任的嚴肅性遭到了極大的破壞。從一定程度上說，清朝統治者自己立法（行政處分制度），又自我毀法。乾隆曾說，

61　《欽定大清會典事例》卷86。
62　《欽定六部處分則例》卷87。
63　《欽定大清會典事例》卷86。
64　《欽定大清會典事例》卷87。

捐復「究於事體非宜」，[65] 此言誠也。[66]

（六）處分及開復的程序

與議敘制度一樣，清朝文官的處分及開復的程序，亦按品級分別列入各類題本報諸吏部。京官三品以上議處及開復事件俱專案具題。京官四品以下議降、議革專案具題，開復以及革留、降留、罰俸等案入於十日匯題。外官三品以上議降、議革以及開復事件俱專案具題。外官道府議降、議革及開復降革、抵銷降調俱專案具題；其革留、降留、罰俸處分並開復革留、降留等案俱入於十日匯題。外官丞倅州縣議降、議革及開復原官俱專案具題，其革留、降留、罰俸處分，並抵銷降調、開復革留、降留等案俱入於十日匯題。外官州縣以上降官未補、革職未復，其原任內處分俱入於十日匯題。外官州縣以上議降、議革之案有奉旨送部引見者，若原任內復有降革處分，悉照現任之例分別專題、匯題。外官教職首領佐雜等官議處及開復事件俱入於一月匯題。[67]

由於吏部主管文官的議處，所以順治初年特別規定，吏部人員中有議處事件，必須交其它機構辦理：

> 宗人府、吏、兵二部皆有議處人員之責，至該衙門有應議處者，自應交別衙門議處。嗣後宗人府、吏部有應議處之案，均交都察院辦理，兵部，交吏部辦理。[68]

（七）處分不實之法律責任

行政處分是官員承擔行政責任的主要方式。行政處分的正確行使與否，不僅直接決定著官員的切身利益，而且也影響著朝廷能否真正做到賞罰分明。「夫察吏之道，必明是非、核功過，以為舉錯之衡，方足以服人心而肅功令。」與刑事審判中司法官出入人罪須負法律責任一樣，行政議處中有關官員處分不實也要負相應的法律責任。

首先，法律要求督撫等上司準確地參劾屬員。清朝的行政處分一般多由參

65　《欽定大清會典事例》卷 86。

66　以上「捐復」史料未注明者均見《欽定六部處分則例》卷 2。

67　《欽定六部處分則例》卷 9。

68　《都察院則例》卷 3，《欽定台規》卷 12，見《中華律令集成》（清卷）第 516 頁。

劾引起，參劾的準確與否對行政處分具有重要的作用。「各省督撫等參劾屬員，務在虛公持正，悉心體訪，固不得姑息市恩，亦豈容挾嫌誣奏。」然而，上司對參劾懷有複雜的心態。清例規定，長官失察屬員要受處分，惟聲明揭報可邀免議。於是，長官們往往只求揭參以免處分，而不求揭參品質。針對這種情況，法律要求督撫等官參劾屬員必須聲明發覺緣由：

> 督撫參劾屬員侵蝕錢糧及因事納賄者，其發覺緣由，或由何人詳揭，或係自己訪問，或係密交何人查辦，據實聲明。

揭參屬員還應用正常方式入奏，不得密陳：

> 各省督撫於所屬道府等官不稱職者，俱著據實入奏，無庸密陳。

督撫參劾屬員必須事實確鑿，不得含糊：

> 直省督撫甄別所屬，務須究明劣款，核實參辦，不得僅以空詞參核，致失平允。

> 督撫參劾屬員，必將應參之處或詳開款跡，或備列情由，據實指出具奏。如有不開實款、不列實情含糊參奏者，將該督撫降一級留任。

上司誤揭屬員，根據誤揭的內容和後果，給予上司相應的處分：

> 該管上司將所屬官員經管事件並月日不行查明，錯開揭參，以致本員革職者，將申報之上司降二級調用，轉詳官降一級留任，督撫罰俸一年。降級調用者，將申報之上司降一級留任，轉詳官罰俸一年，督撫罰俸六個月。降革留任者，將申報之上司罰俸一年，轉詳官罰俸六個月，督撫罰俸三個月。降俸、住俸、罰俸者，將申報之上司罰俸六個月，轉詳官罰俸三個月，督撫免議。

若官員雖被誤參，但經吏部詳核案情而將處分改正，原申報官、轉詳官以及督撫相應減輕處罰。

法律特別規定，若上司利用權勢故意屈廉為貪，以私罪嚴處：

督撫等大員將清廉官吏屈為貪劣題參者，將該督撫等革職。如由司道府州運使等官捏報者，將捏報之員革職，督撫等降三級調用。

另一方面，上司對屬員該參而不參，或以「空參」敷衍塞責，亦要受到追究：

直省督撫如有奉旨查辦交訊之案，為屬員開脫罪名，僅予空參者，若日久敗露或別經審實，督撫照徇庇例從嚴加等議處。如屬員犯有枉法濫刑、橫行苛斂及侵吞捐項、棄城不守種種罪狀，而督撫為之開脫者，非身有疵瑕，慮人指摘，即受其賄賂、甘與通同、亦請將該督撫一體治罪。[69]

其次，部院衙門議處事件失當未協，要承擔相應的責任：

凡部院衙門辦理議敘、議處事件未能允協，如議敘過輕、議處過重者，將承辦官罰俸九個月，堂官罰俸三個月；如議敘過重、議處過輕者，將承辦官罰俸六個月，堂官罰俸一個月，係由堂官定議者，減承辦官一等，承辦官免議。[70]

從上述規定可見，議敘過輕、議處過重的法律責任要重於議敘過重、議處過輕，這一規定體現了「厚賞輕罰」的立法精神。

清朝還鼓勵吏部官員駁正議處案件，吏部駁正議處同於刑部駁正刑案，每駁正一案，記錄二次。[71]

（八）處分之申訴

官員對上級機構的處分不服，可以依法提起申訴，這是清朝法律明確賦予文官的一項權利。清例規定，受處分的官員如有冤抑，可以先赴吏部呈控，若呈控後仍有冤抑，可再赴都察院呈控；吏部和都察院應詳加查核，明晰辦理，或追究承辦官員，或追究妄控官員：

官員如有應行申訴情節，准其赴部具呈。該堂官交與該司，將應准

69　以上「處分不實之法律責任」史料未注明者均見《欽定六部處分則例》卷4。
70　《欽定六部處分則例》卷1
71　《欽定大清會典事例》卷77。

應駁情由詳加查核，明晰批示。倘仍有真正冤抑，許其自赴都察院
呈控。該院查係應行准理者，即調取部議原案及一應定例，秉公覆
核，如實有舛錯，即為奏請更正，並將堂司請旨察議。如查有營私
受託等弊，亦即據實指參。倘本員挾詐懷疑、捏詞妄控，即將本員
交部治罪。[72]

內外各級衙門上司不得恃仗權勢阻撓屬員申訴，否則均以私罪嚴處，但屬
員誣告上司，一律革職治罪：

直省上司有恃勢抑勒屬員者，許該員呈報督撫查參。若督撫徇庇上
司，不為查辦，致該員受屈難伸者，准其直揭部科。查明果有抑勒
實情，即據揭具奏，將原揭一併發交該督撫確審，該上司暫免解任。
如訊明屬實，題參到日，將該上司照抑勒例降三級調用（私罪）。
其或係該督撫自行抑勒，致屬員直揭部科者，據實具奏請旨查辦，
訊明屬實，亦降三級調用（私罪）。倘屬員因被督撫上司劾參，自
知罪無可逭，乘參本未到之先，摭拾款跡，捏詞誣揭者，部科亦即
據實參奏，將本員解任，確審果係誣揭，將本員革職治罪。[73]

上述條文對屬員遭遇上司抑勒以後的呈控程序和方式、抑勒者和誣告者的法律
責任作了具體的規定。但其中屬員直揭部、科後，部、科先予查明，然後將原
揭一併發交該督撫確審的辦法，讓人頗費思量。既然督撫庇徇上司，屬員受屈
難伸，才不得不直揭部、科，部、科卻又將原揭交予該督撫確審，這種兜圈子
式的程序極易產生流弊，而且在事實上也給屬員的申訴增加了困難和危險。

屬員呈控申訴後，承審人員應該秉公核查：

承審之員或因原參上司已經去任，有意審虛，使革員倖邀開復，或
迴護原參，不行昭雪，有心鍛煉者，俱革職。[74]

屬員申訴屬實，應即予開復，抑或部分屬實，亦應分別清楚，依例論處。
若有關機構和人員從中阻撓、刁難，分別情節予以處分：

72　《欽定六部處分則例》卷4。
73　《欽定六部處分則例》卷4。
74　《欽定六部處分則例》卷4。

官員被參革審之案，審係全虛，該督撫及該衙門隨案切實聲明，准其開復，不得概稱已經革職，無庸議完結。至原參重罪審虛，而該員尚有笞杖輕罪應降級、罰俸者，亦隨案切實聲明，將原參革職之案開復，仍按其所犯輕罪分別議處。……如實係開復不為聲請者，即將該員奏請開復，並將該督撫降二級調用（私罪）。係承審官不詳請開復者，將承審官降二級調用（私罪）。若係拘泥原參不為題請者，降一級留任（公罪）。如本員所控虛捏，交刑部照例治罪。[75]

　　申訴屬實獲開復的官員，根據其原缺和開復官員的不同現狀分別安排和任用。如該員未經離任，即准其仍留本任；若員缺到部已經有人擬補，於尚未引見之先即已開復者，亦准其留本任；如原缺擬補之人已經引見奉旨，則令新任官前往赴任，原官留省候補；誤被揭參之員久離本省後始行查明開復，現已無任可回，其在州縣以上，則令原籍督撫給諮送部引見，係佐雜等官，則令原籍督撫驗看給諮，仍赴原省補用。[76] 上述規定強調了對錯揭官員的開復和任用，但對官員被錯揭和處分期間的損害的賠償，卻隻字不提，其它例文也都無此內容。事實上，這在當時的體制下是不可能的事情。

　　清朝有關行政處分的申訴制度，儘管存在著諸多缺陷，而且限制甚嚴，反映了專制制度下文官權利的脆弱性，但從總體上分析，這項制度還是較為完備的，它對於維護官員的權益和監督處分的正確實施起到了積極的作用。

75　同註 74。

76　《欽定六部處分則例》卷 2。

第五章　文官之監督

　　中國封建政治法律制度的一個重要特徵是對官員的監督制度異常發達。在形式上，這種官員監督制度與現代西方的監督制度頗多相似，但其實質截然不同：現代西方的監督制度依據的理論是分權學說，而中國封建社會監督制度依據的理論是集權學說。所以在中國封建社會，一方面是對君主的監督十分貧乏和軟弱，另一方面是對官員（包括文官）的監督卻十分健全和有力。在「君主集權、百官治民」的政治結構下，治官對於國家政務的運行具有非同尋常的作用和意義，而對百官的監督是治官的關鍵內容之一。同時，悠久的歷史和文化也為官員監督制度的建立和完善提供了豐富的經驗。

　　就文官制度自身而言，監督是其十分重要的一環。在很大程度上，監督制度對於文官的管理、政務的推行起著保障作用。沒有這一制度，抑或雖有這一制度卻很不完善，那麼，文官的管理、政務的推行必然會鬆弛乃至崩壞。

　　與其它王朝一樣，清朝也十分重視對於文官的監督。同時作為最後一個封建王朝，它又有可能借鑑歷代之經驗，建立起較為完備的文官監督制度。清朝對於文官的監督，可以分為定期和不定期兩種。考績，乃是定期之監督制度；監察，乃是不定期之監督制度。考績與監察兩者相輔而行，構成了對文官的嚴密監督。

一、文官之考績

考績，又稱考課，是對官員加於考核。考績是官員任用和升降的重要依據，是對官員實行監督的常用方式。中國古代考績制度歷史悠久。據《周禮・天官》記載，天官塚宰的重要職責是主持全國的官員考核。秦漢開始，歷代都有各自的考績制度。清朝統治者十分重視考績，將其視為「激揚大典」、「澄敘大典」。清制：「考群吏之治，京官曰『京察』，外官曰『大計』」，[1] 皆三年一舉，由吏部考功司掌之。清朝考績的內容是「舉劾並行」：「才具出眾者登之薦剡，變頹庸純者予以糾參」，從而達到「鼓勵人才，澄清吏治」的目的。[2]

（一）清朝考績制度的形成

關於清朝考績制度的形成過程，現有著述多有含糊，現據《會典》和《會典事例》等文獻考述之。

清朝的考績制度是在承用明制的基礎上發展形成的：「清沿明制，而品式略殊。」[3] 明代考績有「考滿」和「考察」兩種方式。考滿以歷俸為主要依據，三年一考，六年再考，九年通考；考察以「八法」為對照內容，京官曰「京察」，六年一次，外官曰「外察」，三年一次。史載：「考滿、考察二者，相輔而行。考滿，論一身所歷之俸，其目有三：曰稱職，曰平常，曰不稱職，為上中下三等。考察，通天下內外官計之，其目有八：曰貪、曰酷、曰浮躁、曰不及、曰老、曰病、曰疲、曰不謹。」[4] 可見，在明代考績體系中，以年俸為依據的考滿和以「八法」（即八種懲處對象）為內容的考察分立而行，但京、外官之間幾無分別。清朝考績體系模仿明制，然又「品式略殊」。清朝根據考核對象將考績分為京察和大計兩種，而將「八法」（以後改為「六法」）融合其中。這種新的考績體系是在經過了順治、康熙兩朝，至雍正初年才最終形成的。

入關之前，清政權已仿行明制，實行考滿：「國初典制，內外官三年考滿，視其稱職與否，而黜陟之，即古三載考績遺意。」[5] 皇太極天聰八年，初次舉行

1　《欽定大清會典》卷 11。
2　《欽定總管內務府現行則例》卷 2，見《中華律令集成》（清卷）第 372 頁。
3　《清史稿・選舉六》。
4　《明史・選舉三》。
5　《康熙大清會典》卷 10。

考滿。[6]

順治二年，始行外官大計。

順治三年，定大計以四格注考。

順治四年，定大計三年一舉。

順治八年，京察始著為令，以六年為期。

順治九年，是督、撫照京官考滿；題准大計八法。[7]

順治十三年，吏部奏定京察則例，並定三年考滿與六年察典並行。

綜觀順治一朝的考績制度，總的特徵是沿襲明制而已發生變化，但體系尚不健全。譬如，考滿的對象是否為京、外官和京外官的全體？[8] 考滿與大計的關係如何？考滿與京察的關係如何？京察的內容又是如何？[9] 這些問題和內容還都不是十分明確和定制。

康熙元年，罷大計，止行考滿，並定考滿辦法。

康熙四年，停止考滿，止行京察，[10] 考滿的歷史自此終結；復行大計，永為制。

康熙二十四年，停止京察。

康熙朝考績制度的主要變化是廢除考滿，將大計定制。

關於康熙時期考績制度的沿革，有一個問題需要進一步考證。《清史稿·

6　《欽定大清會典事例》卷78。

7　同上。

8　《欽定大清會典事例》卷78，順治十八年議准，滿州六品以下官，原未考滿，令俱准考滿。說明順治時期考滿的對象也處於變化之中。

9　　依筆者分析，順治時期的「京察」在很大程度上接近於明朝之京察，而不同於康熙朝開始的京察。《清史稿·選舉六》：「順治八年，京察始著為令，以六年為期。十三年，吏部奏定則例，三品以上自陳，四品等官吏部、都察院考察議奏，親定去留。筆帖式照有職官例一體考察。遇京察時，各官暫停升轉。尋復定考滿議敘例，三年考滿與六年察典並行。」（引文中重點號為引者所加）這段引文說明京察是旨在通過「考察」，以定去留，即與明之「考察」相近。同時，又將察典（去留）與考滿（議敘）並行，亦與明之體系相仿。若京察亦為議敘，京察與考滿又如何分別？順治十三年又議准京察處分，內容即為八法人員之處置（《欽定大清會典事例》卷78），似亦能佐證上述分析。康熙四年停考滿後，京察成了京官考績的唯一方式。

10　《欽定大清會典事例》卷78。

選舉六》載，康熙元年，罷京察，專用三年考滿；康熙六年，復行京察。這一記載影響較大。[11] 但是，這一記載與《會典事例》並不相吻。《會典事例》記述，康熙元年，更定京察處分辦法。康熙三年議准：「各旗京察，以才能諮送補授部院衙門官員，未及半年者，由原任衙門注考。」康熙四年，停止考滿，止行京察。[12] 可見，康熙元年並未停止京察。

雍正元年，復行京察，並改六年為三年一舉，自是為定制。[13] 至此，清朝考績制度的框架正式形成。

（二）京察

京察是對京官的考核。京察年分，丁憂、終養、告假、降調之員免其考察。因公出差之員離本衙門一年以內，仍一體注考。若一年以外，免其考察。出兵官員離本衙門一年以上，其應列一等者仍准保送。

依據官品不同，京察分為三種方式：

1. 列題

列題的對象是一、二品大臣和都察院副都御史。京察時，吏部將其簡明履歷和任內事蹟繕具清單具題，候旨定奪。列題分為兩本，尚書、侍郎，左都御史、副都御史、內閣學士兼禮部侍郎銜為一本，總督、巡撫為一本。[14] 總督、巡撫雖非京官，但其品秩極高，且多兼有尚書、侍郎銜，故將他們亦列入京官考核。在列題之前，「凡應進履歷之大員京堂等官，吏部先期行文內外各衙門查取，令將各員任內事蹟功過詳細開明，於正月諮送到部。」[15]

順治時，三品以上大臣考核例行自陳，康熙三年停行，雍正元年又復行，乾隆十七年專發詔諭，認為自陳純屬繁文，毫無實效，再令罷止：

> 京察之年，部院堂官，各省督撫，循例自陳求斥罷，候旨照舊供職，此雖三載考績之義，但卿貳職贊機務，督撫任寄封疆，朕量材簡擢，

11 如《中國文官制度》（李鐵著，中國政法大學出版社，1989 年 7 月出版），第 263 頁。
12 《欽定大清會典事例》卷 78。
13 以上「清朝考績制度的形成」中的有關史實未注明出處者，均見《欽定大清會典事例》卷 78、80，《清史稿‧選舉六》。
14 《欽定大清會典》卷 11。
15 《欽定六部處分則例》卷 5。

日復於懷。其有不副委任或克稱簡升者，率已隨時黜陟，斷無遠待三年之理。凡可俟至京察解退者，不過閑曹冷署、年力衰昏而又非有大過，介於可去可留之間者耳。且身列大臣，謬以斥罷為辭，是相率為偽，誠無謂也。嗣自今⋯⋯其自陳繁文，著停止，以示崇實。[16]

乾隆的諭文很直率、務實。自此以後，自陳再無實行。[17]

2. 引見

引見的對象是三品以下京堂及內閣侍讀學士、翰林院侍讀學士、侍講學士、左右春坊庶子、順天府府尹、府丞、奉天府府尹、府丞。吏部繕履歷清單題奏，等候賜見。引見在形式上似比列題更慎重，但實際並非如此。因為屬於列題的卿貳大員平日常伴君主左右，君主無須引見也日復於懷，而三品以下京堂等官平日不能接近君主，所以每屆京察特用引見以便親加考核。引見之例定於乾隆十五年，其諭文清楚說明了引見的目的是皇帝要對「龍鍾庸劣」和「才具優長」者親加察視定奪：

四、五品京堂則不在自陳之列，考核之後，亦不行引見。雖有吏部、都察院填注考語之例，不過按冊過堂，虛文應事。其中龍鍾庸劣者，既得姑容，即才具優長、精力壯盛堪供驅策者，亦無由自見，于培養人材、澄敘官方之道，蓋兩失之。嗣後京察年分，吏部開王大臣職名，請旨特點數人，將四、五品京堂，秉公分別一、二、三等及應留應去，具奏引見，以定黜陟，庶優劣分而人知激勸，於實政有裨。[18]

在嘉慶五年之前，引見人員在皇帝引見之前，例由王大臣先行驗看，擬定等第。嘉慶五年廢除之，理由是：引見人員「與王大臣向無交涉事件，又無統屬，其賢否何由深知。所定等第，亦未必確當，況於驗看後仍須帶領引見，何必多此一番驗看為耶。」[19]

16　《欽定大清會典事例》卷 78。

17　有些著述將「自陳」作為「列題」之程序之一（如《中國文官制度》，李鐵著，中國政法大學出版社，1989 年 7 月出版，第 264 頁），似為不很準確。

18　《欽定台規》卷 12，見《中華律令集成》（清卷）第 511 頁。

19　《欽定六部處分則例》卷 5。

3. 會核

會核的對象是翰、詹、科、道、司官、小京官、中書、筆帖式。會核是京察中涉及人數最多的一種方式，其程序也最為複雜：

會核之始，由各衙門對應考官員詳加考核，填注考語，造具滿、漢文冊四份，於三月十五日前密封分送吏部、都察院、吏科、京畿道。各部門的注考官，《會典‧吏部》有明確的規定，如內閣、宗人府、六部、都察院、各寺監，由堂官擔任，內務府由總管大臣擔任。

爾後，接受文冊的四個部門，由吏部定期知照「封門閱冊，分別等次磨對」。

磨對完畢，吏科、京畿道赴吏部面議，封門事竣。

吏部「開門」，會同滿漢大學士、都察院堂官、吏科、京畿道公同考察，擬定等級，並將結果先期傳知各衙門。

各衙門召集應考官員以次唱名過堂，分別去留，定稿具題。將應留之員照依考語等次，繕寫清、漢黃冊隨本進呈。其填注六法者，亦於本內照例議處。

最後，奉旨將應去之員出榜宣示。[20]

上述會核程序，從本堂注考開始，經吏部等四個部門封門磨對，又經吏部開門公同考察，然後當眾公布考核結果，六法人員還須出榜宣示。應該說，這一程序是較為完整的。

在會核過程中，填注考語是吏部等機構評定等級的主要依據，具有十分重要的作用。所以，法律對此規定了一系列的要求。考語必須切實、清楚、規範：

> 考察四格除部院衙門辦理事件俱係公同酌核，其政績難於各員名下分注無庸開載外，所立四格該堂官務須切實注明，如守清、才長、政勤、年或青或壯或健，稱職者是為一等，……於此四格之外再加切實考語，分造清冊，移送考察。其無須填注四格各官，統以考語及稱職、勤職、供職字樣分別等次。如冊內保列一等官員，其才守政年及稱職字樣不遵定例開注，考察時即將該員照所注四格及勤職、

20　《欽定六部處分則例》卷5。

供職字樣改列等次，無庸臨時駁查，致滋煩擾，仍將該衙門誤慎之處於會核本內附參（照違令公罪律）。至六法應議人員，必將應去之故詳切注明，一併造冊諮送。[21]

為了京察時能夠客觀、公正地填注考語，法律要求各部門的注考官平日應當留心觀察，細加鑒別，積累材料，歷代為此多有詔諭，同治五年的一道上諭寫道：

惟知人不易，非平日留心考察區別，豈能悉當。……今冬又屆辦理京察之期，著各衙門堂官欽遵成憲，將該司員等人品才具悉心體察，隨時存記，以備臨時公同酌定，期於鑒別精當，以收得人之效。並著各衙門堂官常以進署，與該司員等講求公事，藉以覘其人之賢否，秉公保薦，用副朝廷拔擢真才至意。[22]

注考雖有堂官負責，但不應由其專斷，而應以「公議」為基礎。公議是填注考語前的一個必經程序。在公議之前，尚書、侍郎根據平日所集資料，各備一冊，密識賢否，「不准司官、書吏、家人在旁窺探。」[23]待公議之日，將其公布，聽取眾人評議，以定注考：

京察之事，尚書、侍郎應各備一冊，密識賢否，公議之日再行同覽。眾所獎許者拔之，眾所摒棄者黜之，以公心辦公事，勿存絲毫私意。[24]

雖然上述規定在實踐中不一定能夠切實執行，但在當時能作出這樣的規定是應該予以肯定的。

（三）大計

大計是對地方官的考核。大計的主要做法是自上而下「遞察其屬」：

大計以寅、巳、申、亥歲，先期藩、臬、道、府遞察其屬賢否，申之督、撫，

21　《欽定六部處分則例》卷5。

22　《欽定總管由務府現行則例》卷2，見《中華律令集成》（清卷）第375頁。

23　《欽業工部則例》卷100，見《中華律令集成》（清卷）第939頁。

24　《欽定總管內務府現行則例》卷2，見《中華律令集成》（清卷）第375頁。

督、撫核其事狀，注考繕冊，送部覆核。[25]

大計的具體方式有兩種：

1. 考題

考題是督撫對藩、臬出具考語題奏：

布政使、按察使，由督撫出考，諮部匯核具題，候旨定奪。[26]

2 會復

會復是對道以下以及河員道以下、鹽員運使以下官員的考核。一般行政道以下官員考核的辦法是州縣申府，府申道，道移司，司匯綜於督撫：

州縣察其屬出考詳府，直隸州之屬縣亦察其屬出考詳直隸州知州，知府、直隸州知州復遍察其屬出考詳道，直隸廳亦察其屬出考詳道，道復遍察其屬出考移司，司核匯加考詳總督、巡撫。[27]

鹽政官由各正官考核，依次呈報，督撫核定，諮達部院。河官若兼有刑名、錢糧之責者，由總河、督、撫各行考核；若專管河務者，總河自行考核具題。[28]

全省各地出考呈報督撫後，督撫「乃遍察而注考焉」。[29] 注考完畢，分三本諮報，即卓異者為一本，六法官員為一本，自知縣以上不入舉、劾人員為一本。督撫若將舉、劾人員合為一本具題，罰俸一年。[30] 每本題本造冊三份，分投吏部、都察院和吏科。[31]

與京察一樣，出注考語在大計中也具有十分重要的作用，法律對其也極為重視。

督撫注考不能隨意自行，擅為填寫，而必須以司、道、府、州、縣的開報

25　《清史稿‧選舉六》。
26　《欽定大清會典》卷 11。
27　同上。
28　《清史稿‧選舉六》。
29　《欽定大清會典》卷 11。
30　《欽定六部處分則例》卷 6。
31　《欽定大清會典事例》卷 80。

為基礎，否則，將督撫罰俸一年。[32]

　　督撫對舉、劾人員的考語，必須「按其事而書於冊」，不得空泛無據。凡卓異者，如無加派，無濫刑，無盜案，無錢糧拖欠，無虧空倉庫銀米，境內民生得所，地方日有起色等等。對於八法人員，乾隆二十四年專發上諭，並著為令：「外省大計八法官員均關澄敘大典，內如貪、酷二款，既有實跡，例應特疏題參，另行審結。其年老、有疾、疲軟無為、才力不及等款，尚屬見聞所共知，至不謹、浮躁官員，向來本內俱未將其何事不謹、何事浮躁一一聲敘，此內或有公事本屬無誤而節目偶爾闊疏，才具尚可有為而氣質不無粗率，此等人員其才未必不堪造就，上官不能捨短取長，但以意見不甚相洽，遂概登之白簡，固屬可惜。甚或該員平日本有敗檢偷閒，而該督撫意存瞻徇，僅與避重就輕，轉借此為周旋劣員捷徑者，均非整飭官方之意。嗣後三年計典，內如有不謹、浮躁等官，俱著確據實跡詳細登注，不得籠統參劾，以昭慎重。」[33] 這道上諭不僅明確要求對八法人員要據實登注，而且指出了督撫「籠統參劾」的背後，往往別有徇私。

　　大計注考錯誤，有關官員要受行政處分：「大計注考舛錯、遺漏，係由司、道、府、州、縣等官開報者，將開報之員罰俸一年，督撫罰俸六個月；其由該督撫自行注考者，將督撫罰俸一年。」[34]

（四）考績的標準、評定和獎懲

　　清朝對文官的考核，以「四格」評等第，以「六法」論處分，舉者獎，劾者罰。

1.「四格」內容和考核評等

「四格」是對文官定等議敘的主要標準：

> 乃定以四格：一曰守（有清、有謹、有平），二曰才（有長，有平），三曰政（有勤、有平），四曰年（有青、有壯、有健）。[35]

32　同上。

33　《欽定台規》卷12，見《中華律令集成》（清卷）第515頁。

34　《欽定六部處分則例》卷6。

35　《欽定大清會典》卷11。

四格是總的規定，較為原則和抽象。在實際施行過程中，常有一些明確和具體的內容要求。如康熙六年題准：

> 司道以下、推官以上，必注明不科派節禮，不索取小費，不藉端勒詐屬官，不生事煩擾百姓。知府以下、知縣以上，必注明不科派雜差，不索取火耗，不虧刻行戶，不強貸富民，方准特舉卓異。

康熙十二年又議准，官員雖無錢糧盜案，而未能力行教化者，若將其薦為卓異，亦屬濫舉，照例罰俸。[36]

除了四格一般標準外，對有關人員尚有一些特殊標準。

乾隆時諭旨，旗人必須嫻熟清語和騎射，方能保送一等，因為「清話係滿州根本，旗人首當以此為務」；騎射則為「滿州本來技藝」。[37] 道光時又奏定：「滿、蒙中書、筆帖式等官遇京察之年，各該堂官詳細考選，通曉翻譯者方准保送一等。」[38]

乾隆元年議准，浙江地方官必無鹽案參罰，方准卓異。[39]

根據四格標準，京察官員分為三等：

一等曰稱職：守清、才長、政勤、年或青或壯或健；

二等曰勤職：守謹、才長、政平或政勤、才平，年或青或壯或健；

三等曰供職：守謹、才平、政平，或才長、政勤、守平。

外省大計官員分為卓異、供職兩等，其評定原則上亦以四格為標準，但不像京察那樣有具體的評等體系，而側重於核其事而論其等。若才、守俱優，又無加派、無濫刑、無盜案、無錢糧拖欠、無虧空倉庫銀米、境內民生得所、地方日有起色，舉以卓異。不入卓異又無「六法」事項，錢糧倉庫收管無虧，皆入供職。[40]

36　《欽定大清會典事例》卷 80。
37　《欽定大清會典事例》卷 79。
38　《欽定六部處分則例》卷 5。
39　《欽定大清會典事例》卷 80。
40　《欽定大清會典》卷 11。

州縣卓異有特別的「具結」程序，具結必須由道府出文，督撫不能代為混作，道府出結時也不能隱忍貪劣：

> 州縣卓異例由道府等具結保送，督撫率同兩司核實具題。如道府等並無保送文揭，係該督撫商同兩司混列道府銜名作題者，准該道府立即呈請更正，或督撫等有抑勒情事，許該道府直揭部科，將督撫兩司均革職。倘道府隱忍不舉，至所保之員貪劣事發，始行申辯，將該道府仍照本例降二級調用。[41]

顯然，這一特別程序既是為了強化州縣卓異的薦舉責任，也是對督撫的一項限制措施。

法律規定，有下列事項，不得膺京察一等或大計卓異：

歷俸未滿者。歷俸三年為俸滿，歷俸一般可以包括前後任，但有些情況則不能通算。具體規定是：京官不論其本任歷俸，統計前後歷俸已滿三年，俱准一體保送。由別衙門升調及外官升補到任未滿一年，不准列為一等。降調官被補用者、革職官被起用者、受處分非因本案正常開復而被恩詔特用者、因不勝任道府之任而改補京官者、外任滿官因家有親老改補京官者，均不准統計前俸。[42] 外省道府以下、州縣以上各官，核計本省歷俸滿三年，方准薦舉，而且無論繁缺、簡缺，凡在別省歷俸年月俱不准接算。[43]

未逾年限者。如丁憂、疾病休假官員復職後未逾半年，轉任官員轉任後未逾一年，均不能保送。

革職留任者。薦舉卓異時，督撫應將薦舉各官任用所有一應參罰事故造冊隨本送部，如有遺漏聲敘，督撫罰俸六個月，申報之司道府州縣等官罰俸一年。[44] 因公詿誤被罰俸、降級者，若居官清廉能幹，亦准薦舉。

錢糧未完者。任內如有正項錢糧虧缺，不得舉為卓異。但是，「果係居官清廉能幹，或現茬兼三兼四繁缺，在本省歷俸已滿三年，或並非兼三兼四繁缺，

---

41 《欽定六部處分則例》卷6。
42 《欽定台規》卷12，見《中華律令集成》（清卷）第513頁。
43 《欽定六部處分則例》卷6。
44 《欽定六部處分則例》卷6。

在本省歷俸已滿五年，准該督撫一體保薦。吏部具題時，將可否准其送部引見之處聲明請旨。」[45]

布政使、按察使不得為卓異。康熙二十三年題准，藩、臬與督、撫親近，故停其卓異。[46]

另外，來京候簡官因犯案降補京職，外官病痊改用京職，均不舉。[47]

凡京察一等和大計卓異者，皆曰「舉」。舉有一定的比率：

> 舉者，京官七而一，筆帖式八而一，道、府、廳、州、縣十有五而一，佐雜、教職百三十而為一，以是為率焉。[48]

可見，京官的比率是地方道以下、州縣以上官員比率的兩倍，地方佐雜、教職的比率更是極低。這一規定不僅反映了清朝考績特重京察的傾向，而且也說明了其用人政策。

依據上述比率，結合各省、各部院缺分的數額，清朝詳細規定了京外各省、各部門舉的具體指標。[49] 在京各衙門的指標中，又有滿員和漢員之分，同時筆帖式予以單列。如工部京察一等定額：

> 工部京察人員，滿郎中、員外郎、主事、司庫、司務、司匠共六十四缺，准保一等九員；漢郎中、員外郎、主事、司務共十九缺，准保一等二員。筆帖式共九十八缺，准保一等十二員。[50]

從上述定額分析可知，在員缺和比率具體折算時，多取下限。滿員的比率相對要比漢員的比率高。

清例強調，京外各部門、各省在依照規定指標薦舉時，務必「如不得其人，任缺勿濫」。同時又聲明，這種做法不影響下次指標：「如合例人員較少，薦

45　同上。

46　《清史稿·選舉六》。

47　《欽定大清會典》卷 11。

48　同上。

49　詳見《欽定六部處分則例》卷 5〈京察保送定額〉，卷 6〈卓異保送定額〉。

50　《欽定工部則例》卷 100，見《中華律令集成》（清卷）第 939 頁。

舉不敷原額者，即於具題本內聲明此次缺額幾員，下次仍准照依原額保送。」[51]

關於京察一等和大計卓異官員的獎勵，順治、康熙、雍正時期常有變化，形式多樣。乾隆時定例：

> 凡京察題者，引見者有旨議敘則議，會核者，一等加一級，若記名，則令堂官加考引見以備外用。大計卓異則註冊，引見得旨則加一級，回任候升焉。[52]

加級，有加級食俸和加級升銜之分：加級食俸，即照所加之級支俸；加級升銜，即照所加之銜換給頂戴。記名，即於軍機處記名，以道府外用。

考績中被列為下等者，雖沒有明確的處分規定，但在任用方面有所限制。嘉慶十二年諭：各部院主事京察三等，既不准保送直隸州知州，知府係方面大員，職守尤重，自未便以三等人員保送。[53]

在考績評等中，京察一等、大計卓異是朝廷上下關注的焦點，「歷朝最重其選」。[54] 這是因為，被舉者往往記錄即升，不次擢用，擔任各個部門的要職。對其個人而言，列入舉薦即意味著升官進級；對朝廷而言，舉薦人員的實際素質對於整個文官隊伍的品質、行政管理的運行具有重要的影響作用。尤其是京察被記名備任道府者，今日之道府即異日之藩臬，亦即將來之督撫。若道府半屬平庸，則封疆兩司將有乏才之患，安望吏治日有起色。更重要的是，上考人員對百官具有示範作用，其品行對於官風具有導向意義。薦舉恰當，舉一勸百；薦舉不當，適得其反。嘉慶十四年的一道上諭對此有清楚的表述：

> 必擇其品行素端、才猷茂著者登之上考，方足以昭激勸。若止取浮華奔競之徒，嘉其趨走承順、言語便捷、工于迎合者，即予保薦，而不按其平日之品行慎加甄別，則心術稍有不端，才具又何足取。且一等人員于保薦後，可以帶領引見，記名簡擢，且次等者例不得預。若猷守素優之人，不獲仰邀登進，于人才已多屈抑。倘一等中

51　《欽定六部處分則例》卷6。
52　《欽定大清會典》卷11。
53　《欽定大清會典事例》卷69。
54　《清史稿・選舉六》。

> 有幸列之人，一經記名擢用，即可由道府洊擢大員，其居心辦事，
> 素不可問，將來必致貪酷償事，關係尤重。[55]

基於上述原因，清朝對於薦舉規定了嚴格的法律責任，以防疏於失舉甚至徇情枉法。這種責任規定主要為兩點。其一，薦舉時失察或徇情而受罰，如捏開事蹟、混列銜名等：

> 薦舉卓異務將各該員所行裨益民生之事，據實開報查核。如有徇情捏報查出，將薦舉督撫降三級調用，申報之司、道、府、州、縣等官降二級調用；由督撫自行注考者，司道以下免議。（各省教職卓異係學政會同督撫考核，如有捏報，學政照督撫例議處。）[56]

其二，薦舉後因被薦舉者參劾而受罰。京察薦舉時沒有捏開事蹟，但被薦舉官日後犯有嚴重的違法事件（貪劣）或到任後因不勝任而被參劾，並有特旨議處保送官，原薦舉官仍須承擔相應的行政責任，只不過以公罪論處：

> 保送一等官簡放外任後犯有貪劣實跡者，將原保舉之堂官降二級留任（公罪），自能訪出揭參者免議。其或引見及請訓時以不勝外任扣除，或到省後經督撫以不勝外任參劾，其原保之堂官有奉旨交部查議者，將該堂官降一級留任（公罪）。至各部院衙門筆帖式、庫使等官，例由該司核定呈堂辦理，如保送一等後犯有貪劣實跡，將原保之司員降二級留任，堂官罰俸六個月。係才不勝任，將原保之司員降一級留任，堂官罰俸三個月（俱公罪）。[57]

外省卓異官日後犯有貪酷劣跡，根據薦舉官與該員現在是否仍在同省，並視所犯劣跡的時間以及有無揭參等情節，分別論處原薦舉官：

> 薦舉以後別犯有貪酷劣跡，原薦舉之各上司仍與該員同在一省，於未經發覺之先查參者，亦免議。倘別經發覺，查係有意迴護者，將督撫降三級調用，司、道、府等官降二級調用（俱私罪）。其止失

55　《欽定大清會典事例》卷 78。

56　《欽定六部處分則例》卷 6。

57　《欽定六部處分則例》卷 5。

於覺察者，將督撫降二級調用，司、道、府等官降一級調用（俱公罪）。如原薦舉之上司已不與該員同在一省，而所犯事蹟仍在該上司未經離任之先者，亦照此分別議處。若所犯在該上司離任之後，無從揭報題參者，將督撫降二級調用，司、道、府等官降一級調用（俱公罪）。其有經同薦舉官查出揭參，將離任無從揭報之上司一體免議。[58]

2.「六法」內容和考核處分

在以「四格」評等議敘的同時，又以「六法」參劾官員。所謂「六法」，一曰不謹，二曰疲軟無為，三曰浮躁，四曰才力不及，五曰年老，六曰有疾。

「六法」的前身是「八法」。《乾隆會典》是以「八法」劾官員，《嘉慶會典》乃以六法劾官員。但是，六法之名，不是從嘉慶朝才開始使用的。順治、康熙、雍正時均沿用明制，以八法考察官員。乾隆初年，已有八法和六法之名，而且兩者長期交相使用。[59]其所以如此，實乃八法與六法並無區別。所謂「八法」，是在六法之外又有「貪」和「酷」，而統治者認為，與其它六法相比，貪酷在性質上最為嚴重，應當不待三年考績就予以糾參。早在康熙十年就諭曰：「露章為特別重典，必係貪酷官員例應提問者，方行題參。」[60]乾隆二十四年奏准：

> 各省犯貪、酷官員，該督、撫隨時題參（不入計典），革職提問，永不敘用。[61]

《大清會典》依此規定：

58　《欽定六部處分則例》卷6。

59　例如，乾隆二年有稱「八法」：「向來直省大計，經督撫薦舉卓異之員俱送部引見，准其註冊例得升用，其有於八法等官分別議處。」（《欽定總管內務府現行則例》卷2，見《中華律令集成》（清卷）第371頁。）乾隆三年已有「六法」：「嗣後吏部引見六法官員，將該員被參劣跡開單，一並進呈。」（《欽定大清會典事例》卷80。）乾隆四年又用「六法」：「六法應去官員，照外官大計之例，由部引見。」（《欽定大清會典事例》卷79。）乾隆二十四年又用「八法」：「外省大計八法官員，均關澄敘大典。」（《欽定大清會典事例》卷80。）同年又題准貪酷官員隨時題參（見正文）。乾隆三十四年稱「六法」（《欽定大清令典事例》卷80）。

60　《欽定大清會典事例》卷80。

61　同上。

　　凡官，貪者、酷者則特參，不入於六法。[62]

經過乾隆朝的分理，至嘉慶時已習慣用六法考核參劾官員。

　　對於六法人員的論處，清初幾朝續有規定，但變化不大，都以革職、降調、休致分別處分，其最後的定制是：

　　凡京察及大計，皆按其實而劾之，不謹者、浮躁者則令著其事，及覆核乃處分焉。（不謹者、疲軟無為者，革職；浮躁者，降三級調用；才力不及者，降二級調用；年老者、有疾者，休致。）[63]

為了防止冤抑，雍正四年題准大計八法官員須經送部引見方可定劾：

　　大計題參各官，部院分別議處，除貪、酷官員及知縣州同以下微員毋庸引見外，至不謹、疲軟、無能、浮躁、才力不及、年老有疾被參各官，俟交待清楚，該督撫給諮該員來京，吏部帶領引見。[64]

乾隆四年議准，京察六法官員依外官大計例，由部引見。[65]

　　被劾官員如有冤抑，可以提起申訴。順治十年議准：

　　考察處分官果有冤抑，情實，許督、撫據實代奏，吏部、都察院核實無異，即為昭雪還職。如督、撫、按明知誣罔，不為申理，並行議處。至本無冤抑，妄行反噬者，從重治罪。[66]

　　主考官員若錯誤填注六法人員，致有情屬冤抑，或避重就輕，一經發覺，將該督撫降二級調用，原報之司、道、府、州等官降一級調用。[67]（關於論處六法人員的法律責任和申訴程序，可詳見第四章中「行政處分」之（七）、（八）兩部分內容）。

62　《欽定六部處分則例》卷11。
63　《欽定六部處分則例》卷11。
64　《欽定大清會典事例》卷80。
65　《欽定大清會典事例》卷79。另，《清史稿·選舉六》載，京察六法官員依大計例送部引見定在乾隆三年。
66　《都察院則例》卷3，見《中華律令集成》（清卷）第514頁。
67　《欽定六部處分則例》卷6。

（五）考績的實施狀況

考績對封建吏治具有十分重要的作用，但與此同時，其自身的實施又受到政治狀況的制約。在清朝，自順治至嘉道時期考績的實施狀況較之咸、同以降的狀況要好得多。「咸、同軍興，或地方甫收復，有待撫綏，或疆圉逼寇氛，亟籌保衛，敕各督、撫留心存記廉能之員，列上考，備擢用。時督、撫權宜行事，用人不拘資格，隨時舉措，固不能以大計常例繩其後也。」、「光緒間，言者每條奏計典積弊，請飭疆臣認真考察。屢詔戒飭。然人才既衰，吏治日壞，徒法終不能行。」[68]

然而宏觀地考察，考績制度終清之世未曾間斷，而且在較長時間內能較好地正常地實施，對於整肅吏治起到了不可忽視的作用。在清朝，因考績而被薦舉擢用的官員史不絕書：

施維翰，順治九年進士，授江西臨江推官，清漕弊，善折獄，奸頑斂跡，舉卓異，內擢兵部主事。[69]

張鵬翮，康熙十九年，授江南蘇州知府，丁母憂除山東兗州知府，舉卓異，擢河東鹽運使。[70]

葉士寬，治行為山西最，雍正十二年舉卓異，擢浙江紹興知府。[71]

李渭，授四川嘉定知府，賑重慶水災，多所全活，舉卓異，乾隆九年，擢山東鹽運使。[72]

崧蕃，咸豐五年舉人，光緒五年京察一等，簡四川鹽茶道。[73]

馮煦，光緒二十一年，以京察一等授安徽鳳陽知府。[74]

同時，被參劾處分的官員也代有記載：

任克溥，康熙十二年，擢刑部待郎，十八年京察，以才力不及，擬降調，

68　《清史稿·選舉六》。
69　《清史稿》卷280，〈施維翰傳〉。
70　《清史稿》卷286，〈張鵬翮傳〉。
71　《清史稿》卷343，〈葉士寬傳〉。
72　《清史稿》卷484，〈李渭傳〉。
73　《清史稿》卷455，〈松蕃傳〉。
74　《清史稿》卷456，〈馮煦傳〉。

命再議，改注不謹，遂奪官。[75]

康熙二十三年，嚴諭指名題參，復甄汰王之省等三十六人。[76]

雷以誠，入為光祿寺卿，同治元年，京察休致。[77]

清朝考績制度之所以能夠得以較為正常地實施，主要原因有以下兩點：

首先，歷朝君主極為重視。在君主心目中，考績是推獎賢能、澄汰庸劣的激揚大典，其實施狀況直接事關朝廷振興人才之大計：

> 國家分設部院，大臣紀綱庶務，全在振興人才。欲別除薹奸，必勤懲惰。舉錯公允，則英俊既資造就，而中才亦可奮與；賢否混淆，則庸碌藉可藏身，而才能亦生退阻。[78]

每屆考核，朝廷總要專發詔諭，要求中外大臣務宜各矢公忠，明昭懲勸，破除情面，核實辦理，並重申若心存徇庇，執法不允，必從重議處。這種詔諭雖然在某種程度上屬於例行程序，但畢竟皇旨在前，京外官員總會有所警惕。

許多皇帝親自閱覽注考，糾正偏錯。乾隆三十八年，巡撫熊學鵬題奏將梧州府知府溫葆初列入三等。乾隆派人重新密查。密查人發現熊學鵬「性情褊急，輕易喜怒，好惡不無任性，所定優劣未能至當。」乾隆特下諭予以糾正，並且將詔諭遍示全國，以明「朕之大公至正」。[79] 這種做法無疑會使全國官員受到震動。

對於考核中的重大舞弊案，皇帝往往親自過問，嚴加懲處。道光四年，恩德、盛思道均任刑部司員，恩德又管理贖罪事務，他們「輒與市井棍徒朋謀賄囑，撞騙多金。」堂官既不即時察辦，猶復將恩德登諸薦牘。與該堂官公同定稿之各員，亦皆保其一等。結果，他們「或被供指得贓，或以所情徇隱，或有形同木偶，隨和畫諾，竟置公事於不問者，似此名實混淆，是非倒置，所謂澄敘官方者安在？！」詔下部議：「向例九卿保舉官員，如貪婪事發，原保舉官

75　《清史稿》卷 271，〈任克溥傳〉。

76　《清史稿・選舉六》。

77　《清史稿》卷 429，〈雷以誠傳〉。

78　《欽定總管內務府現行則例》卷 2，見《中華律令集成》（清卷）第 374 頁。

79　《欽定大清會典事例》卷 80。

定有濫舉處分。……所有從前率將恩德等保列一等之刑部官員，交吏部查取職名，照例議處。」[80] 嗣後，京察有冒濫徇私者，概以連坐處置。這種案例無疑會對全國官員產生警懼作用。

其次，清朝考績立法較為完善。與明朝相比，清朝考績立法有兩個顯著特點：

一是簡明，易於操作。體系清楚，京官京察，外官大計，適用相同的標準；舉劾同時進行，比明代分別舉行要方便得多；考核的程序更明確、簡化；考核的標準定為「四格六法」，比明朝亦更為清楚。

二是務實，注重針對性。尤其是對外官，歷代都強調用公正、廉潔、親民、務實等內容考核官員，禁止用虛文套話敷衍塞責。對此，《清史稿》有簡要的論述：

> 康熙初，御史張沖翼請申嚴卓異定額，以詳核事蹟，使名實相副為言。下部議。六年，從御史田六善請，卓異官以清廉為本，司、道等官必注明不派節禮，索饋送，州、縣等官必注明不派雜差，重火耗，虧損行戶，強貸富民。以清吏之有無，定督、撫之賢否。其時廉吏輩出，靈壽令、陸隴其等擢隸憲府，吏治蒸蒸，稱極盛焉。四十四年，詔舉卓異，務其無加派，無濫刑，無盜案，無錢糧拖欠，倉庫虧空，民生得所，地方日有起色，其他虛文，不必開載。乾隆八年，命督、撫以務本計察核屬員，論者謂以勸農為勸吏之要，深得治本，與漢詔同風。[81]

清朝以務實為指導思想考核官員，收到了良好的效果。應該說，這是一條成功的經驗。

在對清朝考績制度實施予以基本肯定的同時，也應看到其存在的諸多問題。儘管朝廷將考績視為激揚大典，每逢考核必定三令五申，嚴飭內外官員一秉至公，詳慎甄別。但由於考績為三年常制，許多官員漠視朝廷諭旨，將其視為例行公事，塞責了事。這種情況從朝廷的許多諭旨中可以得到清楚地反映。

80　《欽定大清會典事例》卷78。
81　《清史稿·選舉六》。

例如，乾隆七年諭：

> 朕思近來各省計典，頗有視為具文、苟且塞責者，或賢員不行薦舉，或劣員不行糾參，或就目前之一端，而不察其居官之素，或任一己之愛憎，而不參乎輿論之同，又或庇護私人，瞻徇情面，而使貪墨不職之人，姑容在位，將教職及佐雜微員草草填注，以充其數，所謂旌別淑慝者安在乎！[82]

光緒七年諭曰：

> 近來每屆京察，各衙門堂官往往視為故事，只求一等如額，其衰庸怠惰之員概列二、三等中，不肯據實參劾。即保薦各員，其中才守兼優，足備任用者固不乏人，而才守平常，遷就應選者亦復不免，是豈朝廷澄敘官方之意耶！……當此時勢多艱，需才孔亟，大臣公忠體國，首在以人事君。若不力戒因循，共圖整飭，將來查有瞻徇情面，濫保劣員及應劾不劾等弊，惟各堂官是問，勿以諄諄訓誡為懸文也。[83]

　　就清朝考績中的具體問題而言，最突出的表現是薦舉失之於濫，參劾失之於少，亦即舉劾失衡，乃至有時只舉不劾，致使考核的實際效果與舉劾並行的立法旨意相距甚遠。這種現象在清初便已相當嚴重。康熙三十六年上諭曰：

> 比年以來，督、撫等官視為具文，每將微員細故填注塞責，至確實貪酷官員有害地方者，反多瞻徇庇護，不行糾參，以致吏治不清，民生莫遂，重負朕愛養元元至意，殊可痛恨。今當舉行大典，……倘仍苟且因循，徇私溺職，國法俱在，絕不寬恕。[84]

乾隆四十一年上諭不僅指出了上述同樣問題，而且還具體剖析了其危害：

> 向來部院各堂官每屆計典，除薦舉外，不過約略劾去一二員以符成例，其餘概與優容，姑息瞻徇之習皆所不免。殊不知部院中多一衰

82　《欽定大清會典事例》卷 80。

83　《欽定總管內務府現行則例》卷 2，見《中華律令集成》（清卷）第 376 頁。

84　《欽定台規》卷 12，見《中華律令集成》（清卷）第 515 頁。

庸戀棧之輩，即少一出力辦事之員，既難保無闕冗誤公事，且使候
缺者上進無階，不得及鋒而試，於理亦未為允協。[85]

儘管每逢考核，朝廷必下諭嚴申，要求內外各官滌除舊習，有舉有劾，若
心存徇庇，姑息庸濫，定加從重議處，然而「積重之勢，不能復還」。[86]有舉無劾，
有勸無懲的現象始終是考核中的主要問題，而且愈演愈烈，勢不能遏。

糾參不力對清朝吏治帶來了嚴重的後果，使內外各衙門充塞庸劣，許多人
以墨守成規、專熬年資為做官要義。這種情況在康熙雍正時已為有頭腦的官員
所切譏抨擊：

雍正中，汪景祺、查嗣庭輩論列時政，以部員壅滯為言，有「十年
不調，白首為郎」等語。帝責以怨望誹謗，而事實不得謂誣。蓋部
員冗濫，康、雍時已然矣。[87]

造成舉劾失衡、有舉無劾現象的原因，固然與瞻顧情面這一人之一般心理
特徵有關，但更主要的是與「官官相護」這一官僚政治特徵密切相關。在封建
官僚政治體制下，官員的進退升黜與民意幾乎毫無關係，而與其周圍的關係卻
息息相關。整個封建官僚政治是一張大網，每個官員都是這張網上的一點，同
時其周圍也都會形成相應的關係網。觸動一個官員都會牽動其所在的關係網；
庇護一個官員，就會使自己多層關係網。所以，在這種體制下，息事寧人是保
護自身的有效方法。在一般情況下，徇庇一個官員往往是利大於弊。這樣，每
屆考核，內外各衙門為了有所應付，或將年老、有疾者列為六法人員，或將教
職、佐雜略糾一二。老疾被糾，難生怨恨。教職、佐雜職低位賤，糾題他們對
糾參者可能產生的弊害往往最小。

其實，官官相護豈只限於普通官員，朝廷樞臣乃至君主何其不是如此。「光
緒七年，禮部侍郎寶廷疏陳京察積弊，言之痛切，謂：『瞻徇情面之弊，不專
在部、院堂官，當責樞臣考察，必公必嚴。樞臣果精白乃心，破除情面，不特
能考察部、院司員之賢否，並能考察內、外大臣之賢否。而考察樞臣功過，在

85　《欽定總管由務府現行則例》卷2，見《中華律令集成》（清卷）第372頁。

86　《清史稿・選舉六》。

87　《清史稿・選舉六》。

聖明獨斷。若朝廷先以京察為故事具文，何責乎樞臣，更何責乎部、院堂官！』」看來，瞻徇情面，有舉無劾的風源還在朝廷上層。所以，寶廷疏陳「論雖切中，而難實行，徒托空言而已。」[88]

糾參難行的產生在一定程度上也與清朝考績立法的特點相關。清朝對六法人員的處分甚嚴，而且六法處分還難於開復，也不准捐復。所以，各衙門在題參時格外小心。《清史稿》寫道：「六法處分綦嚴，長官往往博寬大之名，每屆京察，只黜退數人，虛應故事，餘概優容，而被劾者又不免屈抑。」[89]

清朝考核中的另一主要問題是諂諛成風，迎承為尚。巧嘴靈舌、溜須拍馬者易膺上考；質樸愨厚、埋頭實幹者不得青睞。這種風氣在乾隆時已經相當嚴重。「乾隆末，士夫習為諂諛，堂官拔職司員，率以逢迎巧捷為曉事，察典懈弛。」嘉慶繼位後，「銳意求治，頗思以崇實黜華，獎勵氣節，風示天下。」[90]五年十一月專發上諭，形象而又深刻地揭露和斥責了考核中的阿諛之風，諄諄教誨擢拔氣節之士：

> 選士之方必推氣節，未有阿諛諂媚之徒而能有廉明之政者也。近年以來，六部堂官所拔識之司員，大率以迎己意者為曉事之人，以執稿剖辯者為不曉事之輩，以每日傴僂、卑詞巧捷者為勤慎，以在司坐辦、口齒木訥者為迂拙，遂至趨承卑鄙、乞憐昏夜、白晝驕人，仕途頹風，幾不可問，氣節消磨殆盡，成何政體耶？近日堂司各官員比前稍知檢束，奔競之風恐未能盡改，總由積習相沿，狂瀾難返。……現已將屆京察之朝，各部俱應慎重選舉，詢謀僉同。果有猷守兼優者，自膺首薦，餘則寧取資格較久、謹厚樸實之員。[91]

嘉慶的諭文寫得鏗鏘有力，擲地有聲，然而阿諛諂媚之風畢竟與其政體相依相存，「積習相沿，狂瀾難返」，不是僅靠通行曉諭，堂官們幡然悔悟所能真正解決的。

88　同上。

89　同上。

90　《清史稿·選舉六》。

91　《欽定六部處分則例》卷5。

二、文官之監察

　　清朝對於文官的監察主要來自兩個方面，即行政組織的內部監察和監察組織的外部監察。兩種監察各有自己的方式和特點，相輔而行，構成了對文官不定期的監督制度。

（一）行政監察

　　清朝的行政監察主要表現為上級對下級負有監督的職責和義務。這種「上對下」有兩層含義，一是上級機構對下級機構的監督；二是每個機構內部長官對屬員的監督。這兩種監督在清朝法律中是結合在一起的。

　　在地方，自州縣至府、道、司、撫、督，上下隸屬關係十分清楚，上級對下級、長官對屬員的各種違法劣行，必須及時揭參，否則視同城與否、知情與否等情節分別以公罪或私罪予以處分：

> 屬員犯有貪婪劣跡，該管上司失察不行揭報，經督撫先行查出參奏，同城之知府、直隸州知州降二級調用，司、道降一級留任。不同城之知府、直隸州知州降一級留任，司道罰俸一年。如到任未及一月者，免議。該督撫於題參疏內即將是否同城並到任月日詳晰聲明，以憑察核。其有聲明失實，係為該管官開脫處分者，將詳轉各官俱降二級調用。

此外，督撫在向吏部參劾劣員時，應將未能揭報之司、道、府、州有關官員一併指參，否則罰俸一年。督撫沒有題參劣員而由科道糾參得實，督撫照有關司道官議處，徇私者降三級調用。

　　屬員有劣跡已經被告發或糾查，主管官必須立即題參，否則均以私罪從重處分：

> 屬員貪婪經督撫、兩司飭查或士民告發得實，該管之司、道、府、州仍不揭報者，應無論同城不同城，均照徇庇例降三級調用。

　　總督和巡撫是地方最高長官，他們的行為對下面各級官員有直接的示範作用，對中央朝廷政令的貫徹具有關鍵的意義。法律規定他們之間負有相互糾參

的義務，否則都以私罪論處：

> 總督貪婪，巡撫不行糾參，巡撫貪婪，總督不行糾參，發覺審實，
> 無論同城不同城俱各降三級調用（私罪），藩、臬等官免議。

值得注意的是，督撫不僅因不糾揭屬員所犯個案而受處分，而且，如果其屬員犯案數量多，也要承擔表率不良、督責不嚴的行政責任。雍正元年議准：

> 大臣為小臣之表率，若屬員虧空錢糧者，多即係上司不能以清慎為率；盜賊繁多、諸多廢弛，即係上司不能以勤慎為率。如各省屬員內有虧空多、盜案繁、廢弛甚者，許科道官年底查實題參，將該督撫照才力不及例降二級調用，加級記錄，不准抵銷。[92]

從上述規定可知，在清朝地方行政監察體系中，督撫處於關鍵的地位和負有特殊的責任。

在中央，各衙門之間沒有直接的隸屬關係，其行政監察主要是衙門內部堂官對司員，司員對筆帖式的監督：

> 凡各部院司員，如有故為巧詐徇私誤公者，該堂官查出參奏，將該司員革職。若有徇情納賄等事，該堂官查出嚴參革職，交刑部治罪。
>
> 各部院衙門筆帖式，專責該司員考核。倘有因循怠惰、托故不到衙門以致案件壅積者，該滿漢郎中即行具揭呈堂參革，倘不據實揭報，罰俸一年。[93]

上級對下級的監督，除了平時發現犯案應及時糾參外，對有些屬員還應進行俸滿甄別。在甄別中，有的具題保送，有的具題參劾。而且，對諸如教職佐雜等人員還規定了明確的參劾比率，督撫如果無故參劾不及比率，須受一定的行政處分。嘉慶五年奏准：

> 甄別教職佐雜，各按該省額缺以百之二、三為率參劾，及數者免議。如該省果無衰庸戀缺應行參劾之員，令該督撫、學政將無可參劾緣

---

92 《都察院則例》卷1，見《中華律令集成》（清卷）第488–489頁。
93 以上「行政監察」內容中所引史料均係《欽定六部處分則例》卷4。

由切實聲明，亦免其議處。如未經聲明，照應申不申律罰俸六個月。倘因別案劾參，杳係衰庸貽誤，將該督撫、學政降二級留任。[94]

這條規定的本意是為了防止督撫、學政瞻徇情面而不分優劣，但對參劾規定硬性的比率，這種做法未必可取。這條規定還進一步說明，教職、佐雜在清朝文官中的地位是十分低下的。在考績中，其卓異率僅為百三十之一，而這甄別參劾率卻要百之二、三。況且，在考績中督撫常常從教職、佐雜中參劾幾人以應付朝廷。（見上述）。

在清朝行政監察中，極其重視對官員離任的審核監督，這是清朝行政監察制度的一個顯著特點。官員離任是一個非常重要的和關鍵的時期，是考核離任官員在任情況的最佳時機，因為許多原先的問題往往會在離任和接任的過程中暴露。如果疏於離任審核，許多問題就會隱沒於文牘檔案而無人知曉。清朝對官員離任管理十分重視，制訂了詳細的規範，僅《六部處分則例》就有「離任」專章（下引有關「離任」史料未注明者均見此章）。

第一，官員離任有嚴格的交代制度。離任官員必須按規定交代有關文卷和事項，法律對各項交代定有詳細的程序和辦法，尤為重要的交代內容有下列幾項：

案卷交待：案卷是各項政務的原始記錄，是瞭解和考察官員執行公務情況的重要資料，所以案卷既不能缺失，也不能添改。各部院衙門案卷應各立號簿，加謹收貯，官員遷轉時將其經管案卷逐件交代，出具並無遺失甘結，呈堂存案。若有官吏通同盜取改易，題參治罪，係失察書吏隱匿添改，罰俸一年，書吏送刑部治罪。

上諭、摺奏、條例交代：各省督撫應將歷年欽奉上諭一一繕錄詳載入冊，每日觀覽，遇前後任交代時將其傳交，不許失漏藏匿。外省各衙門所有摺奏稿案或係奉旨准行事件需後任接辦理，或雖未准行仍應存案備查，均於內署記錄一冊，鈐蓋印信封交後任，以便查辦，若舊任官不行移交，罰俸一年。大小衙門官員任內遇有奉行條例，均應經手匯齊入於交代之內，若有遺漏，將該管官罰俸兩個月。

詞訟交代：審理詞訟衙門於結案後即令該吏將通案犯證、呈狀、口供、勘語粘連成帙，於接縫處鈐蓋印信，離任時將所有已結卷宗造具印冊交存外，其餘未結各案分別內結、外結及上司批審、鄰省諮查並自理各案匯錄印簿，逐一開具事由，依年月編號登記，注明經承姓名造入交盤冊內，並將歷任遞交之案檢齊，加具並無藏匿抽改甘結交與接任官，限一個月內按冊查對，出具印文，將各項件數照造款冊申送該管上司。若造送遲延，照各項錢糧文冊遲延例議處。若不將卷宗粘連，降一級留任；已粘連而不用印者，罰俸一年；已經粘連用印而失察書吏隱匿添改，罰俸一年；未經粘連用印致書吏滋事舞弊，降二級調用。

錢糧交代：這是地方府州縣官員離任時最為重要的交代內容，若有違規，處分也相當嚴厲。府、州縣官升任本府、本道，其交代尤為重視，一面飭令接任之員遵照例限盤交結報，一面委派鄰近道府前往徹底清查加結，詳報藩司，轉詳督撫，諮部查核，若委員不實力盤查，通同捏報，照盤查官偏袒例議處。

州縣官一般離任時，督撫將接任之正署官到任日期報明戶部，同時委派專員監盤，將倉庫錢糧依限交代，查無虧缺，出具印結，將到任、出結各日期於文內聲明，送該官府州查核並無舛錯，申送該管道員移司覆核，詳報督撫，督撫將其與臨盤官職名一併諮部存查。若官員在交代之前將錢糧冊籍等件擅自增改，革職；失察書役將冊籍燒毀沈匿，降一級調用；失察書役乘機侵匿銀兩，降二級調用。若官員交代錢糧冊籍款項未清，謊稱已清或假捏印結申送，革職，若上司通同徇隱，降三級調用。

官員離任除交代一般要求的內容外，一些特殊的官員還有專門的交代事項。[95]

離任交代有規定的期限，並且舊任官和新任官的分限也都一一注明。交代期限一般有初參期限（正限）和二參期限，官員若在初參期限或二參期限中不能完成交代，分別承擔相應的行政責任。有關上司若不予及時督責揭參，以徇庇例論處。清朝法律對不同官員規定了不同的交代期限，而且有些相同的職官又依事務繁簡情況而有所不同。試以州縣交代為例說明之。州縣交代有基本的

95　如「河工官員交代」，應將承建、承修的一切工程案卷、保固期限、工程錢糧、存貯物料、堆積土牛等一一交代清楚。又如，新任正學教官到任，令舊任正學教官將從前奉到欽頒書籍、禮器並經手之學田租谷等項造冊移交，接任官查明接受，造具冊結，由該府州縣核實詳司轉送督撫學政存案，仍將交明緣由報部。

初參期限，又按倉庫多寡予以不同的展限：

> 交代初參定限兩個月，舊任官限二十日內造冊移交，新任官限四十日
> 內查核、轉造、出結申送府州。若倉穀在二萬五千石以上，准展限
> 十五日；五萬石以上，准展限三十日。錢糧在五萬兩以上，准展限
> 十五日；十萬兩以上准展限三十日；十五萬兩以上，准展限四十五日。
> （十五日者，舊任官分五日，新任官分十日；三十日者，舊任官分
> 十日，新任官分二十日；四十五日者，舊任官分十五日，新任官分
> 三十日。）或一人而有兩任交代者，並許其展限一個月。如有遲延，
> 該上司將何任遲延查明開參。係舊任官遲延，將舊任官罰俸一年，
> 新任官免議；係新任官遲延，將新任官罰俸一年，舊任官免議。如
> 舊任官遲至初參例限將屆始行造冊移交，新任官又不上緊查核以致
> 逾限者，將舊任官罰俸一年，新任官罰俸六個月，督催不力之府州
> 罰俸六個月，道員罰俸三個月。

州縣交代若在正限內不能完結，予以二參期限，若再不能完結，給予更重的處
分：

> 州縣交代正限內不能完結者，先行照例查參，其二參限期仍照初參
> 之例予限兩個月。……倘逾兩月之限不結，該上司即查明何任遲延
> 揭報該督撫題參。如係舊任官於二參分限二十日之外移交以致新任
> 官不能依限出結者，將舊任官革職，新任官免議；如舊任官已於二
> 參分限二十日之內造冊移交，新任官遲至分限四十日之外出結者，
> 將新任官革職，舊任官免議。

官員交代已過二參定限仍無冊結，督撫若不行查參，降一級調用，係有心徇隱，
降三級調用。對於超過二參定限未結之案，有關上司還應查明是僅止出結逾期
還是另有虧缺，並在疏內詳細聲明。若有虧缺而不予聲明，將申詳之司、道、府、
州降三級調用，督撫降一級留任。

　　應該注意，從表面上看，上述清朝法律關於離任交代的期限規定似乎過於
繁複、瑣細，但這正是清朝離任制度嚴密的一個重要體現，若沒有這樣細密明
確的規定，離任交待就無從落實甚至成為具文。而且，離任交待若無緊湊而又

合理的期限限制，很可能為不法官員弄虛作假提供有利條件。所以，上述規定是清朝離任制度的一項重要經驗，也是反映清朝行政立法具有高度技術性的一個很好例證。

為了保證離任交待制度的嚴格實施，法律規定了嚴厲的責任追究制。在交代過程中，如發現問題，有關上司和知情官員不得隱瞞不報，亦不得將揭報抑勒扣壓，否則均以私罪處分；若誣陷枉揭或對揭參者報復打擊，亦以律論處：

> 舊官任內本有虧缺，新任官不行揭報，竟自收受交代者，經該督撫題參，將舊任官革職治罪，新任官革職，虧項照例賠補。如新任官業經揭報，該上司仍抑勒接收，許新任官直揭部科代為陳奏。所揭係司、道、府、州等官，令該督撫確審具奏。其有干連督撫者，將新任官與舊任官押令來京，交都察院審辦，查明係何員抑勒即將抑勒之員降三級調用，新任官以別省員缺調用。如誣捏枉揭，將新任官交刑部治罪。至新任官調任他省之後，該上司有藉端誣陷者，許新任官於都察院呈辯，果係冤抑，將該上司照屈廉為貪例議處。如新任官本有應得之咎，借從前揭報之名妄行呈辯，亦交與刑部按律治罪。

上司官員在監督離任交代中，既要嚴格執法，但也不能故意刁難，甚至藉端抑勒。「官員交代，上司藉端勒掯以致遲延者，將勒掯之員降二級調用，失察之督撫降一級留任。」、「交代查無（當為「有」──引者注）虧缺而監盤官意存偏袒，勒令新任官接收者，革職，上司不行揭參降一級調用。」

官員在離任交代中若有問題會以例論處，但若歷任交代均能清白無誤且按時完成，會得到一定的獎勵：

> 官員歷任交代無虧缺遲延者，准該督撫保奏，試用候補人員准其請至遇缺儘先補用，實缺人員准其請至以應升之缺升用，均不得越次指定升階，並請加記名字樣及先開本缺等項，以示限制。

第二，官員離任必須及時。清朝法律對官員及時赴任十分重視，對官員及時離任也同樣十分重視。法律強調離任及時的目的，是為了便於對離任官的監督審核，防止久不離任而貪緣交通，滋事生非，也是為了新任官能夠及時疏理

關係，展開政務。離任官員必須依照交代期限按時完成各項交代，然後即速離任。

官員及時離任有具體的要求。離任官應當及時搬出衙署。外省官員卸任，應於交代限內即出省另居，不得久占衙舍，如不依限出署，舊任官降一級調用，接任官不行詳揭，罰俸一年。離任官應當及時赴部。因題升、推升、指升例應離任人員，督撫接到部諮責令交代清楚後，限三個月給諮赴部，如有遲延逾限，一月以上者罰俸三個月，二月以上者罰俸六個月，三月以上者降一級留任，四月以上者降一級調用，五月以上者降二級調用，半年以上者降三級調用，一年以上者革職。

督撫為地方大員，他們的及時離任具有特殊的意義和作用，其離任時間也有特別的規定。督撫離任沒有一般的交代期，而是文到即離：

> 督撫遇有解任之案，部文到日即令離任。巡撫印務交總督兼署，總督印務交巡撫兼署，如無總督之省及巡撫不與總督同城者，巡撫解任將敕書印信交與布政使護理。

因犯案被題參之降級、革職官員，法律規定他們不待開缺而於題參之日「即令離任」。雍正五年定例：

> 嗣後遇有錢糧刑名事件應行降調革職之員，該督撫題參之日即行摘印，委員署理，俟該部議復奉旨定案之日，再行開缺。若有旨寬免仍准復還原任。

之所以對降革人員採用這種急速離任的辦法，乃是因為「此等人員既昏憒無能，多留一日即誤一日之事，理應即令離任，另委賢員速為整頓，方于地方有益。且該督撫出本以後，該員即已預知不能保全而幸其印猶在手，往往乘機舞弊，即瑣細無關緊要如田房稅契之類，或本人或子弟或吏役以及素相來往之紳衿，俱于印官將去未去之時恣意妄行，及至部復到日，近者亦必二、三月，遠者或至半載以外，此數月中何事不可為。即丁憂人員尚有隱匿遲報者，豈可任其踞缺營私，殊非澄敘官方、整理民社之意。」

官員離任既應及時，但也不能未完交接手續而提前離職。若故意提前離職，

均以犯有案件的私罪論處：

> 應行離任官員俟上司委員接署方准交代離任，如上司尚未委署即先
> 離任者，降二級調用。
>
> 離任官員不將錢糧等項交代明白即行起程者，降二級調用，失察之
> 該管官降一級調用，督撫罰俸一年。[96]

　　第三，官員離任後對其前任內事故仍應負責。對於官員前任內的事故責任
嚴加追究，而不是因事過而不了了之，這是中國封建社會吏治立法中的一項重
要經驗。清朝對此十分重視，法律一再予以重申。康熙十五年議准：

> 凡已經革職官員，如有前任事故到部議處，必分開應降、應革，題
> 明註冊，不得止以毋庸再議，將前任事故一概抹銷。倘事後辯復還
> 職，仍將前任事故逐一察核。若再有應革之罪，不得即與還職；如
> 有應降之罪，即照原職降級；如有應罰之罪，仍於補官日罰俸。[97]

雍正十年議定：

> 凡內外官升任之後，遇有原任事發，情罪尚輕，應行降調者，皆於
> 現任內議以降調。[98]

為了便於追究離任官員前任內事故的責任，清例規定，凡官員離任時，均應對
其預行注考。例如，外任升授京職人員，該督撫於該員離任時即出具切實考語
送部註冊，遇有前任內因公降調革職處分，吏部於議處本內夾簽具題。[99]

（二）科道監察

　　在中國古代，監察機關是對文官進行監督的主要組織，清朝也不例外。在
清朝文官監督制度中，監察機關起著十分重要的作用。

1. 清朝監察機關的體系和特點

96　以上「離任制度」中史料未注明者均見《欽定六部處分則例》卷 8。
97　《欽定大清會典事例》卷 85。
98　《欽定大清會典事例》卷 85。
99　《欽定六部處分則例》卷 2。

　　中國古代監察制度發展到唐宋，監察組織主要為兩大系統，即御史系統和諫官系統。明朝將這兩大系統發展為都察院組織和六科給事中組織。清朝承襲明制，但又有所變化，形成了自己的特點。

　　第一，科道合一。清初依用明制，由都察院和六科給事中組成監察組織。都察院設有十五道監察御史，主要負責對全國地方的監察。六科給事中「自為一署」，鑄有印信，是獨立的監察機關。雍正初，將六科給事中併入都察院，[100] 科道合一，使清朝的監察組織由兩個系統變為一個系統。科道合一使清朝監察機關的作用有所變化，反映了集權制度高度發展的要求。

　　第二，只察官，不諫君，監察機關成為專司監督百官的組織。唐宋以來，作為兩個自成一體的監察系統，御史組織和諫官組織互有分工，其監察對象各有側重：御史組織的任務主要是「察官」，諫官組織的任務主要是「諫君」。為了從制度上保證諫官組織發揮應有的作用，許多朝代賦予諫官特殊的權力，其中最重要的是「封還詔書」。尤其是在唐朝，「封還詔書」制度十分健全，在實踐中取得了良好的效果。[101] 但是，隨著君主專制制度的發展，諫官組織的諫君權力逐漸被削弱，其作用逐步向察官方面轉移。在明朝，雖然法律明確賦予六科給事中具有封駁權，[102] 然而在實際中，封還詔書的權力已經喪失，而駁正百司的權力卻受到重視。[103] 至清朝，諫官組織的上述變化發展到了極點。清朝法律上也有給事中封駁的規定。順治初年定：「凡部院督撫本章，已經奉旨，如確有未便施行之處，許該科封還執奏。」[104]、「凡制敕宣行，大事復奏，小事署而頒之。如有失，封還執奏。」[105] 但是，這些規定已成紙上空文。順治十五年，由內三院改為內閣，其職掌是「鈞國政，贊詔命，釐憲典，議大禮、

100　《清史稿・職官二》。

101　唐制：給事中「凡制敕有不便於時者，得奏封之」（《白居易集》卷48〈鄭覃可給事中制〉）；「詔敕有不便者，塗竄而奏還，謂之『塗歸』。」（《新唐書・百官二》）而且，這一制度在實踐中也執行得比較好，湧現了許多以敢於封奏的給事中，如魏征、許孟容、袁高、呂元膺、李藩等。

102　《大明會典》卷213「六科」：「章奏之下，又經六科，六科可封駁，糾正違失。」

103　參見《中國監察制度史》（邱永明著，華東師範大學出版社1992年出版，第397–400頁）。

104　《欽定大清會典事例》卷1014。

105　《清朝文獻通考》卷82。

大政，裁酌可否入告。」[106] 就是說，內閣是皇帝與百司聯繫的樞扭，負責草擬和宣發皇帝的詔令，呈遞和代擬批旨百官的奏章。這些職掌類似於唐朝的中書門下兩省的職責。在唐朝，中書掌出令，門下掌覆核，諫官便設於中書門下。這樣在出令和覆核過程中，諫官就能行使「封還詔書」的權力。清朝的內閣既已行使出令之職，六科的封還權力便難於行使。至雍正初年，乾脆將六科併入都察院。雍正的做法雖然是將已有的事實明確化，但它畢竟從體制上將諫官變成了御史，標誌著中國歷史上諫官系統的消失，是中國監察制度史上的一個倒退。正因為如此，在雍正撤並六科時，給事中們曾破天荒地「連章爭競」，但遭到「嚴加懲儆」。[107]

如果說，內閣的設立是清朝六科完全變成御史的直接原因，那麼，專制制度的極端發展則是其更深層的原因。在清朝統治者的心目中，監察機關是監督內外百官是否忠於君主，是否忠於朝廷，是否忠實地履行政務的重要工具。都察院《憲綱》開篇寫道：

> 凡有政事背謬，及貝勒大臣有驕肆慢上，貪酷不法，無禮妄行者，許都察院直言無隱，即所奏涉虛，亦不坐罪。倘知情蒙蔽，以誤國論。如盡心職業，秉公矢行，三年考滿，定加升賞。[108]

可見，當初設立都察院的主要目的，是為了監督和限制貝勒大臣的權力。以後，歷代君王都反復強調科道是君主的「耳目之司」，科道官員必須按照這一要求切實履行職責。[109]

總之，儘管清朝法律給六科規定了「封還」和規諫的權力，並且朝廷一再鼓勵言官們知無不言，言無不盡，[110] 但難收實效，六科已成為督責部院的機構，言官們別說行使正式的封還諫君權，就是一般地對君主建言也誠惶誠恐，廖廖

106　《清史稿・職官一》。

107　乾隆四十一年諭曰：「我朝綱紀肅清，科道咸知奉法，不敢復蹈前轍。惟雍正初年，因六科改隸都察院，給事中等連章爭競，經皇考嚴加懲儆，力為整飭。」（《欽定大清會典事例》卷 1001。

108　《欽定大清會典事例》卷 998。

109　《欽定大清會典事例》〈都察院・憲綱〉（卷 998–1013）所載清朝歷代皇帝關於科道的諭旨，其中許多諭旨開篇都為「都察院為朝廷耳目之官」、「科道為耳目之官」等話語。《欽定台規》卷 1 也明確規定：「台者之設，言責斯專，寄以耳目。」

110　詳見《欽定大清會典清例》〈都察院・憲綱〉。

無幾。時人描述六科時說：「今事或由廷寄，或由科抄，其下科者，皆係循例奏報，無所用其參駁。」[111] 乾隆五年諭曰：「至科道為朝廷耳目之官，朕廣開言路，獎勵多方，並令翰林院郎中、參領等官皆得建言，原冀有裨國是。乃數年中條奏雖多非猥瑣陋見，即剿襲陳言，求其見諸施行、能收實效者為何事乎？近日即科道官敷奏者，亦屬廖廖，即間有條陳，多無可採。」[112]

2. 監察機關對行政機關和文官的監察體系

如上所述，清朝監察機關承沿明朝的發展趨勢，已完全成為專門監督內外百官的組織。這樣，科和道相結合，構成了有特色的對行政機關和官員的監察體系。

六科給事中分別負責監察的行政機關和官員是：

吏科：分稽銓衡，註銷吏部、順天府文卷；

戶科：分稽財賦，註銷戶部文卷；

禮科：分稽典禮，註銷禮部、宗人府、理藩院、太常寺、光祿寺、鴻臚寺、國子監、欽天監文卷；

兵科：分稽軍政，註銷兵部、鑾輿衛、太僕寺文卷；

刑科：分稽刑名，註銷刑部文卷；

工科：分稽工程，註銷工部文卷。[113]

道對行政機關和官員的監察，清初沿用明制，都察院對地方實行分道監察，並將全國分為十五道。乾隆十三年，令各道監察御史除監察本道衙門外，還要稽察在京有關衙門（包括其主管衙門都察院）。十五道的具體分工是：

京畿道：分理直隸、盛京案件，參治都察院院事，稽察內閣、順天府、大興、宛平兩縣。

河南道：分理河南案件，照刷部院諸司卷宗，稽察吏部、詹事府、步軍統領、五城察院。

江南道：分理江蘇、安徽案件，稽察戶部、寶泉局、左右翼監督、在京

111　《皇朝掌故彙編》內編卷 1。

112　《欽定大清會典事例》卷 999。

113　《清史稿·職官二》。

十二倉、總督漕運衙門、兼察三庫月終奏銷。

　　浙江道：分理浙江案件，稽察禮部、都察院。

　　山西道：分理山西案件，稽察兵部、翰林院、六科、中書科、總督倉場衙門、坐糧廳、大通橋監督、通州倉。

　　山東道：分理山東案件，稽察刑部、太醫院、河道部督衙門，兼察核五城竊盜命案。

　　陝西道：分理陝西、甘肅、新疆案件，稽察工部、寶源局、復勘在京工程。

　　湖廣道：分理湖北、湖南案件，稽察通政使司、國子監。

　　江西道：分理江西案件，稽察光祿寺。

　　福建道：分理福建案件，稽察太常寺。

　　四川道：分理四川案件，稽察鑾儀衛。

　　廣東道：分理廣東案件，稽察大理寺。

　　廣西道：分理廣西案件，稽察太僕寺。

　　雲南道：分理雲南案件，稽察理藩院、欽天監。

　　貴州道：分理貴州案件，稽察鴻臚寺。[114]

　　從上述六科和十五道的監察分工可以看出，許多在京衙門是被雙重稽察的，它們是宗人府、六部、理藩院、通政使司、各寺、監及順天府。相反，軍機處因是辦理樞務、承寫密旨之地，首以嚴密為要，所以不在稽察之內。但是嘉慶五年，針對「軍機處臺階上下、窗外廊邊，擁擠多人，借回事畫稿為名，探聽消息，摺稿未達於宮廷，新聞早傳於街市，廣為談說，信口批評」的狀況，命每日派都察院科道一人，輪流進內監視，如有前項情弊，即令參奏。[115]

　　科道對各行政機關官員的監察，雖然以全體官員為對象，但重點是各機關的長官。如在京衙門官員犯案，往往是司員題參屬員，堂官題參司員，科道題參堂官。[116]

114　見《欽定台規》卷 17〈各道一〉，《清史稿‧職官二》。
115　《欽定大清會典事例》卷 1017。
116　同上。

3. 監察機關監督行政和文官的主要內容

總體而言，監察機關對行政機關和文官的監督範圍十分廣泛，大至結黨營私、謀反皇權，小至違反禮儀服飾、染行惡習劣俗等一切「官邪」都在監督之列。順治九年上諭曰：

> 都察院為朝廷耳目之官，上至諸王、下至諸臣，孰為忠勤與否，及內外官員之勤惰，政事之修廢，皆令盡言。如滿漢各官，有賢有否，督、撫、按各官有廉有貪，鎮守駐防各官，有捍禦勤慎者，有擾害地方者，皆令分別察奏。其推舉銓用與黜革降罰，及內外各衙門條陳章奏，有從公起見者，有專恣徇私者，皆令明白糾駁。[117]

具體而言，監察機關監督行政和文官的最基本內容是檢查各項公務的完成情況，這是各科、道共同的主要任務。圍繞這項任務，清朝定有較為嚴密的制度和措施。

第一，註銷。所謂註銷，就是科道定期清核行政機關的公務執行情況，根據有無違法和逾期分別作出處理。註銷制度源遠流長，這是中國古代監察機關監督行政和文官的一項經驗總結。中國古代統治者很早就認識到，利用文卷作弊是許多不法官員的慣用伎倆。「在官言官，在朝言朝，必假文移而悉達。」[118]元朝人胡祇遹曾將各種文卷作弊歸為「稽遲」和「違誤」兩大類。稽遲就是不按規定限期完成公務，違誤就是不按規定內容完成公務，其手法多樣，如「倒提月日、補貼虛檢、行移調發、文飾捏合、彌縫完備、應對支吾」等等。[119]因此，許多朝代都十分重視定期清核公文。明朝規定，六科給事中和御史負責註銷京外衙門的文卷。清朝沿用明朝的註銷制度，並且進一步地發展和完善。

清朝法律規定，各衙門每月兩次將應行公務造冊分送科道，科道每月註銷一次：

> 各衙門所辦之事，每月兩次造冊，送稽核之科註銷。依限完結者，開除；限內未完及逾期有困難者，於註銷本內聲明；無故逾限者指參。

117　《欽定大清會典事例》卷998。

118　明朝，《刑台法律・吏律・公式》。

119　胡祇遹，《雜著・官吏稽遲情弊》。

各於月抄繕本具題。[120]

科道在註銷時，重點審核有無遺漏事件，有無未按規定要求完成，有無逾限不完。若逾限未完而在送冊內已聲明者，科道官還應詳加察審，以防托詞回復。科道官若不察延遲之故，一併處分。[121]

各衙門的造冊，必須實事求是，不得弄虛作假，若有遺漏事件，或改動事件性質以增加限期，或寫錯日期等情狀，依例處分：

> 註銷冊內遺漏事件者，該司員罰俸兩個月，聲敘舛錯不明者，該司員罰俸三個月。

> 部院將應行議結之案轉為駁查者，經科道查出參奏，將該司員罰俸六個月，堂官罰俸三個月。

> 各部院及八旗等衙門一應文移，俱令本衙門填寫日期。倘有止寫年月不寫日期者，許收文衙門于每月註銷時送該科道驗明，附入註銷本內參奏，將該處行文之員罰俸三個月。如收文之員不行查出，罰俸兩個月。自寫補填日期者，照違令公罪律罰俸九個月（公罪），罰俸一年（私罪）。[122]

為了能夠使科道正確嚴格地註銷，必須讓科道預先知情，即清楚地瞭解和掌握各衙門應該執行的各項公務。為此，清朝從發文的程序上作了相應的規定。首先是「接本」制度。清制，凡是諭旨、章奏批復先送內閣，六科每日派給事中一人赴內閣祇領，然後分發有關各科。雍正十三年還進一步議准，九卿會議定稿畫押之後，令主稿之部院滕錄副稿，鈐蓋堂印，送交應稽查之科收存。候命下之日，該科將副稿與紅本核對。倘有私行更改以致不符者，即行參類。[123]其次是「發抄」制度。六科接本之後，根據事件歸屬由某科即日抄寫，並傳知都察院暨各科道。抄寫後的題本為「科抄」，發交某部為「正抄」。如一事關涉數處，將本章送於別科轉發為「外抄」。原領本章，各存本科，年終匯繳內閣。

120　《欽定大清會典事例》卷 1014。
121　《欽定大清會典事例》卷 1017。
122　《欽定六部處分則例》卷 11。
123　《欽定大清會典事例》卷 1014。

如內閣發出的是「密本」，則不予科抄，由該科登號，原封送部，取承領官職名附於號簿。該部辦理畢，仍密封送科。[124] 另外，雍正元年還議准，部院之間有諮提行詢事件，行文部院一面諮行有關部門，一面知會科道存案。若被諮部門逾期，令行文部院參劾。如行文部院徇隱不參，科道即將逾限各官及不行參劾之部院一並列參。[125]

發往外省的題本，其程序稍有不同。六科從內閣接本後，由各省坐京提塘親赴六科抄錄，刷印後送科查核，然後轉發各省。[126]

第二，刷卷。刷卷是由京畿道（乾隆二十年改由河南道）一年一次對在京大小衙門的文卷進行全面的清核。順治九年始行此制：「設京畿道專管照刷在京大小衙門文卷，除軍機大事外，其餘事件一年一次稽察。」十一年又題准，「照刷文卷內有訟獄淹滯，刑名違錯，錢糧埋沒，賦役不均等弊，應請旨者，奏請取問，應治罪者，依律治罪。其移送照刷文卷，均用印信冊結，照刷事畢，具疏奏繳。」[127] 在京各衙門上年所辦文卷，於次年八月內送刷。河南道刷卷完畢，於每年二月照衙門次序預定領卷日期，知照各衙門按指定日期赴道領卷。[128] 各衙門送刷文卷數目有舛錯，將司員罰俸三個月。[129]

清朝的註銷和刷卷制度，對於督責行政機關和文官按時按質完成各項政務，提高行政管理效率，起到了一定的積極作用。在這兩項制度（尤其是註銷制度）中，凝聚著中國古代行政管理的寶貴經驗，值得後人總結和借鑑。

清朝各科道對於行政機關和文官的監督，除了履行一般的共同職責外，還根據不同衙門定有相應的重點內容。在京衙門，科道以六部為重點監察對象，其中對吏部、戶部、禮部、工部監察的主要事項為：

吏部。監督京察：各衙門京察冊籍於三月初五日以前封送吏科，吏科、吏部考功司、京畿道各自封門察核，然後會同評議。監督大計：各省大計冊籍，由吏科會核具題。監督文職畫憑：司道以下各官，命下五日內由吏部文選司繕

124　《欽定大清會典事例》卷 1014。

125　《欽定大清會典事例》卷 1017。

126　《欽定大清會典事例》卷 1014。

127　《欽定大清會典事例》卷 1017。

128　《欽定大清會典事例》卷 1017。

129　《欽定六部處分則例》卷 11。

寫文憑用印，送吏科填限，吏科定期令各官到科畫憑，依限填注，並於十日內送吏部。經歷以下雜職等官，由督撫轉發文憑，該員領憑赴任後，取縣地方官文結，報吏科存案。[130]

戶部。監督支領財物：在京各衙門支領戶部銀物，每月造冊報戶科察核。監督直省錢糧奏銷：凡直省解戶部錢糧各項奏銷冊，有蒙混舛錯者，由戶科指參。監督直省錢糧交盤：藩司交代時應將任內收放錢糧交盤出結，造冊呈送督撫具題，送戶科察核。監督秋成分數：督撫奏報年歲收成分數，除隨時奏報外，再將通省之夏收、秋收分數繕兩本具題，交戶科察核。監督奏繳糧冊：京通各倉監督每年將收放米豆數目造具清冊，呈送總督倉場侍郎具題，送戶科磨對。監督鹽課考核：核辦鹽課各官於年終將已銷、未銷和已完、未完鹽課數目鹽引造冊呈送鹽政具題，送戶科註銷。俟鹽關任滿具題，由都察院考察外，仍須造具總冊送科稽核。監督戶關考核：戶部關差赴科領取四季印簿，令本商填寫納稅數目，按季送科，待差滿時造具總冊，戶科將其與戶部紅單核對，如有舛錯違限，題參處罰。[131] 監督戶部三庫：戶部三庫每月將出入數目進呈御覽，奉旨後即交都察院，將各處所領銀、緞、顏料等物原稿數目察核，如有不符即行題參。[132] 對戶部監督事項還有糟糧奏銷、奏繳漕白糧冊、稽核解送戶部批文等。

禮部。監督歲科學冊：學政以到任後一年內應完成歲試和科試，每三月將生員考試數及考試結果報禮科核實。監督歲科試卷磨勘：學政每三月將歲試、科試試卷解送一次，由禮科磨勘。禮部會同磨勘：直省鄉試試卷解送到部後，由禮部奏請欽點九卿、翰、詹、科、道等官，會同磨勘。[133]

工部。監督內外工程：在京工程先由有關衙門奏請，恩准後由工部會同工科估計。直省修造城垣、官署、兵房、池塘、堤壩、橋梁等項工料，造具細冊後送工科察核。監督工關考核：工部各關口河差赴工科領取四季印簿，令本商填寫船料、稅課及竹木柴炭等項數目，按季報料，差滿時造送總冊，工科將其與工部紅單磨對，有舛錯違限者題參。監督解送工部批文：各省解送工部的銅、鉛、硝、藤竹、寶砂，及各項飯食水利銀兩到部後，由工部將解送數目與批文

130　《欽定大清會典事例》卷 1015。
131　《欽定大清會典事例》卷 1015。
132　《欽定大清會典事例》卷 1018。
133　《欽定大清會典事例》卷 1016。

一併送工科察核。[134]

　　從上述科道對吏、戶、禮、工四部監察的主要事項可以看出，科道對行政機關和文官的監察是較為全面的，大凡部院所屬之主要政務，科道都要予以監察。其中，對於錢糧物資等經濟事項的監察，規定得尤為細緻。

　　4.清朝監察機關監督行政和文官的作用、經驗和教訓

　　清朝監察機關監督行政和文官的制度，機構健全，體系清楚，規範詳密，從而為其作用的發揮提供了良好的立法基礎。但是，由於各個時期政治狀況不同，其實際作用也很不一樣。大致而言，從順治至乾隆，統治者富有進取精神，銳意治國，清政權有較強的活力，各項制度（包括監察制度）多能較好地發揮作用。在這一時期，監察機關的性質和作用雖然已經受到集權制度高度發展的掣肘而被扭曲，但其「察官」的職能卻在某種程度上得到了加強，為鞏固政權和廓清吏治起到了較大的作用。首先，糾舉朋黨和宦官。清初統治者以明末為鑒，嚴厲打擊朋黨和宦官干政，並且將此作為監察機關的重要職責。順治時，御史張煊、盛夏選等先後彈奏大學士陳名夏結黨營私，陳被流放。[135]康熙時，鰲拜集團、索額圖集團、明珠、余國柱集團等先後專權自恣，分別被御史糾彈革除。其次，糾舉貪官。順治時，吏部尚書譚泰公然勒索貪贓，被御史張煊等彈劾，譚泰被誅，籍其家，子孫貸連坐。[136]御史秦世禎巡按江南，彈劾巡撫土國寶貪贓虐民，土國寶畏罪自殺。[137]順治十二年，御史王繼文巡按陝西，兩年後還京，都察院列上王繼文在任時「劾文武吏四十餘」，「察出虛冒錢糧七千七百有奇」。[138]康熙時，彭鵬巡視廣西，糾劾賀縣、荔浦、懷集、武緣、諸緣諸貪吏，並與其他給事中、御史等人俱劾順天鄉試學政貪贓。康熙帝曾誇獎說：「李光地、張鵬翮、郭琇、彭鵬，不但為今之名臣，亦足重於後世矣。」[139]乾隆時，御史曹錫寶不畏權貴，彈劾軍機大臣和珅，更是名垂史冊，雖因乾隆袒護而彈劾未成，但嘉慶時和珅被糾彈伏法後，嘉慶帝還專發上諭追嘉曹錫

134　同上。
135　《清史稿》卷252〈陳名夏傳〉。
136　《清史稿》卷253〈譚泰傳〉。
137　《清史稿》卷247〈秦世禎傳〉。
138　《清史稿》卷263〈王繼文傳〉。
139　《清史稿》卷284〈彭鵬傳〉。

寶。[140] 再次，督責官員依法完成公務。內外行政機關和文官都被明確置於科道的監督之下，各科道對各衙門的監督又有明確的事項和職權，還通過註銷、刷卷等制度及時檢查、清核執行完成各項公務的情況，這些都為清初行政機器的良好運轉起到了積極的作用。

嘉慶以降，清朝政權已失去往日的朝氣和活力，專制制度的各種弊端和危害日漸暴露和併發，清朝逐步走向下坡路。雖然監察制度還是以前的制度，法律還是以前的法律，規範還是以前的規範，但其實際作用已經遠不如昔。面對不可遏制的吏治腐敗，科道官們只能望洋興嘆。為了仰仗朝廷俸祿，他們中的許多人便以瑣言、空言敷衍塞責。嘉慶對此曾經極為不滿：

> 朕近閱臣工條奏，累牘連篇，率多摭拾浮詞、毛舉細故，其中荒唐可笑留中不肯宣示者，尚不知凡幾。若諸臣無所建白，原不必有意搜求，希圖塞責，朕於未經條奏之科道，又何嘗加之責備耶？……內外大臣中有應舉應劾之人，必須列其實跡秉公入告，何得以瑣事空言逞意瀆聽乎？朕宣論及此，並非因封事紛陳，厭於聽納，所望者直言正論，有裨國是。[141]

從史籍記載看，在順治至乾隆時期，湧現了許多剛直不阿、鐵面糾奏的科道官。[142] 而道光到清末，雖然也有一些為人稱頌的科道官，但遠遠比不上清朝前期。

在清朝監察機關監督行政和文官的制度中，有一些值得我們珍視的經驗。

第一，強調以專門監察機構從外部對行政和文官進行監督。中國古代統治者很早就認識到，文官建設離不開監督，而真正有效的監督不僅需要行政內部建立必要的機制，更需要有獨立的組織從外部實行監督。所以，中國古代監察制度的一個特點是自成一體，垂直領導，直接聽命於皇帝，國家用它對內外百

140　《欽定大清會典事例》卷 1002，嘉慶五年諭：「從前已故御吏曹錫寶，曾經參奏和珅家人劉全倚勢營私，家貲豐厚一事。彼時和珅正當聲勢熏灼之際，舉朝並無一人敢於糾彈，而曹錫寶獨能抗辭執奏，殊為可嘉，不愧諍臣之職。……曹錫寶著加恩追贈副都御史銜，並將伊子照加贈官銜予蔭生。」

141　《欽定大清會典事例》卷 1002。

142　如順治年間有魏象樞、楊雍建、李森先、張煊、秦世禎、王繼文等，康熙年間有郭琇、郝浴等，乾隆時期有曹錫寶、錢灃等。

官進行監督。而且，中國古代監察機關的獨立性隨著時間推移而不斷增強。至明朝，御史組織成為國家三大府之一：「國家立三大府，中書總政事，都督掌軍旅，御史掌糾察。朝廷紀綱盡係於此，而台察之任尤清要。」[143] 清承明制，監察機關在國家機構體系中占有舉足輕重的地位，是朝廷監督行政和文官的主要依靠所在。嘉慶十六年上諭曰：

> 國家設立都察院堂官、六科各道，凡內自王公大臣，外自督、撫、藩、臬以至百職庶司，如有營私枉法、辜恩負職者，言官據實糾彈，立即按款嚴究，執法重懲。[144]

為了充分發揮監察機關對文官的監督作用，清朝將監察機關更加劃一、集中，都察院成為中央最高領導機關，賦予其更高的社會地位和更集中的察官職能。清朝還將御史明確定為司法官員，穿用獬豸補服。

第二，建立固定的專門的對行政和文官的監督體系。六部是全國政務的總樞扭，歷來是監察機關監督的重點。在明朝之前，雖然有些朝代已派御史負責監察六部，[145] 但尚未建立固定的專門機構。清朝承用明朝做法，在六部設立六科給事中作為固定的監察機構。同時，各道御史除監察本道外，還分別固定監督中央有關部院衙門，一些重要的部院衙門被科道雙重監察。

第三，寓監察於程序之中。清朝賦予科道對行政和文官的監督權，不是限於空泛的、原則的規定，而是有具體的制度、措施和方式。法律或者規定相對獨立的監督制度和程序（如登出、刷卷等），或者讓科道官作為監督事項的特殊參與者，在參與中發揮特殊的監督作用（如六部重點監督事項等）。這種做法對科道切實有效地發揮監督職能是非常有利的。而且，我們應當看到，這些具體的監督制度、措施和方式的形成，絕不是一朝一夕之功，也不是某個或某些立法者們的聰明靈感所致，而是長時期行政管理實踐和監察實踐的提煉和總結。它們雖然表現在清朝行政立法中，但與其視為清朝的功績，還不如認之為中國古代行政法律文化的成果。

143　《明史‧職官二》。

144　《欽定大清會典事例》卷 1005。

145　如唐朝，有六察御史 3 人，第一人察吏部、禮部，第二人察兵部、工部，第三人察戶部、刑部（《新唐書‧百官三》）。

　　清朝監察機關對行政和文官的監督制度及其實踐，也留下了一些深刻的教訓，最為重要的一條，就是專制制度對監察的束縛及其造成的後果。

　　清朝政權是中國古代專制制度的最後形態，旨在維護君主集權的各項制度空前發達。監察機關的性質是皇權的工具，主要作用是為集權服務，這些都被作為毋庸置疑的準則規定在法律之中。《欽定台規》寫道，御史是「天子耳目，為朝廷之腹心」。皇帝對監察機關擁有絕對的控制權。科道官的考選、任用、升遷黜降皆由皇帝裁定，特別是科道官的條奏應由皇帝獨斷，科道官必須完全服從，所謂「條陳在臣下，而允行則出朕旨。」[146]

　　在這種體制下，科道官們處於非常為難的境地：一方面，法律要求他們勤於職責，敢於陳奏，言無不盡。雍正元年還曾規定了科道官一人一日一奏制度。[147]另一方面，法律又要求他們言無不實，言之有益，言而無私。但是，何謂「實」，何謂「益」，何謂「私」，雖然有些可以據事而明辨，但很多是由皇帝判定的。這樣，在是非標準不確定的情況下，免不了一些有實、有益的條奏被棄之不用，甚至許多出於公心的糾奏反被定為徇私挾仇，糾奏者自獲其罪。據《大清會典事例》、《欽定台規》和《清史稿》等記載，清朝獲罪處分的科道官數目甚多，[148]雖然其中一部分確有犯案，但也不乏皇帝個人好惡甚或挾私枉斷的犧牲品。例如，順治時，御史張煊以「十罪二不法」糾奏大學士陳名夏，但由於滿官吏部尚書譚泰的庇護，順治認定張煊「挾私誣衊」，處以絞刑。御史李森先彈劾大學士馮銓貪贓，卻因「以無實跡」而被解職。康熙時，大學士明珠深受帝寵，雖然「頗營賄賂」，卻無人敢彈。至後來失寵，御史郭琇才將其彈劾。乾隆時，御史炳文因奏請「科道京察止令都御史帶領引見，去留俱候欽定」，被斥「殊為錯謬」，革去御史，發往伊犁以司官效力贖罪。[149]乾隆庇護和珅更是其一大汙跡。和珅劣跡斑斑，貪贓數額驚天駭地，乃至後有俗語「和

146　《欽定台規》卷 1。

147　雍正元年諭：今後各科道，每日一人上一密摺，輪流具奏，或二三人同日具奏一摺，一摺止言一事。無論大小事務，皆可據實陳之。即或無事可言，摺內亦必申明無可言之故。具摺後，在外候旨，或召進面見，或令且退。所言果是，朕即施行；或未甚切當，朕亦留中不發，決不令一人知之。倘有徇私挾仇，顯係情弊，巧為瀆奏者，亦不能惑朕之耳目也。（《欽定大清會典事例》卷 998。）

148　據有的學者統計，清朝被處分的科道官有 300 多人。見邱永明著，《中國監察制度史》華東師範大學出版社 1992 年出版，第 459 頁。

149　《欽定大清會典事例》卷 1001。

坤跌倒，嘉慶吃飽」，但有皇帝護傘，御史根本無可奈何，曹錫寶上疏糾彈反因「妄言」而獲罪。嘉慶二十一年，御史羅家彥以「旗民生計艱難，……老幼男婦皆以紡織為業」。此奏遭到朝廷的嚴厲斥責：「我朝列聖垂訓，命後嗣無改衣冠，以清語、騎射為重，聖謨深遠，我子孫所當萬世遵守。若如該御史所奏八旗男婦皆以紡織為務，則騎射將置之不講，且營謀小利，勢必至漸。」羅家彥若是滿官，必重責四十板，發往伊犁。且念羅家彥為漢官，革退御史。[150]嘉慶帝的斥責實屬荒唐，羅家彥的受罰實屬冤枉。

面對為難的境地，許多科道官以消極的辦法明哲保身，或極少條陳，或王顧左右而言他，或奏上一些無關緊要的瑣事、細事，或高談闊論，泛泛而議。對此，朝廷常發詔諭加於訓斥。康熙三十一年諭：

> 近見滿、漢科道官員建白甚少，殊非朕責望言路之意。[151]

康熙三十三年又諭：

> 立科道官員特為條奏政事，今觀都御史以至科道條奏者甚少。國家應言之事頗多，嗣後各宜其心術，以有益國家之事條奏。[152]

嘉慶二十二年諭：

> 近日科道章奏非為不多，而能有所建白者實少，或止于申明舊例而泛為鋪敘，或輒議更張成法而斷難施行，此皆志存塞責，意在見長為私而不為公。[153]

其實，皇帝們對科道官的上述心態是十分清楚的，雍正曾經直截了當地予以揭示：

> 朕觀數年以來科道陳奏者，並無忠讜可信之詞，又有庸陋之科道，既不敢直陳政務之大端，又恐蹈緘默之愆，往往摭拾瑣細迂謬、毫

150　《欽定大清會典事例》卷1006。
151　《欽定大清會典事例》卷998。
152　《欽定大清會典事例》卷998。
153　《欽定台規》卷1。

　　無關係之事濫行條奏，甚至顛倒是非，紊亂黑白，或藉以行私植黨
　　者有之。[154]

雍正指出了科道官們「既不敢直陳政務之大端，又恐蹈緘默之愆」的心態，但
他卻將其僅僅歸因於科道官們為私而不為公，這就非常膚淺了。

　　歷史說明，專制體制下的監察制度，因其固有的工具性和依附性，其職能
和作用也必然受到極大的束縛。

154　《欽定台規》卷5。

第六章　文官之休致

　　休致，又稱致仕、致事、致政、請老、告老、乞骸骨等等，是指中國古代官員因老疾等原因卸去職務。古代休致與現代退休在形式上頗為相似，但內在含義截然不同。在中國古人觀念中，「溥天之下，莫非王臣」，官員的職務和俸祿都是君主賜予的，所以，休致的本義就是向朝廷和君主交還職事和俸祿。「致，還其職事於君也」；[1]「致仕，還祿位於君」。[2]

　　清制，民人入仕以後，其官員的身分是終身的（除因處分而剝奪之），所以，休致只是去其現任之職事，而職銜和頂戴依然持有。同樣，若休致後有犯事或原任內之事發，仍有處分，或降頂戴，或革職銜：「老病休致原任內應得加級記錄，仍照例註冊，遇有原任內處分，例止罰俸及降留、革留者，俱准其免議，降調者仍准其抵銷。若例應降調而無級可抵，或事屬私罪係例不准抵者，仍按級降其頂帶，例應革職者，仍革去職銜。」[3]

一、休致的原因和方式

（一）休致原因和方式

　　清朝文官休致的原因大致有三種：一是老，二是疾，三是處分。文官休致

1　《禮記‧曲禮上》。

2　《公羊傳‧宣西元年》。

3　《欽定六部處分則例》卷2。

的方式與現代資本主義國家文官退休制度的規定基本相似，即分為自願和強制兩種。在清朝，自願休致稱之為「告休」、「乞休」等等，強制休致稱之為「勒休」。官員因老或疾休致，可以乞休，也可能被勒休；因處分休致，則都為勒休。法律規定：

> 凡官年老告休者，則令致仕。[4]

> 文武官員年力就衰者，如係呈請告休，或將軍、督撫、提督等察看不能勝任，即行奏請勒休，方准以原品休致。如有似此因俸滿推升，經部調取，恐來京時看出衰老情形，始行具奏者，除將該將軍等交部議處外，即將該員降頂帶二級休致。[5]

清朝文官因處分而被勒休的情形，主要有兩種。一種是外官因「才不勝任」而被休致或降補，此制定於乾隆初年：

> 初，京職簡道、府，疆吏察其才不勝任，疏請調京任用，多邀俞允。乾隆初，廷臣有以衰廢之人不宜復玷曹司為言者，詔切止之。嗣是外官才力不及者，但有休致、降補，無內用矣。[6]

另一種是高品級的官員借補低品級的官缺，遇有降調處分而現缺無級可降，則令其休致：

> 凡大銜借補小缺各員遇有降調處分，係照原銜升轉者，仍照原銜降調，不照原銜升轉者，應照現缺降調，其原有虛銜准其隨帶降調之任，倘現缺無級可降，即行革任，仍給與所餘職銜，令其休致。至大計參才力不及、浮躁等官，無論是否照原銜升轉，概照現缺降調。[7]

關於文官因老疾休致，應該強調的一點是，同為老疾而休致方式不同，其性質也截然不同：告休屬正常休致，勒休則是屬於行政處分：

> 凡年老有疾告退者，不在處分之列。其年老有疾戀職不去而被議者，

4　《欽定大清會典》卷 11。
5　《欽定六部處分則例》卷 13。
6　《清史稿·選舉五》。
7　《欽定六部處分則例》卷 2。

則勒令休致，罷其職而存其銜。[8]

正因為告休和勒休的性質不同，其休致後的待遇也有很大差別（見下述）。

清朝文官休致的程序，若勒休，則依行政處分的有關程序辦理（詳見第四章）；若告休，則京官和外官分別依品級列入不同題本具奏。法律規定：

> 京官告病告休，三品以上者由本衙門具奏，奉旨後知照吏部。四、五品以下者具呈本衙門諮明吏部，俱由考功司移付稽勳司入於半月匯題。

> 督、撫告病告休自行具奏，藩、臬由督、撫代奏，道府丞率、州縣以上，由督、撫具題。其教職、首領、佐雜等官告病告休，由督、撫諮明吏部，俱由考功司移付稽勳司入於半月匯題。[9]

不管是勒休，還是告休，都應得到皇帝的允准。所以，告休雖然是出於官員自願，但亦受到一定的限制。這一程序看起來很平常，但其背後深刻地反映了臣對於君的人身依附關係。在中國古代君主專制體制下，內外百官皆是君主之僕臣，其官、其祿是君主賜予的，官員對君主和朝廷應盡服務效勞的義務，而且這種義務在本質上是終身的，亦即官員對君主和朝廷應該鞠躬盡瘁，死而後已。所以，若因老疾而不能繼續盡義務時，理所當然應該得到皇帝的恩准。

（二）休致的年齡

中國古代認為，男子年屆七十，精力和智力都已明顯衰退，「陰道已衰，耳目不聰」。古代的經驗是「古人以四十為強仕之始，以五十為服官政之年，以七十為致仕之期。」[10]所以「大夫七十而致事」[11]是商周以來的傳統做法，唐、宋、明等朝代基本上都是相沿不改。[12]

8　《欽定大清會典》卷11。
9　《欽定六部處分則例》卷9。
10　清，梁章鉅編，《退庵隨筆・官常一》。
11　《禮記・曲禮上》。
12　如唐朝「諸職事官七十聽致」（《通典》卷32）。宋朝規定士大夫年七十以上當致仕，「其不知止者，請令有司按籍舉行之」（《宋史・胡宿傳》）。明朝初年令「凡內外大小官員年七十者，聽令致仕」，永樂十九年又重申之（《明會典》卷13）。

　　清朝文官的休致年齡基本上沿用歷代的標準，但呈現出降低的趨向。官員一般以七十歲為致仕年齡，但在七十歲之前，亦可以「老」為由乞休。清朝關於「老」的標準前後有所變化：

> 年老休致，例有明文。乾隆二十二年，定部、院屬官五十五歲以上，堂官詳加甄別。三十三年，改定京察二、三等留任各官，六十五歲以上引見。嘉慶三年，命京察二、三等官引見，以年逾七十為限。[13]

但是，嘉慶五年又改制為六十五歲以上列入「老」班：

> 向來京察二、三等人員，凡六十五歲以上者另為一班帶領引見，後經改為七十歲以上，此次仍照舊例將六十五歲以上之員通行帶領引見。[14]

此後，上述規定一直沿用至清末。

　　值得注意的是，上述條文規定的是京察中帶領引見的年齡標準，它雖然表明了法律對於「老」的認定，官員可以以此標準年齡向朝廷乞休，但是，它畢竟不是真正的、實際的休致年齡。上述年齡的官員被帶領引見之後，可能休致，也可能不休致而繼續留任。

　　在清朝，雖然通常以七十為致仕年齡，官員至七十歲或在此之前亦一般都要乞奏休致。但是，在實際執行中並不十分嚴格，過七十而繼續做官的大有人在，[15] 甚至還有年屆八十而升官之例。[16]

　　清朝法律還根據不同對象而有不同年齡規定。例如，教職人員若年過七十仍精力健旺，可以展延五年休致：

> 年逾七十之教職內有精力尚健、堪以留任者，亦止准展限五年，概

13　《清史稿‧選舉六》。

14　《欽定六部處分則例》卷 5。

15　如，乾隆十一年，陳豫鵬已「七十有餘」，仍為吏部郎中。（見《欽定六部處分則例》卷 13〈京員年老告休分別題奏〉）

16　如，陳朝珍，乾隆辛卯舉人，年躋八秩，奉部推升國子監典籍。同官仁和沈秋河先生撰一聯贈之曰：「不病故，不勒休，仙家亦稱上等，又升官，又添壽，教官無此下臺。」（陳其元，《庸閑齋筆記》卷 11）

　　　　行令其休致。[17]

這條法律的本意是強調教職一般應七十休致，若要展限也以五年為限，但它畢竟說明清朝文官的休致年齡並不十分絕對。

　　更應該指出的是，清朝三品以上官員的休致與三品以下官員並不相同。從實際情況分析，三品以上官員的休致更加寬鬆，只要身體條件允許，能夠繼續為朝廷事仕，一般都能連續任職，以至許多官員卒於在位。若官員本人提出予告（即乞休），朝廷才予以酌定。茲舉幾例說明之：

　　李鴻章，「奉詔行新政，設政務處，充督辦大臣，旋署總理外務部事。積勞嘔血薨，年七十有九。」[18]

　　左宗棠，光緒七年，平定西北之後，入京授軍機大臣，兼值譯署，然「同列頗厭苦之，宗棠亦自不樂居內，引疾乞退。九月，出為兩江總督、南洋通商大臣」。光緒十年，與法兵和議成，「再引疾乞退」。同年七月，卒於福州，年七十三。[19]

　　沈家本，卒於資政院副總裁位，年七十四。[20]

　　三品以上官員為朝廷大臣，對他們的休致與其他官員區別對待，在一定程度上具有合理的因素。但是，沒有明確和嚴格的休致標準，乃至於實際上為終身制，這對於不斷改善朝廷高層官員的結構，增強和提高朝廷上層的朝氣和活力，是極其不利的。

　　從上述內容可以看出，與現代文官制度相比較，清朝文官的休致年齡制度具有很大的不確定性。一是沒有十分明確和硬性的休致年齡規定；二是法律上諸如「老」的年齡規定，其約束力並不非常嚴格，官員達到「老」的年齡，與他們的休致並不等同，實際中常常有「老而不休」的現象；三是各種人員的休致規定也有很大區別。

　　清朝文官休致年齡制度中的上述特點並不是清朝才有的，實際上它是中國

17　《欽定六部處分則例》卷4。

18　《清史稿》卷418〈李鴻章傳〉。

19　《清史稿》卷419〈左宗棠傳〉。

20　《清史稿》卷450〈沈家本傳〉。

古代文官休致制度中的一個傳統。唐朝法律規定：「諸職事官七十聽致」[21]，這是一般規定。在實際中，「年七十以上，應致仕，若齒力未衰，亦聽釐務。」[22] 相反，「年雖少，形容衰老者，亦聽致仕」。[23] 明朝也規定七十致仕，但靈活性很大，而且在一定程度上是說官員年屆七十可以奏請乞休。洪武元年令：「凡內外大小官員年七十者，聽令致仕。其有特旨選用者，不拘此例。」洪武二十六年定：「凡官員年七十以上，若果精神昏倦，許令親身赴京面奏。如准吏部查照相同，方許去官離職。」永樂十九年詔，「文武官七十以上不能治事者，許明白具奏，放回致仕。」[24]

休致年齡的不確定性，為朝廷從實際情況出發任用官員，充分發揮某些官員的才幹、經驗和作用提供了方便。但是，這種特點弱化了制度的規範性，容易產生種種弊端。年屆「老」齡的官員，可以乞休，也可以不乞休，而不乞休的官員一旦被部議休致，立刻成為勒休。不可否認，被勒休的官員中確有許多是因戀職而心存僥倖，甚至採取不正當手段以期蒙混過關。但是，制度本身的不確定性，也確實是導致官員「老」而不乞休的一個重要原因。如果制度本身具有非常明確和嚴格的規定性，則不太可能出現年老的官員有的乞休，有的不乞休的現象。

二、休致後的待遇

清朝文官休致後的待遇，主要包括品銜、俸祿和封贈，朝廷主要根據原有品級和休致方式決定每位休致文官的上述待遇。

（一）品銜

如上所述，清朝文官休致的本義是向朝廷交還其現任職務，其品銜一般仍予保留。依清朝法律規定，絕大多數文官是以原品休致的：

21　《通典》卷33。

22　《舊唐書·職官志》43。

23　《通典》卷33。

24　《明會典》卷13。

內外三品以下官員老病告休，均准其原品休致。[25]

京察、大計考績中因老疾而被勒休的官員，其處分是「罷其職而存其銜」（見上文），即亦能存有原品。

但是，有些官員是降品休致的。如乾隆五十五年定制，官員已老疾而不自請乞休，待俸滿推升時，因擔懼經部調取看出衰老情形，方才由督撫奏請或自陳休致，將該官員降頂戴二級休致。[26]

有的官員因勞績顯著，在休致時加銜進級，但這屬於皇帝之特恩，並非常制。《大清會典》卷十一云：「大臣予告者，或加銜或食俸，皆出特恩，示優異焉。」如雍正時大臣陳元龍，雍正七年授額外大學士，尋授文淵閣大學士兼禮部尚書。十一年以老乞休，加太子太傅致仕。[27]

文官休致後繼續持有相應的品銜，這是中國古代歷朝文官制度中的一個普遍規定。這種規定的目的，是使官員休致後繼續保持官的身分，從而擁有相應的榮譽和社會地位。

（二）俸祿

按照休致的本義，官員休致即意味著不再享有朝廷的俸祿，清朝法律也是這樣規定的。京官俸祿分春秋兩季發放，各有規定的時限，若老病告休，應依例裁扣：

> 在京漢官，以二月、八月初七日為限。凡初七日以前，有開復者，准其補領，老病告休、革退、物故者，悉行裁扣。若初七日以後，不准補領，亦不裁。[28]

但是實際上，許多官員休致後仍有相應的俸祿。這種俸祿的性質，是皇帝對官員的再次恩賜。

清朝文官休致後享有的俸祿，有全俸者，有半俸者，也有無俸者。一般而

25　《戶部則例》卷 73，見《中華律令集成》（清卷）911 頁。

26　見《欽定六部處分則例》卷 13。

27　《清史稿》卷 296〈陳元龍傳〉。

28　《欽定會典事例》（嘉慶）卷 268。

言，凡是被勒休的官員，都不再享有俸祿。

三品以上大臣為朝廷勤務多年，他們若年老求退，一般均能享有全俸：

> 凡大臣引年求退，以原官致仕者，俱准給與全俸。[29]

乾隆元年頒發諭旨，強調對滿漢大學士應當優禮全俸：

> 凡大臣中，有引年求退，奉旨以原官致仕者，均係宣力有年，素為
> 國家優禮之人，雖經解組，仍當加恩，以示眷念耆舊之意。現在滿
> 漢大學士，暨曾為部院尚書，予告在家者，均著照其品級給予全俸。
> 在京于戶部支領，在外於該省藩庫支領，永著為例。[30]

在《清史稿》中，大臣蒙恩食全俸者多有記載。[31]

清例規定，凡是予告（即大臣年老告退歸家）及休致官員奉旨賞給全俸者，只領正俸，不領恩俸。[32]

如果大臣在職期間蒙賜爵位，因爵俸優於職俸，故其休致後食爵俸。如，嘉慶十一年，大學士保寧乞休，優詔致仕，予食公俸。[33] 嘉慶十九年，大學士威勤伯勒保再乞致仕，許之，命食伯俸。[34]

但是，三品以上大臣若不是「引年求退」，而是因京察休致，則或給與半俸，或不與給俸：

> 其遇京察自陳，准令原品致仕者，部、旗查核應否給與半俸，奏明
> 辦理。其遇京察原品致仕並部議致仕者，概不給與俸祿。[35]

29　《戶部則例》卷 73，見《中華律令集成》（清卷）第 910 頁。

30　《欽定大清會典事例》卷 259。

31　如，嘉慶二十三年，「大學士董誥致仕，命食全俸」（《清史稿》卷 16〈仁宗紀〉）。咸豐四年諭內閣，予告大學士潘世恩服官五十餘年，小心謹慎，克稱厥職，因其年逾八帙，勉從所請，准其致仕，並賞食全俸（《文宗實錄》卷 128）。朱鳳標，同治七年以吏部尚書協辦大學士，未幾，拜體仁閣大學士管理吏部，十一年，以病乞休，命以大學士致仕，食全俸（《清吏稿》卷 397〈朱鳳標傳〉）。

32　《戶部則例》卷 73，見《中華律令集成》（清卷）第 911 頁。

33　《清史稿》卷 16〈仁宗紀〉。

34　同上。

35　《戶部則例》卷 73，見《中華律令集成》（清卷）第 910 頁。

　　三品以下官員告休後的俸祿，基本承用漢至唐宋時的做法，一般均「照原品給予半俸銀米」。[36] 但是，若因被糾參而勒休，則不給俸祿：

> 內外三品以下官員，有年老患病不肯告休，至入于軍政及隨時糾參者，毋論年歲、曾否出征打杖，俱勒令休致，不得題請給俸。[37]

（三）封贈

　　封贈是文官的一項重要權利（見第三章）。但是，休致官員不都有權封贈，主要視其是否食俸而定：

> 其休致官員，食全俸、半俸者，俱准封，不食俸者不封。若在任遇恩詔後，經病故，或致仕，雖不食俸者，俱照原官封贈。[38]

　　從總體上分析，清朝文官休致後的待遇比明朝文官要好得多。明朝文官休致後無額定的俸祿，僅給一些貧困不能自存者一定的救濟。[39] 但是儘管如此，由於中國古代文官休致後的待遇歷來偏低，清朝雖然已經對文官較為優待，但官員們仍不滿足。尤其是對他們個人而言，休致前後的待遇差別極大。這種事實引發了一些問題。許多官員為謀後計，在職時就盡可能地積聚錢財，其手段有合法的，也有不合法的。還有許多官員戀職而不肯休。為此，他們常常隱瞞年齡。有人對此描述道：「三十年來，士大夫履歷，例減年歲，甚至減至十餘年，即同人宴會，亦無以真年告人者。」[40] 由於這種現象的嚴重存在，加之清朝時人事檔案的管理水準有限，要準確地瞭解掌握每個官員的實際年齡，確實有很大的困難。這大概是京察、大計考核時對年老人員要專門加於引見的一個重要原因。

36　《欽定大清會典事例》卷 259。

37　《戶部則例》卷 73，見《中華律令集成》（清卷）第 911 頁。

38　《欽定中樞政考》卷 1，《中華律令集成》（清卷）第 363 頁。

39　洪武十二年詔：「凡致仕官，復其家終身無所與」（《明通鑑》卷 6）。永樂十九年詔：致仕者「若無子嗣，孤獨不能自存者，有司月給米二石，終其身」；成化二十二年詔，「在京文職以禮致仕者，五品以上、年及七十，進散官一階。其中廉貧不能自存、眾所共知者，有司歲給米四石。」（《明會典》卷 13）。

40　清，王世禎著《池北偶談》卷 2〈官常〉。

三、休致後的復用問題

與休致的方式相適應，清朝官員休致後的復用亦可分為兩類情形來考察。第一類是勒休官員。因處分而被勒休的官員，法律明確規定不能開復和捐復。《欽定六部處分則例》（卷二）「不准捐復條款」中有一項為：「京察、大計劾參各官及隨時以闒冗懈弛等罪劾參者不准捐復。」「加倍半不准捐復十三條」中有一項為：「休致人員不准捐復降捐」。但是在實際中，保舉休致人員開復或捐復的情形還是存在的，而且較為嚴重，所以同治元年十一月專發上諭，重申以前的定例：

> 向來休致人員例不准捐復，其永不敘用之員劣跡昭著，情節尤重，是以終身擯棄，以示懲儆，定例綦嚴，纖毫未能寬假。乃近來各省于休致人員往往保舉開復，……實屬故違定制，殊非朝廷澄敘官方之意。嗣後各省督撫及各路統兵大臣，于此兩項人員不准濫行保奏，亦不准代請捐復。如有仍前錮習違制濫保者，必將該督撫大臣從嚴懲處，並將所保之員查明賄囑情托等弊，分別從重治罪，以杜鑽營而重吏治。[41]

第二類是乞休官員。因老疾而自行告休的官員，中低品級者一般不再復用，而大臣被重新起用則屢見不鮮。例如，薛允升，光緒十九年授刑部尚書。光緒二十三年，「其從子濟關說通賄，御史張仲炘、給事中蔣式芬先後論劾，允升坐不遠嫌，鐫三級，貶授宗人府府丞。次年，謝病歸。二十六年，拳禍作，兩宮幸西安，允升赴行在，復起用刑部侍郎，尋授尚書。以老辭，不允。二十七年，回鑾，從駕至河南，病卒。」[42]時年已八十一歲。

可見，清朝對於三品以上大臣的休致是十分寬鬆和靈活的，他們既無嚴格和硬性的休致年齡規定，又可休致後被重新任用，這種制度反映了朝廷對高品級官員的珍惜和重視，但對於增強高層官員隊伍的活力不可避免地會產生消極作用。

---

41 《欽定六部處分則例》卷2。
42 《清史稿》卷449，〈薛允升傳〉。

第七章　清朝文官制度的基本原則

　　任何制度、任何法律都是外在規範和內在觀念的統一體。本章所要著重探討的是清朝文官制度中的內在觀念。

　　在清朝文官制度的全部規範中，貫串著一些基本原則，這些原則指導著清朝文官制度的制訂和建立，體現了清朝文官制度的價值觀念和文化精神。

　　任何事物都是一般和個別的統一。一方面，清朝文官制度具有一般文官制度應有的最基本的原則，體現出一般文官制度共有的文化精神；另一方面，清朝文官制度又具有因特殊的政治、經濟、思想、文化和歷史傳統而產生的特殊原則，體現出中國封建社會文官制度特有的文化精神。

一、公正原則

　　公正，是所有文官制度應有的一項基本原則。這是因為，任何政府，任何文官組織要得以成立和存在，必須擁有最起碼的公信度，從而獲得社會和民眾最起碼的尊重、信任和支持。雖然，許多政府（尤其是非民主的政府）的存在，在很大程度上離不開武力的支撐。但是，這種武力支持的力量畢竟是有限的，政府存在的真正基礎還是最起碼的公信度。如果失去了這種真正的基礎，再有武力支撐也無濟於事。中國幾千年的歷史反復證明了這一點。政府和文官組織為了擁有最起碼的公信度，就必須奉行公正原則。

何謂「公正」？古今中外學者對此眾說紛紜，多有分歧；「公正」，作為文官制度的一項一般原則，其基本內涵又是什麼？我們認為，公正的核心是尊重和維護管理集團的整體利益。應該強調的是，這種整體利益不是管理集團成員個人利益的簡單相加，也不是管理集團狹隘意志和狹隘利益的簡單反映。管理集團的整體利益是在與社會其它各階層利益的衝突和協調過程中逐漸定格和形成的。不可否認，社會管理者會利用特殊優勢，侵奪其它各階層的利益。但是，這種侵奪不可能是無限制的，而必然有一個「合理」的限度。超過了「合理」的限度，管理集團的利益不僅不會增加，反而會受到損害；超過得越多，損害得越多。這種「合理」的限度，正是「公正」的真諦所在。同時，「合理」的內涵和外延不同，也就相應地顯現出了各種「公正」的歷史性和相對性。

為了真正有效地維護管理集團的整體利益，任何文官制度都會對每位文官提出這樣的要求：既不允許侵害文官隊伍中其他成員的利益，也不允許侵害社會其他階層成員的利益。管理集團可以在「合理」的限度內集體地、「合法」地侵奪社會其他階層的利益，但是個人的侵奪行為是為法律所禁止的。有學者在研究中國官僚政治時曾經指出：「國王的語言，變為他們的法律，國王的好惡，決定了他們的命運（官運和生命）結局，他們只要把對國王的關係弄好了，或者就下級官吏而論，只要把他們對上級官吏的關係弄好了，他們就可以為所欲為地不顧國家人民的利益，而一味圖其私利了。」[1] 又指出，「一個為官僚把持操縱的社會，本來沒有什麼法度可言，要說有，不外是有關人民對於他們的義務的規定，或有關他們自己相互之間的權利的規定罷了。」[2] 這些論述在一定程度上揭示了官僚政治的特徵和弊端，對於我們深刻地認識官僚政治有所啟發，但卻失之於偏頗和絕對。中國官僚政治如果確實是這樣，任何官員可以為所欲為地一味圖其私利，有關禁止官員侵害民眾利益毫無法度可言，那麼，我們不得不產生這樣的疑惑：這種野蠻和毫無理性的政治卻能夠長期地維持？這種疑惑的理由將在下面的論述中得到清楚的說明。

公正原則在清朝文官制度的各個重要環節均有體現。例如，在選官制度中，以科舉作為主要方式；在任官制度中，以「出身」作為主要依據和強調任用的程序；在監督制度中，重視以德、才定等第，等等，這些內容在上文有關章節

1　王亞南著，《中國官僚政治研究》，中國社會科學出版社 1981 年出版，第 22 頁。
2　同上書，第 118 頁。

中已有詳述。這裡，我們專就法律要求文官公平為政予以闡述。

（一）公正是文官應有的重要品德

從傳統儒學的人才觀出發，清朝統治者認為，最理想的文官是才品皆優。但是，如果二者不可兼具，則寧可要「品勝於才」者。乾隆曾說：

> 凡論人之道，才品兼長，固屬甚善。但二者不可得兼。若才勝於品，雖一時塗飾可觀，而心志不誠，根本不固，將來蕩檢逾閑，必至難於駕馭；若品勝於才，雖一時肆應不足，而心術端方，操守廉潔，將來擴充歷練，必能不愧循良。[3]

在文官的品德中，「公」是必不可少的，而且，只有有了「公」，才有可能具備其它良品。雍正曾說：

> 人之所以能謙，尤在於公而不私，和而不同。《周書》之示誡曰「以公滅私」，《虞書》之陳謨則曰「同寅協恭和衷哉」。公私合同之間，實君子小人之所由分。凡人立身行己、待人接物，未有不嚴辨於此而可以無失者也。[4]

> 自古明目達聰之道，欲以周知庶務，博採群情，其責端在於臣工之襄贊。然必公正居心，斯能以忠言讜論，裨益政治。[5]

乾隆也說：

> 國家宣猷敷政，首重得人，而以人事君，公爾忘私者，乃人臣之大義。[6]

為了培養和塑造文官公正的品德，清朝在學校教育中就對生員提出了相應的要求。順治九年，朝廷題准「訓士條規」，要求所有學校「刊立臥碑，置於明倫堂之左，曉示生員」。其中寫道：

3　《欽定大清會典事例》卷 81。
4　《欽定台規》卷 2，見《中華律令集成》（清卷）第 461 頁。
5　《欽定大清會典事例》卷 998。
6　《欽定六部處分則例》卷 4。

凡利國愛民之事，更宜留心。

生員居心忠厚正直，讀書方有實用，出仕必作良吏。若心術邪刻，讀書必無成就，為官必取禍害。[7]

清朝還重視文官入仕的把關。士子出身正與不正，對其日後為官品德有重要的影響：

夫士子出身之始，尤貴以正。若茲厥初拜獻，便已作奸犯科，則異時敗檢逾閑，何所不至，又安望其秉公持正，為國家宣猷樹績。[8]

所以，清朝法律規定，凡是犯有劣跡受過處罰之人，不得應試入仕。

（二）合法待民

公正，總是體現在社會各階層利益的矛盾和協調過程中。在中國封建社會，文官公平為政的一個重要體現是正確處理官民關係。尤其是受到儒家「民本」思想的影響和支配，一些有頭腦的帝王君主都清醒地認識到，民乃社稷之基礎，因此都很注意撫民、安民、恬慮民生之疾苦。雍正曾在一道上諭中形象地描述自己「愛民」的心態：

朕自即位以來，恩念皇考付託之重，惟恐天下之人有一夫一婦不獲其所，自朝至夜殫心竭慮，晷刻靡寧，無非欲休養民生，澄清吏治，使中外永享升平之福，以仰慰我聖祖仁皇帝在天之靈。即如前歲雨澤偶愆，去歲畿輔被澇，朕在宮中虔禱上天，叩首至於傷腫，中夜屢起瞻望雲色，以卜晴雨。祈禱之時，嘗終日飲膳不御，不上於減膳而已，此皆朕默盡其心，不肯令人知之，在朕心以為敬天勤民、勵精圖治之意。[9]

乾隆則以民為「赤子」表白了憂民之心：

朕因近日少雨，宵旰焦勞無時或釋，屢向大學士等諮詢籌劃感召天

7　《欽定大清會典事例》卷389。

8　同上。

9　《欽定台規》卷2，見《中華律令集成》（清卷）第459頁。

和、惠濟閭閻之道。今日特召爾九卿等面降諭旨，朕之念切憂勤無
非為百姓起見，蓋以百姓皆朕之赤子也，……倘或年歲欠收，朕與
諸大臣官員豈至有饑餒之患，而百姓饔飧不給、嗷嗷待哺，是猶為
父母者宴然飽餐而聽其子之啼于側，於心忍乎？[10]

雍正和乾隆的表白不免有些誇張甚或造作，但其中闡發的君民關係、吏民關係
確實是他們篤信的，因而多少反映了他們的真實心態。

在民本主義指導下，清朝法律禁止官員任意侵害百姓，要求他們「合法」
待民。

賦稅徭役是百姓承擔的主要義務，是官民關係的焦點，清朝法律尤其重視
官員應該公平徵收。浮收是官員侵漁百姓的常用手段，也是百姓不堪重負的主
要根源。[11]清朝統治者對此十分清楚：「恤民之政，不在減額，而在裁浮收。」[12]
因此，法律要求官員依照額定標準徵收，不准加派，否則均以私罪論處：

州縣官徵收錢糧私加火耗及私派加徵者，革職拿問。司、道、府、
州隱匿不報者亦革職拿問，已經揭報而督撫不行題參者革職。[13]

稅糧應該逐年徵收，不得「預徵」，以免加重百姓負擔：

州縣官預徵次年錢糧者，革職拿問。司、道、府、州明知不揭者，
革職；已經揭報而督撫不行題參者，降五級調用。其預徵錢糧即准
該花戶作為次年正項流抵。[14]

官員在徵收時應該對花戶平等相待，不能偏袒：

凡直省州縣徵收地丁正耗錢糧，不准有捐攤名目，致啟浮收，並不
准有紳戶、民戶、大戶、小戶分別，致滋偏重。如地方官吏添設名目，

10　《欽定台規》卷3，見《中華律令集成》（清卷）第464頁。

11　如，同治三年，左宗棠奏稱，杭、紹、嘉、湖四屬地漕銀182萬餘兩，核減浮收銀57
　　萬餘兩之多，可見該地方官平日違例取盈，重為民困。（見《欽定大清會典事例》卷
　　108）。

12　《欽定大清會典事例》卷108。

13　《欽定六部處分則例》卷25。

14　《欽定六部處分則例》卷25。

額外浮收及紳衿大戶不遵定章完納者，即由該督撫查參懲辦。[15]

為了防止官員私派加征和侵吞稅糧，法律規定了細密的徵收程序。徵收應使用統一的紅簿，並依照規定的手續領交紅簿：「州縣徵收錢糧紅簿，令上年十月內申送布政司鈐印，開徵前領回，於花戶完納時眼同登記填發串票。」串票必須用三聯，並按規定分別填寫和存收：「州縣經徵花戶錢糧用三聯串票，每聯內各填款項數目，仍於騎縫用印處將完數端楷大書，分中截開，一存案備查，一付差役應比，一給花戶收執。如官吏朦混填寫，及無票付執者，許花戶控告，按侵挪錢糧例治罪。縱容書吏勒索票錢者，官參吏處。」[16] 花戶交納錢糧以後，允許其「自封投櫃，照數填給印串為憑。」若「州縣官勒令不填數目及不給與印串者，將州縣官革職拿問，司、道、府、州明知不揭者革職，如已經揭報而督撫不行題參者降五級調用。」[17]

清朝法律除了禁止官員在徵收稅糧時私自加派外，還嚴禁他們平時或巧立名目、或強行科攤而藉端勒索。

不准以軍務河工科派：官員有以軍務河工急需為名藉端科派，並因事科取行戶貨物侵欺入已者，革職提問。如審非入己，限內全完，止准免其治罪，其革職之案刑部不得用開復字樣。若該官上司不行揭參，分別知情、不知情論處。[18]

不准借審辦案件勒索：州縣審辦大小案件勒索財物者，革職提問，督撫等知而不行揭參，俱降三級調用。[19]

不准藉故索要部民子女：凡借稱錢糧拖欠，准折部民子女者，俱革職提問。[20]

不准到任時科派：大小官員到任，屬下官役預為鋪設器用，修理衙署派及兵民者，革職治罪，或係本員勒令所屬辦理及每年指稱添換器用、修飾衙署，派累兵民者，亦革職治罪。屬員能據實稟揭者免議，如未經稟揭照違例支給錢

15　《戶部則例》卷9，見《中華律令集成》（清卷）第671頁。

16　《戶部則例》卷9，見《中華律令集成》（清卷）第669頁。

17　《欽定六部處分則例》卷25。

18　《欽定六部處分則例》卷15。

19　同上。

20　同上。

糧降一級調用，若已經稟揭而該上司不行查參，照徇隱例降二級調用。[21]

　　不准借出差地方或巡視下屬需索民財。京官出使地方、上級巡視下屬，常被視為美差。「沿途地方官向有饋送，督撫派於州縣，州縣派於里民。」還大講排場規模，擾動黎民，「所過地方，知府牧令每於數十里外迎送，甚至教官率領生員迎接。」為此，《六部處分則例》（卷十五）規定：「欽差務期恪遵訓諭，嚴束人役，毋得騷擾地方，需索饋送。如欽差本無需索，州縣官借名私派裡民及暗加火耗者，著即指名題參。至督撫身為大吏，尤宜廉潔率屬，倘有扶同苛派致擾民生者，一經查出，決不故貸。」、「鄰省督撫、本省各上司及欽差大員之隨役家人私自索取供應，其本官不知情者，照失察衙役犯贓例分別議處，係知情故縱者，革職，並將隨役家人按律治罪。地方官能據實詳揭者免議，若未經詳揭，照違例支給錢糧例降一級調用。」清朝對京官出差還定有具體的接待標準。凡京官出差，由兵部發給勘牌，注明差員官爵、職級。每到驛館，驛地官員根據勘牌按照規定供給什物。

　　不准以借債為名勒索：官員負欠私債違約不還，百兩以下罰俸一年，百兩以上降一級留任。[22]

　　不准強購掠奪民財：衙門需要鋪戶貨物，各照市價平買，毋得私立官價名目科取對象，違者照例議處；各省府、州、縣等衙門，除菜蔬油醬食物，准其於本處照市價平買外，其餘布匹、綢緞一切貨物等項，或由本籍攜帶，或在鄰境買用，毋得於所屬地方濫行賒買，致啟勒索捐價之端。[23]

　　值得重視的是，為了防止激化民族矛盾，維護少數民族利益和邊境安定，法律特別強調少數民族邊境地區的地方官員更應公平治理，若有貪酷擾累，犯事之官和不揭之官都要嚴處。《大清會典事例》（卷82）載雍正六年議准：

> 臺灣地方文職同知以下等官，有貪酷乖張，以致起釁生事者，將不行揭報之道府降三級調用，不行查參之巡台御史降二級調用。

雍正十二年又議准：雲、貴、川、廣等苗疆地方，照臺灣之例。「若有將苗夷

21　《戶部則例》卷9，見《中華律令集成》（清卷）第933頁。

22　《欽定六部處分則例》卷15。

23　《戶部則例》卷100，見《中華律令集成》（清卷）第933頁。

科派擾累，及將土目索詐凌辱等情」，除處罰該官外，不行揭報之上官司也一體治罪。

為了督責官員合法待民，清例規定，地方官員在考核中被薦為「卓異」者，必須核實「不科派雜差，不索取火耗，不虧刻行戶，不強貸富民。」[24]「凡因藉端勒派，肆意誅求，罔念民瘼致釀事端革職者，雖無婪贓入己情事」，加倍半也不准捐復降復。[25]

（三）廉潔為政

公正與廉潔密切相聯，貪贓是影響文官公平為政的首要因素。清朝統治者從立國之初就將懲治貪贓視為廓清吏治的關鍵。順治八年，在給都察院的上諭中說：「治國安民，首在嚴懲貪官。大貪官員，問罪至應死者，遇赦不宥。」順治十二年又諭刑部：「貪官蠹國害民，最為可恨。」[26]康熙說：「治國莫要於懲貪。」雍正也說：「治天下，首在懲貪治吏。」乾隆則進一步說：「劣員多留一日則民多受一日之殘，國多受一日之蠹」；「斧鑕一日未加，則侵貪一日不止」。[27]

清朝懲治貪贓的立法，從一開始就體現了「嚴」的特點。順治元年規定，「官吏犯贓審實者，立行處斬」。順治十二年又定：「嗣後內外大小官員，凡受贓至十兩以上者，俱籍沒其家產入官」，並依罪處罰。康熙認為：「大法則小廉，源清則流潔。」康熙年間一再重申：「贓至十兩者，責四十板，流徙南北地方。其犯贓罪，應杖應責者，不准折贖。」[28]乾隆朝在承襲前朝立法的基礎上又有所發展，如規定，官員有侵吞等罪，均發往軍台懲處；廢止《重犯捐贖例》；強調犯贓刺字例，以防貪官「日久事冷，鑽營復職」。

《大清律例》對官員犯贓作了全面系統地規定：

> 凡官吏（因枉法、不枉法事）受財者，計贓科斷，無祿人，各減一等；官追奪除名，吏罷役，（贓止一兩。）俱不敘用。

24　《欽定大清會典事例》卷 80。

25　《欽定六部處分則例》卷 2。

26　《清聖祖實錄》。

27　《清朝通志》卷 78。

28　《清聖祖實錄》。

官吏犯贓，根據「枉法」和「不枉法」分別「計贓科斷」，無祿人（即月俸不及一石者）例減有祿人（即月俸一石以上者）一等。其具體科斷辦法是：有祿人受財枉法，一兩以下，杖七十；一兩至五兩，杖八十；十兩，杖九十；十五兩，杖一百；二十兩，杖六十，徒一年；二十五兩，杖七十，徒一年半；三十兩，杖八十，徒二年；三十五兩，杖九十，徒二年半；四十兩，杖一百，徒三年；四十五兩，杖一百，流二千里；五十兩，杖一百，流二千五百里；五十五兩，杖一百，流三千里；八十兩，絞。無祿人受財枉法，一百二十兩，絞監候。受財不枉法比照受財枉法減輕處罰。

官吏受財納贓，不僅指通常「事先」行為，而且也包括「事後」行為，兩者同等論處：「凡有事先不許財，事過之後而受財，事若枉斷者，准枉法論；事不枉斷者，准不枉法論。」[29]

在行政法律中，懲貪倡廉是對文官反復強調的一項要求，其規定比刑律要具體細密得多。在《會典》、《會典事例》、《欽定六部處分則例》和各部院《則例》中，懲治貪贓的規定因職、因事而設，分散於各種條文之中，具有明確的針對性，這種個別性的規定舉不勝舉。綜觀這些規定，主要包括以下三類：

一是「囑託饋送」。饋送囑託是貪贓的常見方式，無論是行賄還是受賄，形式多樣，手法萬端，《會典事例》和《處分則例》等法律對此作了針對性極強的詳細規定，凡受賄、行賄以及隱瞞不報者都要受到處分。如：

官員因事夤緣饋送禮物，與者、受者均革職提問。

官員收受所部內土宜禮物，並非因事饋送者，照笞四十私罪律罰俸九個月，與者係官減一等，罰俸六個月。

上司抑勒州縣饋送，許州縣官揭報督撫，若督撫徇庇不參，許該州縣官開具款跡實封徑達通政司衙門轉奏，將該督撫降三級調用。

官員將上司銜微索銀之事，受囑徇隱不報者革職。

府、州、縣等官，並無公事，謁見上司，有意逢迎，並赴省拜壽行賀，夤緣通賄饋送銀錢等物者，均照饋送禮物例處分。

29　《大清律例·刑律·受贓》。

督、撫、布、按自開便門，令官役人等出入傳事者革職。[30]

上述規定富有特點。它們既重視禁止因有事而囑託饋送，也重視禁止無事而囑託饋送的預先行賄；既重視禁止上司官抑勒下屬饋送，也重視禁止下司官藉機逢迎夤緣、通賄饋送；既重視禁止官員自身饋送囑託，也重視禁止官員知而不舉；既重視禁止官員堂而皇之饋送囑託，也重視禁止官員私開便門饋送囑託。這些規定既把清朝官場中饋送囑託的醜惡百態暴露無遺，也反映了立法的縝密具體。

　　二是禁止官員因事犯贓。上司官員或因公事、或因私事而巧立名目，藉端索賄受賄，一般都治於革職。例如：

督、撫、司、道等官於舉行計典之年向屬員藉端派斂者，革職提問。

上司令首府、首縣承辦筵席並留待屬員酒飯，收受押席銀兩者，俱革職治罪。

上司向州、縣借貸者，革職提問。[31]

　　三是禁止官員因職犯贓。例如：

教官不得勒索贄見規禮，該督、撫、學政隨時查核，違者照借師生名色私相饋送例革職。[32]

　　上級對下屬負有行政監察之職責，法律尤其強調上級對下屬的貪婪行徑必須及時揭參，否則會因嚴重的失職而受到嚴厲追究，即使下屬受財劣跡未顯，上司失於察覺也要承擔相應的責任。雍正元年議定：

凡方面以下大小官員貪婪之處，劣跡昭著，該管各官不行揭報，被督撫訪察題參者，同城之知府降三級調用，司道降二級調用。不同城之知府降一級留任，司道罰俸一年。其因事受財，劣跡未著，同城知府失於覺察，降一級留任，司道罰俸一年。其不同城在百里以內之知府，罰俸一年，司道罰俸九月。百里以外之知府罰俸九月，

30　《欽定六部處分則例》卷15，《欽定大清會典事例》卷96。

31　《欽定六部處分則例》卷15，《欽定大清會典事例》卷96。

32　《欽定禮部則例》卷56，見《中華律令集成》（清卷）第625頁。

> 司道罰俸六月。……至屬官貪贓，上司已確有聞見，或士民告發，
> 業經審實，或雖未告發，而行賄過付，確有其人而不揭報，是有心
> 徇庇，應無論同城、不同城，在百里以內、百里以外，各降三級調
> 用。[33]

　　清朝懲治官員貪贓的嚴法，在前期得到了較好的執行，順治、康熙、雍正
各朝的肅貪大案史書多有記載，尤其是乾隆前期對貪官的懲治極為有力，以貪
贓被殺的二品以上大員多達三十餘人。這種懲貪的立法和執法對於澄清吏治，
督責官員公平為政起到了積極的作用。但是，嘉道以降，隨著清朝政體的衰頹，
官風日漸腐敗，懲貪肅貪遠不如前期，公平原則因受制於封建政治而具有的局
限性也日益暴露。

二、效率原則

　　效率，是文官制度的又一基本原則。

　　許多學者認為，官僚政治與效率低下是聯繫在一起的。「官僚主義在本質
上就是忽視現實，專講形式。在政府下級機關可以解決的問題，而又不需要詳
細規定的事，卻要提交上級機關以延長時日。很小的一個問題，故意咬文嚼字
終久得不到最後解決。機關雖多，辦事遲緩」。[34]「那種政治制度的性質，慣
把行政當作例行公事處理，談不到機動，遇事拖延不決。」[35] 這種認識是頗有
道理的。這是因為，官僚政治因其性質而不可避免地在客觀實踐中會產生專講
形式、辦事遲緩的現象，或者說，官僚政治的本質決定了其不可能真正實現高
效管理。

　　但是，如果不是從客觀顯現的結果而是從立法本身分析，情況就不同了。
無論對於何種政府、何種文官組織，尸餐素位、人浮於事、辦事拖延、效率低下，
都是有害無益的。它不僅會直接影響和削弱行政管理的效能，而且還會引發諸
如利誘、賄賂、欺詐等種種污濁現象，最終損害政府和文官的社會公信度乃至

33　《欽定大清會典事例》卷 82。
34　王亞南著，《中國官僚政治研究》，中國社會科學出版社 1981 年出版，第 33 頁。
35　同上書，第 19 頁。

危及其存在。因此，任何文官制度的立法者總是要將效率原則貫徹到法律中去，並且盡可能地加於執行和實施。順治十八年上諭曾說：

> 各部事務，雖巨細不同，于國政民情均有關係，理宜速結。[36]

在中國古代官僚政治的長期發展過程中，衙門作風和現象始終與其相伴相隨，並且其形式和手法不斷翻新變化。但也因此之故，中國歷代統治者不斷總結防止和克服衙門作風、提高行政效率的經驗，逐漸形成了一系列富有技術內容、行之有效的措施和辦法。清朝文官制度中的效率原則便是這些措施和辦法的結晶。

清朝文官制度的效率原則集中體現在「限期」制度中。限期的規定貫串於文官制度的各個環節、各個方面，幾乎所有能以時限要求的事項，法律都作了相應的明確規定。例如，在選官、任官制度中，有科舉閱卷限期，開缺限期，題缺限期，投狀限期，出結限期等等；在權利義務制度中，有終養時限、丁憂時限、休假時限、離任交待限期、赴任限期、公文限期、承辦各類事件限期等等；在行政獎勵處分制度中，有議敘和處分的各個程序之時限等等；在監督制度中，有考績的各個程序之時限、題參限期、註銷限期等等。涉及具體事項的限期更多，如徵收限期、直省起解京餉限期、漕糧兌運限期、修船造船限期、外省盜案限期、奉旨緝捕要犯限期、承審限期、追繳錢糧限期、工程限期等等。這些限期的一一規定，決非一朝一日之功所能臻成，它從一個方面反映了清朝文官制度實踐基礎之深厚。這裡，僅以文官赴任和承辦事件為例對清朝的「限期」制度予以闡述和分析。

（一）按時赴任

清朝法律要求文官離任和赴任都要及時，以便政務的銜接和防止因交接任拖延而滋生弊竇。

清朝文官赴任分為不給憑和給憑兩種情況。凡在京滿漢官員就任京職，無論初任、補任均不給憑，俱以吏部具題奉旨之日起定限十日內到任，到任後五日內由該衙門諮報吏部，並聲明接准部諮月日，以憑查核。[37] 除此之外，其他

36　《欽定台規》卷15，見《中華律令集成》（清卷）第504頁。
37　《欽定大清會典事例》卷45，《欽定六部處分則例》卷7。

官員赴任均給憑，並依憑限查核官員是否按時赴任，法律對此有詳細的規定。

第一，吏部應及時發憑。吏部具題奉旨後五日內寫憑用印，送吏科填限。吏科於十日內填完並送還吏部，吏部又於十日內發完。發憑分為在京領憑和在外轉發兩種。有關官員不及時發憑或不速催領憑官員赴任，都要予以追究：

> 在京領憑官員自奉旨之日起限十日內給發文憑。係旗員，自給發之日起交與該旗，限十日內嚴催赴任；係漢員，自給發之日起交都察院轉行五城該兵馬司指揮，亦限十日內嚴催赴任。

> 在外得缺及推升官員亦自奉旨之日起限十日內將憑封發交與各該督撫，令於憑到十日內行知該員，仍分別有無交代，以該員領憑之日起亦依限嚴催赴任，先將起程日期報部存案，如不於十日內將文憑給發者照欽部事件遲延例處分。如文憑照限給發而不速催赴任，將督催之員罰俸六個月。

官員奉旨後應及時領憑：

> 官員一月以上不領憑赴任者，罰俸一年，兩月以上不領憑赴任者，革職。

第二，官員領憑後應及時起程赴任。在京領憑和在外無交待事項之官員，得憑後應於十日內起程。在外有交待事項之官員，督撫先責令其依限交代清楚，交待完畢後限二十日內起程。官員領憑後若因回籍修墓、省親等事不能按時起程，應於十日內向吏部呈明，吏部核准後給予假照。

在籍教職、佐雜官員赴任前必須先經「考驗」（教職）或「驗看」（佐雜），其發憑程序較為特殊。凡在籍候選候補之教職、佐雜，文憑到省後限十日內行知該員，該員以接奉行知之日起，限二十日內赴省考驗或驗看，若無故不即赴省考驗或驗看，照不領憑赴任例議處，係上司不行嚴催以致違限，將該司罰俸六個月。考驗或驗看後，省布政司於十日內給憑，該員領憑後於二十日內起程赴任，省司違限給憑或該員領憑後不即赴任，分別依例論處。

第三，官員領憑起程後，應按「憑限」到任。憑限分為兩種類型，一種是官員自京領憑後由京起程赴任的限期，它依京城與官員赴任地之間的路程而定；

一種是外省官員由督撫轉發領憑後由在籍地起程赴任的限期，它依官員在籍地和赴任地之間的路程而定。由於清朝幅員遼闊，地理情況複雜，故憑限制訂是一項十分艱巨的工作，但清朝法律規定得十分具體，[38] 其立法的技術性之高可見一斑。

官員到達任地後，應及時呈繳文憑，以此核查是否按時到任：

> 官員到任以後呈繳文憑，該布政使查明部科印信期限月日相符者，即行諮繳，或有油痕水跡破損等事，不得任意駁回，倘有書吏藉端需索，許本官據實詳報，將該書吏即行究處。

各省應將官員到任日期按月諮報吏部，以便查對驗正是否違限，如有諮報遲延，照事件遲延例議處。

六科之吏科監察吏部的一項重要內容是驗對「文職畫憑」，凡官員赴任超過憑限，根據違限時日予以處分：

> 領憑赴任官員除去正、展限期，如有逾違，統由吏科題參，移會吏部議處。違限不及一月者免議，一月以上罰俸三個月，兩月以上罰俸六個月，三月以上降一級留任，四月以上降一級調用，五月以上降二級調用，半年以上降三級調用，一年以上革職。（俱公罪。）其違限不及四月各員，吏科將應否寬免之處聲明請旨。

官員領憑後如有省親、修墓等事，或中途患病、風水阻滯、應按程序及時向吏部呈明，或報請當地地方官驗看確實，獲准後得以展限。但是，若故意弄虛作假，均以私罪論處：

> 赴任官員有沿途藉事稽留、藉端觀望，或私行繞道歸里，捏稱阻風患病等情，一經查出，除不准其扣展外，將該員照不應重杖八十私罪律降三級調用，其違限不及四月各員，吏科亦無庸聲明請旨。

> 赴任官員並未在部呈請告假，私行繞道歸里者，一經查出，即將該

38　第一種憑限如，至順天限 10 日，奉天限 30 日，江蘇省江寧、常州、鎮江限 45 日，淮安、揚州、徐州、海州限 40 日，蘇州、松江、通州限 50 日，太倉限 55 日。第二種憑限如：江蘇省至順天限 50 日，奉天限 80 日，直隸限 50 日，山東限 30 日。詳見《欽定六部處分則例》卷 7，《欽定大清會典事例》卷 1015。

員照違令私罪律罰俸一年，仍按其遲延月日照例議處。

赴任官員無故過限者，不僅要受行政處分，還要被處於刑罰：

> 凡已除官員，在京者以除授日為始，在外者以領照會日為始，各依
> 已定程限赴任。若無故過限者，一日笞一十，每十日加一等，罪止
> 杖八十。[39]

此外，為了督促新任官及時理政，防止侈奢浪費，法律還規定了迎接新官
的方式。凡新官到任，舊任官酌派數名書役在交界處等候，呈遞須知冊籍，其
餘人員概不許糾約遠迎，並嚴禁頭接、二接、三接陋習。如舊任官不加查禁，
罰俸六個月（公罪），新任官令其遠迎，罰俸一年（私罪）。[40]

（二）按時完成事件

文官按時完成各項公務，是行政管理正常進行的基本要求，也是文官制度
效率原則的主要體現，清朝法律對此極為重視。

清朝行政活動中的事件種類繁多，各種事件幾乎都有相應的限期規定，而
且這些規定前後多有變化。這裡，我們擇其有代表性的一些通常事件的限期規
定（依其最後定制）作些分析。

第一，在京衙門承辦事件限期。所謂承辦事件，是指由內閣下發、經科抄
的交辦事項。由於各部院承擔的政務內容不同，繁易不一，限期也不同：

> 在京各部院衙門辦理事件，除去行查、會議限期外，吏、禮、兵、
> 工等衙門限二十日呈堂完結，戶、刑二部限三十日呈堂完結。

各院部翻譯筆帖式翻譯字稿也有定限，易於翻譯者限一日具稿呈堂，翻譯繁難
者限二日具稿呈堂。如承辦遲誤，記過一次，有再犯即行革退。

第二，在京衙門行查限期。所謂行查，就是部院受文後應予回復。行查限
期根據回復的要求和不同衙門而定：

39　《欽定大清會典事例》卷 749。

40　以上「按時赴任」史料未加注明者，均見《欽定六部處分則例》卷 7。

在京各衙門行查事件，應用片文聲復者，統限五日查復；應辦稿呈堂聲復者，吏、禮、兵、工四部限十日查復，戶、刑二部限十五日查復。

各部院內部各司付查，凡有關題奏及緊要等案，依各衙門會稿限期辦理（見下述），如付復之司有必須具稿呈堂及實難依限回復之處，應將實在情節先行付復，並移知督催所准其展限。

第三，在京衙門會稿限期。會稿又稱會議，是向主稿衙門回復有關事項的所議結果。會稿限期根據主稿衙門而定：

會稿事件係戶部主稿者，其會稿衙門限十日送回，係吏、禮、兵、刑、工等部主稿者，其會稿衙門限五日送回；所會係戶、刑二部，亦限十日送回；如具題時有應送會稿衙門更改事故者，均限五日送回。

若某一事件應送數個衙門會議，主稿衙門應將所會各衙門事理分繕副稿，同日諮送，俱令依限送回。

第四，在京衙門具題限期。具題限期根據具題衙門和具題種類而定：

吏、禮、兵三部專題案件呈堂定議後，限二十日交本，本房限十日內具題；

吏部匯題案件呈堂定議後，辦理行文、行付、註冊、翻清、查抵加級記錄各事，統限三十日交本，本房限二十日內具題；

禮、兵二部匯題案件交本後限二十日內具題；

戶部題本於交本後限二十五日內具題；

刑部專題、匯題案件於交本後限五十日內具題；

工部題本於交本後限三十日內具題；

都察院及事簡各衙門專題、匯題案件俱於交本後限十日內具題；

刑部參案立決情罪重大案件應即時趕辦具題；

考功司議處、議敘匯題事件，於行文三十日限內將二十日歸入稿件呈堂定議後，行查、行付、註冊、翻清、查抵加級記錄五項共限五十日，其餘限十日仍作具題。

　　第五，行文限期。行文是指部院衙門之間的公文往來。其限期根據具題種類而定：

　　　　各部院衙門一切先行及專題事件，俱限五日內行文，匯題事件限一月內行文。如有遲延，照在京衙門事件遲延例議處。

　　第六，在京衙門行查外省諮復限期。各省對於在京衙門下發的行查事件，均以收文之日為始，然而根據事件的繁簡決定諮復限期：

　　　　凡部院行查外省事件，俱以接到部文之日為始，除扣去屬員查復往返程途外，統限二十日出文諮部。其有必須輾轉行查以及款項過多應行造冊諮復者，限一個月內出諮。若係報銷錢糧、冊籍繁多，一時不能確核者，即於限內先行諮部展限。如有遲延，照事件遲延例議處。如承辦官至逾限之後捏詞朦混托故遷延者，照任意耽延例降一級調用，轉報之上司罰俸一年，不行詳查之督撫罰俸六個月。

若部院查取外省職名，各省以接到諮文之日為始限十日內出文諮送。為了明確行查諮送往返所需的時日，法律對京城至各省的路程限日都作了具體規定。[41]

　　第七，直省承辦欽部事件限期。這類事件限期有兩種情況，一種是應由督撫具題者，其限期是根據地方遠近和是否督撫駐紮省分而定：

　　　　凡欽部事件該督撫應具題者，以文到之日為始，督撫駐紮省分事件限四個月具題，總督兼管省分事件限六個月具題。其陝甘總督所管之新疆、兩廣總督、廣東巡撫所管之瓊州，與省城相距較遠，限六個月具題。福建臺灣遠在海中，限十個月具題。如該督撫具題遲延違限不及一月者免議，一月以上者罰俸三個月，兩月以上者罰俸六個月，三月以上者罰俸九個月，四、五月以上者罰俸一年，半年以上者降一級留任，一年以上者降二級留任，二年以上者降三級調用。[42]

第二種是事件應由該省辦結者，則應按限速結：[43]

41　詳見《欽定六部處分則例》卷11。
42　《欽定六部處分則例》卷11，《欽定大清會典事例》卷88。
43　各省承辦欽部事件的具體限期，詳見《欽定大清會典事例》卷88。順治十三年題准：

欽部事件該督撫發與道府等官承辦者，務令按期速結。如遇案情繁
重，限內實難完結之處，准其申詳督撫題明展限。倘不預行詳請，
承辦官逾限不及一月者，罰俸三個月，一月以上者，罰俸一年，半
年以上者，罰俸二年，一年以上者降一級留任。

第八，直省衙門事件限期。各省省內上司機關交辦事件，一般不得過二十
日。康熙元年議准：

直省衙門事件，由督撫行司、道、府，司、道、府行州、縣者，俱
不得過二十日之限。若事不能如限即結，亦必預請展期，違者聽督
撫糾參。[44]

第九，官民呈請事件限期。清朝法律不僅對各衙門承辦上級機關交辦事件
或同級衙門諮查事件作了明確的限期規定，而且對下級官員或百姓的呈請事件
也規定了完結時限，遲延者依例處分，若上司以毛舉細故刁難拖延，則以私罪
性質加重處分：

凡官民呈請上行事件（如起文赴選、赴補、呈請開復及民人留養、
贖罪等項），俱以呈報之日為始，限三個月詳諮完結，並將具呈月、
日聲明，以憑查核。如有逾限，不及一月者罰俸三個月，一月以上
者罰俸一年，半年以上者罰俸二年、一年以上者降一級留任。倘原
呈內實有舛錯遺漏應行駁查者，該上司俱於案內將何日呈報及批駁
換詳月日，摘取簡明情由聲敘。如有毛舉細故，任意駁飭以致遲延
者，除照例議處外，再罰俸六個月；係捏改月日者，除照例議處外，
再罰俸九個月。

清朝法律還規定，上司對下屬因公務提起的請示，應及時定奪批復，若久拖不
復以致延誤公事，處於杖刑：

若各衙門（上司）遇有所屬申稟公事，隨即詳議可否，明白定奪，

直隸、奉天三個月；山東、山西三個半月；河南四個月；江南、湖廣、陝西、延綏五個月；
浙江、湖南、寧夏六個月；南贛六個半月；福建、四川、廣西、甘肅、廣東七個月。

44　《欽定大清會典事例》卷89。

（批示）回報。若當該（上司）官吏不與果決，含糊行移，（上下）互相推調，以致耽誤公事者，杖八十。[45]

　　清朝法律明確規定上司對官民呈請事件的完結限期，以及不及時批示批復下級請示的法律責任，是一項頗有特點和十分重要的限期制度。在行政機關的公務實踐中，對官民個人呈請以及下級請示不及時批復，不僅反映了官僚衙門作風，而且許多不法之吏往往借此顯示權勢，大發刁難，徇私索賄，所以，這項制度不僅有利於防止和減少衙門作風，提高行政管理效率，而且對於文官廉潔為政也有積極的作用。

　　清朝一方面對各類事件規定了詳細的限期，另一方面為檢查稽核官員完成公務的情況建立了較為完備的監督體系。在行政組織外部，由科、道對口稽查，稽查的主要方式有登出、刷卷等等（詳見第五章）。在行政組織內部，上級機關對下級機關、長官對屬員負有督責義務，一旦發現遲延必須及時督促直至題參，上司若不行督責義務，會受到相應的行政處分。部院各掌印主稿司員，例應不時留心稽察。在京各部又設立督催所，專責查催各司所辦事件，按限清理匯總。[46] 道光十一年又議准，令各部院於各司中專揀派滿、漢司員各一人專司查核，於文書收發逐件清釐填寫，註銷時再為詳細核對。[47]

　　官員未能按照限期完成承辦事件，承辦官和有關上司均應負相應的行政責任，法律對此各有明確的處分規定。在京衙門承辦、行查、會稿、具題、行文事件違限的處分是：

在京各衙門承辦、行查、會議、具題、行文事件如有遲延逾限，一日至十日罰俸一個月，十日以上罰俸三個月，二十日以上罰俸六個月，三十日以上罰俸一年。該堂官於屬員逾限事件自行查參者免議，倘別經參奏，如承辦官罰俸一個月者，堂官免議；罰俸三個月者，堂官罰俸一個月；罰俸六個月，堂官罰俸三個月；罰俸一年者，堂官罰俸六個月。[48]

45　《欽定大清會典事例》卷750。

46　《欽定大清會典事例》卷1014。

47　同上。

48　以上「按時完成事件」史料未加注明者，均見《欽定六部處分則例》卷11。

官員承辦事件遲延後又推諉責任，嫁禍他人，則另加處分。康熙九年議准：

> 官員承辦事件，已經遲延，因而推諉他人者，除將推諉之官照遲延
> 月日處分外，因其推諉再罰俸一年。[49]

（三）清朝文官制度中效率原則的立法特點

清朝文官制度中的效率原則以「限期」制度為核心，而稽查違限是一件十分複雜、細緻的工作，非有具體、明確、縝密從而富有操作性的規範不可。從立法實踐看，清朝較好地制訂了這種規範，因而使效率原則有機地貫串和體現在文官制度中。清朝所以能夠制訂出具體、明確、縝密從而富有操作性的規範，一個重要原因是這種規範中包含了許多技術性的內容。富有技術性，這便是清朝文官制度中效率原則的一個重要的立法特點。

在官員赴任制度中，從吏部具題奉旨開始，寫憑、填限、發憑、領憑、起程、繳憑、各省報部，環環相扣，層層相銜，最後根據各類官員赴任的法定程限，將吏科存案的憑限與各省的諮報兩相對照，是否違限便一目了然。

在各類事件的限期制度中，公文的收發和管理具有舉足輕重的作用，它是所有限期的起點和依據所在。若起點和依據不明確，限期也就無從談起，科道的註銷和刷卷也無依憑。因此，清朝法律對此十分重視，制訂了十分具體的詳密的規範。從整體上分析這些規範，它們充分反映了公文管理中各個環節的內在聯繫；從局部上分析每一項規範的行為模式，它們都是反映公文管理經驗的技術內容。

首先，發文一定要造具規範的印單、印簿，並嚴格按照規定程序發行。例如，各種行文的要求是：

> 凡題准、奏准事件，該司另稿恭錄奉旨事由，呈請行文。其諮議事件，
> 俟堂官判齊之後，照錄行文。均限五日以內繕寫清、漢文書，滿漢
> 司員校對僉押，造具印單、印簿，開寫所行件數、事由及應行處所，
> 僉押鈐印。印單呈堂點驗，印簿交監印司員查照。監印官校核，單、

49　《欽定大清會典事例》卷 95。

簿、文稿相符，鈐蓋堂印發司。請司將文書核對記簿，粘封發行。[50]

其次，公文發送時要注明規定程限，注明發送日期；發送途中各驛站的收送日期要一一填注，以便查核。康熙二十四年議准：

> 凡本章揭帖，不論密題並平常事件，俱令原題衙門計程定限發行，揭帖內即注明日期，於日期上鈐蓋印信，以便稽察。所給火牌，令經過驛遞用印，即填注所到起發日時，同本章投遞通政司。至交與驛遞齊送本章，所給傳牌，亦令經過驛遞填注所到起發日時，投遞通政司。[51]

第三，內外各衙門收文一定要設有號簿，每件之下注明收文、辦稿、呈堂、行文等各日期：

> 各部院收到科抄諸文，司務廳按日登記號簿，呈堂標寫到部日期，分發各司。該司亦標寫到司日期，定稿時將原抄、原諮粘連稿後，並於稿內將堂到、司到日期注明。如有行查各衙門者，亦將諮查、諮復日期按次詳載稿內，以憑稽核。[52]

> 凡外省投部題諮文冊，俱由司務廳收拆掛號呈堂，僉到發司。其在京各衙門投部文移，由當月滿司員收拆掛號呈堂，僉到發司。各司照件驗收，登記號簿，按限議復。[53]

第四，行文後須收回文者，應設立專門簿冊：

> 凡部行一切文移，各司設立簿冊，於行後摘敘事由，扣明限期，按月稽查。逾限一月不復，月底匯催。又逾一月不復，查取職名議處。各督撫查復部件，于復文內將何日奉文起限、何日限滿，一一聲明。如有遲延，將遲在何員、逾限幾日，隨文聲敘，聽部核議。[54]

50　《欽定工部則例》卷 105，見《中華律令集成》（清卷）第 935 頁。
51　《欽定大清會典事例》卷 89。
52　《欽定六部處分則例》卷 11。
53　《欽定工部則例》卷 105，見《中華律令集成》（清卷）第 935 頁。
54　同上，第 936 頁。

　　清朝文官制度重視吸納技術性規範，有效地增強了法律的明確性、嚴密性和操作性，因而也對貫徹立法者的立法宗旨和原則起到了積極作用，這是一條頗值得我們重視的立法經驗。

　　當然，就立法而言，清朝文官制度中的效率原則不可不謂周祥。但由於官僚政治有其自身不可克服的痼疾，對文官的監督主要來自於官僚組織內部，缺乏真正有效的監督機制，官員偏重於對上負責，偏重於無過安穩，甚至熱衷於各種應酬伺侯，所以不可能實現真正的高效管理。尤其是地方官員因其受到的監督力度遠低於京官，故拖延怠惰的現象更多。對於這種情況，清朝皇帝在許多上諭中也直言不諱。嘉慶十一年在一道上諭中說：「各省審辦事件，懸宕甚多，上司既輾轉派委，致稽時日，而州縣復不以地方公事為重。每日自辰至午，在上司衙門趨候伺候，精力先已疲耗，以應酬之餘，辦理公事，勢不能不草率因循，多所積壓，殊非所以整飭吏治。此種怠玩習氣，亦非獨外省為然。近來京中部院各衙門辦事，亦覺遲緩積壓，司員等到署不早，難免怠惰偷安。朕孜孜勤政，近皆秉燭閱事，從不憚勞。乃大小臣工，於入內處事之日，尚知起早進朝，而尋常進署辦事，輒遲至巳刻以後，是豈急公趨事之道。至外省督撫等偷安晏起，及屬員等伺候上司，彼此貽誤公事、更屬不免。」[55]嘉慶二十五年因一項題銷事件遲延十三年之久氣憤至極：「外省于應行報銷事件任意耽延，因循疲玩，相習成風，而直隸尤甚，屢經降旨訓飭，恬不知改。」[56]咸豐三年對會議事件的現狀嚴加訓飭，其中形象地反映了官僚政治下的官場情態：「近年以來凡遇有會議事件，或托故不到，或推諉不言，或藉端開談，置公事於不問。其有先發言之人，或目為擅專，或笑其浮躁。甚至遇有交議，並不會集，一任主稿衙門委之司員，書吏分送片稿，各衙門堂官隨同畫諾。或明知未協而不肯言，或依違將就而退有後言。」[57]很明顯，皇帝們在訓斥玩習風氣的同時，也露出了無奈的心情。

　　另外應該指出的一點是，清朝出於滿漢箝制之需要，在京衙門實行滿漢合議體制。由於滿漢之間彼此顧忌，互有堤防，相互推諉，尤其是漢官因受歧視和排擠而多有不平和逆反心態，這種特殊因素也影響了辦事效率。為此，朝廷

55　《欽定大清會典事例》卷 89。
56　《欽定六部處分則例》卷 11。
57　《欽定工部則例》卷 98，見《中華律令集成》（清卷）第 930 頁。

一再要求滿漢官員不分畛域，一體同心，速結各項事件。[58]

三、皇權至上原則

　　秦漢以降，中國古代國家實行以皇權為中心的集權政體，皇權至上自然是全部政治法律制度（包括文官制度）奉行的首要原則。至明朝，由於朱元璋採取廢除宰相等舉措使集權政體發展到了新的高度。清朝一方面承用明制，另一方面又在行政、監察、司法、思想文化諸領域採取種種措施，使專制集權政體的完備超過了以往各代，皇權至上原則更加全面系統地體現在政治法律制度之中。

　　尤其值得注意的是，在康熙、雍正、乾隆時期，一方面出現了疆域不斷擴大、經濟得到恢復和發展、民眾生活較為安康的所謂「盛世」，另一方面也出現了君主集權得以空前強化的局面。康熙、雍正、乾隆從各個方面（尤其是思想文化領域）採取一系列措施使已經處於窮途末路的君主體制得以迴光返照，顯現出腐而不朽、垂而不死的生命力。所以，康乾統治對中國社會產生的深遠的負面影響不可低估。在極度發展的皇權至上原則的調整下，清朝文官制度中君臣之間的尊卑關係也達到了極點。乾嘉年間的朝廷大臣曹振鏞曾深有感觸地說，為官者應以「多叩頭，少說話」為第一行動準則。這句話說出了許多官員的心裡話，也道出了清朝政治的特點。

（一）皇權至上在文官選拔制度中的體現

　　文官選拔是朝廷人事權的重要內容，皇帝自然會採取各種方式加於控制。「一個把專制君主頂在頭上，還需要各種封建勢力來支撐場面的官僚社會，它如何能允許真正選賢任能的考試制度！它又如何能允許全國的用人大權，都交給旁人去執行！專制君主及其大臣們施行統治，沒有用人的特殊權力，沒有任

58　如，康熙十八年議准，「漢官在署，不待事畢，推諉滿州官員，早歸遲進，燕會嬉遊，或料理公務，瞻徇遲延，不行即結，司官聽堂官題參，堂官聽科道題參，皆革職。」雍正元年復准：「各部院事件到司，係清字者譯漢字，係漢字者翻清字，滿漢司官斟酌畫一，即定清漢字稿，公用畫押回堂。遇有事涉疑難，遽難定稿，滿漢司官或有意見不同，各據所見回堂，斟酌定議，務期依限速結。如有故意推諉及遲延者，或係滿員、或係漢員、或係通同遲延，一經科道糾參，堂官查出，將滿漢司官照例分別議處。」（《欽定大清會典事例》卷 95）。

意拔擢人的特殊權力就根本無法取得臣下的擁戴。任何人走上仕途，如全憑考試，他們就不會對上峰表示特殊恩遇，……所以，任一施行科舉制的王朝，都必得為專制君主保留親自欽定的制舉方式，必得為其他大官僚保留詮選、選授、衡鑒一類的拔用方式」。[59] 這段論述在一定程度上誇大了隋唐以來各朝選官制度的任意性，但說明了專制體制下君主總攬用人權的必然性。

皇權至上原則在文官選拔中的體現，主要為以下三個方面：

首先，皇帝掌握科舉的定奪權。科舉是清朝選擇文官的主要方式，它有許多值得充分肯定之處（詳見第一章）。但是，它也必定會打上專制體制的烙印。有學者曾以科舉為例認為中國政治不是君主專制：「清朝的考試，法律上規定的時間，三百幾十年來都未曾更改過。至於考試的方法，皇帝亦不理會，做官高低，全由吏部掌管。所以中國的政治，實在不能算是專制政治。」[60] 這種認識顯然是不完全符合史實的。

清朝科舉考試的最高一級為殿試。殿試乃是皇帝對天下貢士「親策於殿廷」，故又稱為廷試，被視為「策士巨典」。殿試之策題、讀卷大臣都由皇帝欽定，特別是天下士子最為關注的三甲名第，均由皇帝親定。讀卷大臣先將殿試前十名擬名第進呈，皇帝在詳閱試卷後，「或如所擬，或有更定。」[61] 有清一朝，皇帝更定三甲名第的事例多有記載，其更定的原因或是根據自己的分析評判，或是有特殊的政治原因和其它情由。[62]

59　王亞南著，《中國官僚政治研究》，中國社會科學出版社 1981 年出版，第 110 頁。

60　錢穆，《中國文化傳統之演進》，轉引自王亞南著《中國官僚政治研究》，中國社會科學出版社 1981 年出版，第 47 頁。

61　《清史稿‧選舉三》。

62　例如，乾隆三十六年，高宗在閱卷後對讀卷大臣的評判提出批評，並予以重定拔抑：「今日讀卷諸臣，將擬定十捲進呈，閱其文詞，頌多規少，且有語涉瑞應，朕意深為不取。現就各卷中擇其立言稍知體段，不敢過事鋪張者，拔列前茅，其措詞近浮，及引用失當之卷，酌量抑置，以昭激勸。」（《清朝文獻通考》卷51）
又如，乾隆辛巳殿試，「兆將軍惠時方奏凱歸，亦派入閱卷，自陳不習漢文，上諭以諸臣各有圈點為記，但圈多者為佳。至是兆公用畫圈法，而惟此卷（按，即趙翼卷）獨九圈，餘或八，或五，遂以第一進呈。……上是日閱十卷，幾二十刻，見拙卷係江南人，第二胡豫堂高望浙江人，且皆內閣中書，而第三卷王惺圃傑則陝西籍。因召讀卷大臣，先問：『本朝陝西曾有狀元否？』皆對云：『前朝有康海，本朝則未有。』上因以王卷與翼卷易。」乾隆之所以將王卷第三拔為第一，既是因本朝陝西無狀元，更是因西北奏凱而喜悅，並以此表示對西北的重視。（趙翼，《簷曝雜記》卷2〈辛巳殿試〉）

其次，皇帝以特殊方式直接選官。清朝皇帝在對正常選官方式和程序加於控制的同時，還以多種特殊方式、通過簡捷的程序直接選官。其特殊方式主要有下列三種：

一是「恩賜」。清朝選官制度中的「恩賜」，是指皇帝不依常制，特賜某些未中式士子予進士、舉人或某種官銜。《清史稿·選舉三》在談到恩賜時寫道：「有清重科目，不容幸獲。惟恩遇大臣、嘉惠儒臣耆年、邊方士子，不惜逾格。」但是，清朝恩賜的實際情形並非完全如此。康熙四十二年首開先例，特諭「舉人汪灝、何焯、蔣廷錫學問優長，今科未得中式，著授為進士，一體殿試。」此後，歷朝皇帝相繼仿效，頻頻恩賜。[63] 恩賜的原因無有一定；大凡皇帝認為需要恩賜的都是理所當然的原因。如，有因平素「學問優長」而恩賜者（見上述）。有因皇帝認為試題不合理而恩賜者。雍正四年諭：「近來試官多以四書文為主，而於經藝不甚留心。士子讀書制行之道，首在明經。其以五經取中副榜者，必係有志經學之士。著將今年各省五經取中副榜之人，俱准作舉人，一體會試。」有因對大臣關心而恩賜者。雍正七年諭，大學士、尚書、侍郎、都御史、副都御史各大臣，有子鄉試未中式，年二十以上者，各舉文理通順可以取中者一人。有因嘉獎官員而恩賜者。雍正七年，廣東連州生員陳錫等首告朱振基私置逆賊，深明大義，足見該州士習之淳良，著從今年該州應試完場之舉子中遴選四人，賞作舉人，一體會試。有因應試士子年老而恩賜者。乾隆元年諭，從參加今年會試年歲七十以上者中取中五人，其餘酌加賞給職銜。有因大臣身故而恩賜者。如左宗棠身故後，其子孝同被賜為舉人。[64] 清朝恩賜沒有定例，純因皇帝喜好而定，一次少則一人，多則幾百人，對清朝科舉產生了一定的衝擊。

二是制科。「制科者，天子親詔以待異等之才。」[65] 制科之目的，是為廣

同治時，癸亥殿試，「南皮張之洞策，盡意敷奏，不依常格。……閱卷官頗疑怪，久之及擬第一進呈，皇太後拔置第三。」（清，朱克敬，《瞑庵雜識》卷1）。光緒二十一年殿試，讀卷大臣初擬蕭榮爵為狀元，駱成驤為傳臚。但光緒看到駱卷起源「臣聞殷憂所以啟聖，多難所以興邦」，遂將駱成驤拔為第一，因為當時正好中日甲午海戰後，中國處於「殷擾」、「多難」之時。（陳茂同著，《中國歷代選官制度》，華東師範大學出版社1994年出版，第403頁）。

另外，《欽定大清會典事例》卷361對皇帝欽定三甲名第的情況也多有記載。

63　《欽定大清會典事例》卷354–356，詳細記載了清朝歷代皇帝「恩賜」的事例。

64　以上「恩賜」史料均見《欽定大清會典事例》卷354–356。

65　《清史稿·選舉四》。

招各種專門之才，以補科舉之遺佚，同時也是皇帝直接選官的一種靈活方式。制科與常科不同，非為定制，因皇帝下詔而行。清朝制科舉行的辦法，先由皇帝下詔制科科目，令內外大臣各舉所知，定時彙集考試，優異者被授於一定官職。被舉參加考試的對象，有未仕者，也有已仕者。清朝制科的科目主要有博學鴻詞、經濟特科和孝廉方正。

博學鴻詞科初舉於康熙十七年，其詔闡明了「博學鴻詞」的含義及其舉行該科的目的：

> 自古一代之興，必有博學鴻儒，備顧問著作之選。我朝定鼎以來，崇儒重道，培養人才。四海之廣，豈無奇才碩彥、學問淵通、文藻瑰麗、追蹤前哲者？凡有學行兼優、文詞卓越之人，不論已仕、未仕……各舉所知，朕親試錄用。[66]

這次考試共取一、二等 50 人，俱授翰林院官。雍正時曾詔試此科，但因大臣薦舉者廖廖無幾，未能開考。乾隆元年和十四年兩次開考此科，共錄取 23 人。「自康、乾兩朝，再舉詞科，與其選者，山林隱逸之數，多於縉紳，右文之盛，前古罕聞。」[67]但乾隆十四年以後，清朝未再詔舉博學鴻詞科。

經濟特科僅在光緒朝曇花一現。「洎光緒中葉，外侮孔棘，海內皇皇，昌言變法。」二十四年，貴州學政嚴修奏請開設經濟特科，但因慈禧以「易滋流弊」為由反對而未成。二十六年，八國聯軍攻占北京，變法呼聲再次高漲。二十七年，慈禧很不情願地下詔開經濟特科，兩年後才考試，共錄取 27 人，授官也很低微。

孝廉方正科始於康熙六十一年，恩詔「每府州縣衛各舉孝廉方正，暫賜六品頂戴榮身，以備召用。」雍正元年詔曰：「國家敦勵風俗，首重賢良，舉髦士以勸秀民，實為政教之大端。」[68]要求封疆大吏共體此意，廣詢博訪。被舉者用知縣，五十五歲以上者用知州。雍正以後，「歷朝御極，皆恩詔薦舉以為常」。[69]所以孝廉方正科是清朝舉行最多的一種制科。

66　同上。
67　《清史稿·選舉四》。
68　《欽定大清會典事例》卷 75。
69　《清史稿·選舉四》。

清朝制科雖然發現並徵得了一些人才，但其消極作用十分明顯。因制科均先予薦舉，而薦舉又常常為勢豪、學霸控制，因而在某種程度上出現了九品中正制的某些弊端。乾隆元年，刑部侍郎勵宗萬奏言說：「孝廉方正之舉，稍有冒濫，即有屈抑。從前選舉各官，鮮克公當。非鄉井有力之富豪，即宮牆有名之學霸。迨服官後，庸者或以劣黜，黜者或以贓敗。請慎選舉，以重名器。」[70]但是，由於歷朝皇帝多好示恩邀名，只重策應故事，不重實際效果，徇情冒濫之弊終不得改。迨至清末，愈加盛烈。光緒元年舉孝廉方正，「竟有不能完卷，預覓槍手，假充當差官員混入朝房，代作代寫，復有勾通傳遞抽換情弊。」[71]至宣統時，更是肆濫至極：「各省所舉，多至百數十人，少亦數十人，詔飭嚴行甄核。選舉之風，於斯濫矣。」[72]制科因其無有定制，對清朝的選官制度產生了很大的破壞作用。

三是召試。所謂召試，是指皇帝外出巡幸，御試士子，中選者予以賞賜，令赴京錄用，以示宏獎士林，愛才心切。康熙首創先例。四十二年、四十四年，「聖祖巡幸江、淅，召試士子，中選者賜白金，赴京錄用有差。」此後，乾隆「六幸江、浙，三幸山東，四幸天津，凡士子進獻詩賦者，召試行在。優等予出身，授內閣中書；次者賜束帛。」[73]嘉慶亦如前例。道光以後，召試漸不見行。

第三，強化官職的恩賜觀念。如果從思想觀念上剖析清朝的選官制度，那麼，其皇權至上原則就表現得更清楚。在專制制度下，所有官職在本質上是君主的所有物，是君主的私產；天下士民得到官職，其性質都是君主的恩賜。在中國古代，向最高統治者薦舉人才，稱為「貢士」。《禮記·射義》：「諸侯歲獻，貢士于天子。」在中國古代，職官退休稱之為「休致」、「致仕」。「致，還其職事於君也」；[74]「致仕，還祿位於君」。[75]

正因為士子中式是皇上恩賜，所以，每科中式進士都要在新狀元的率領下上表謝恩。這雖是履行慣例，但其中蘊含的深意會在這儀式中不知不覺地浸透

70　同上。

71　《皇朝掌故彙編》卷 37。

72　《清史稿·選舉四》。

73　《清史稿·選舉四》。

74　《禮記·曲禮上》。

75　《公羊傳·宣西元年》。

到新進士們的腦海中，並廣泛傳播於社會。

如果用上述觀念來剖析選官制度中的捐納，那麼，我們就會對它有入木三分的深刻認識。捐納是清朝入仕的重要一途，自康熙十三年首開文官捐納後，一發而不可收，愈演愈烈，尤其是中葉以後，無復限制，致使名器不尊，登進益濫，仕途淆雜。雖然幾乎清朝歷代皇帝都看到了捐納的弊害，並且一再頒布停止捐納的禁令，然而皇帝們帶頭毀法，那些禁令無一能夠得到很好地實施。原因何在？《清史稿》認為，捐納能蒐羅異途人才、補科目之不及，故有其合理性；捐納能解拯荒、河工、軍需之燃眉之急，補財政之不足，故有其必要性（以上內容詳見第一章）。這種解釋或是詭辯，或是留於表面，不能令人信服。捐納的真正原因來自於集權政體，捐納是專制制度的產物。在專制政體下，社會公共機關和社會公職異化為君主的私有物，是君主手中的工具和個人權力範圍的附屬物。君主根據自己的意志可以將它們賜給這些人，也可以賜給那些人。也就是說，專制政體從體制上為捐納開了綠燈。所謂財政困難云云，只是順水推舟、藉機利用而已。當然，開明的君主為了維護管理階層的整體利益，會注意將官職「合理」、「公正」地賜予，但這畢竟沒有根本制度的保障。若是在民主制度下，社會公共機關和社會公職不是個人的所有物，任何個人不能隨意將官職賜予他人，所以，捐納與民主制度是水火不相容的。

捐納源自於專制政體，這種事實具有普遍規律性。英國「十八世紀末年，官吏的任用，完全操在當權者私人手中；鬻官賣爵的事，也是層出不窮。政府的職位，甚至可以預約。例如格蘭味（Grenville）把玉璽保管處（Privey Seal office）的書記，預約給他四歲的親戚；英國第一個內閣總理滑浦爾（Walpole）叫他的公子霍萊士（Horace）在政府中掛個名，拿公家的錢到巴黎去享受沙龍的生活。這都是歷史上很著名的事實。」[76]

順便指出一點，中國古代法律中大量適用贖刑，從古至今，對贖刑的分析和研究從未中斷，但大多失之浮淺。贖刑的真正原因及其本質，亦應當作如上文分析。[77]

---

76 陳樂橋著，《英國文官制度》，第 5 頁，轉引自王亞南著，《中國官僚政治研究》，中國社會科學出版社 1981 年出版，第 27 頁。

77 按照正常的邏輯，罪犯的行為侵犯了他人的權利，國家是代表他人請求賠償，無權代表他人放棄權利，將被害者之權利轉化為國家的財政收入。但是，在專制制度下，天

（二）皇權至上在文官任用制度中的體現

首先，控制正常任官程序。清朝文官的任用形式，主要有特旨授，開列、題授、揀授、推授、考授、選授（詳見第二章）。這些任命形式分為兩個層次，第一層次是特旨授和開列，它們為皇帝直接掌握。通過這兩種形式，高品級文官的任命權便為皇帝所控制。其它任用形式為第二層次，它們為吏部和京內堂官、外省督撫直接掌握。但是，皇帝對第二層次的各種任用形式擁有裁定權，所有文官的任命均須得到皇帝的批准。皇帝可以隨時否定吏部、堂官和督撫的奏請，特別是當吏部與堂官或督撫的意見不一時，由皇帝自由裁定。試以題授為例說明之。嘉慶十一年上諭曰：

> 各省督撫因州縣員缺緊要，揀調需人，往往將不合例之員，奏懇補用。朕節次發交部議，部中皆照例議駁，並將違例保題之上司，一併奏請議處。部議上時，朕每有仍照該督撫所請，准其升調者，並將該上司處分寬免。原以地方治理需人，不得不破格錄用，非可視為常例。乃近來督撫等違例保奏者漸多，明知部議必駁，部駁之後，仍可邀准。而一經恩准，處分亦無不寬免。遂爾心存玩易，任意保題，積習相沿，成為故套。……嗣後督撫等違例保奏之員，除照依部駁者，仍照舊例議處外，其有部議之後，仍奉特旨准行者，著交該部存記。[78]

這段上諭明確說明，皇帝可以否定吏部之「照例駁議」，而將「不合例之員」准其升調，並寬免違例奏請之督撫。雖然因為這種特權程序滋生流弊而作了改進，但仍規定「部駁之後」，仍可「奉特旨准行」。

值得注意的是，在中國封建社會，儘管皇帝控制任官程序在各個朝代都是相同的。但是，由於專制制度發展程度的不同，皇帝的控制程度也不盡相同。發展到清朝，這種控制已達到極點。在唐朝和宋朝，雖然皇帝掌握職官的任用大權，但統治者依據長期經驗的總結，理性地認識到，皇帝之「聖心」並不是每時每事都能真正明鑒聖斷的，所以也從法律和制度上對皇帝的人事大權設立

下臣民的權利都是君王們恩賜的，君王們就可以處置臣民的權利。中國如此，外國也如此。英國十八世紀時，「法官對於釋放罪犯有固定的價格」（王亞南，《中國官僚政治研究》第27頁）。贖刑的真正原因和本質就在這裡。

78　《欽定大清會典事例》卷59。

了種種監督和制約的措施。這種措施主要來自於中書省和台諫系統。唐制，所有詔敕需由中書省擬定，負責擬定的中書舍人若認為「詞頭」不妥，可以封還，要求另發。中書省起草以後，由門下省覆核，門下省若認為不宜可以封還，要求中書省重新擬定。唐朝還有政事堂宰相聯席會議制度，皇帝詔敕須由宰相聯席會議討論通過，並蓋上「中書門下之印」方可下頒。[79] 這些制度在實踐中發揮了積極的作用。德宗貞元年間，李藩任給事中。一次，河東節度使王鍔略權近求宰相，德宗詔中書門下曰：「鍔可為宰相」。李藩遽取筆滅「宰相」兩字，署其左曰：「不可」，還奏之，王鍔終究未能當上宰相。[80] 宋朝對唐朝的上述制度多有承用，中書舍人、給事中等官員抗爭特旨的事例也時有記載。如元祐時，安燾自同知樞密院事除知樞密院事，「命既下，而給事中王巖叟封還之，以燾為不當遷。侍御史劉摯、右諫議大夫孫覺、左司諫蘇轍亦言之。俱不聽，命再下，而給舍又封還，遂不送門下書讀。由是合台連章爭之甚苦，西省亦抗章同上，又不聽。劉摯又極言之……於是安燾告更不降出。」後來以「安燾堅辭知樞密院事」為由，皇帝「特依所乞。」[81] 然而至明清，中書、門下及其宰相都已不復存在，諫官組織的職能由「諫君」變為「察官」，清朝還乾脆將六科併入都察院，在法律和制度上已沒有任何對皇帝的監督措施（詳見第五章），因而皇帝對任官程序的控制也就超過了歷代。

其次，採用特殊方式任官。就皇帝的權力而言，可以在正常程序之外，隨時採用特殊方式任用官員。在清朝，皇帝運用最多的特殊任官方式是「薦擢」。《清史稿》寫道：

> 清代科目取士外，或徵之遺佚，或擢之廉能，或舉之文學，或拔之戎行，或辟之幕職，薦擢一途，得人稱盛。[82]

可見，薦擢的目的，是所謂為了徵之遺佚，網羅科舉和銓選之遺漏英才。

薦擢的程序較為簡單。先由皇帝下詔命內外大臣按照要求各舉所知，然後

79　關於唐朝對皇帝詔敕的監督，可參見艾永明，〈唐朝立法監督制度初探〉，載《法律史新探》，陝西人民出版社 1994 年出版。

80　《舊唐書·李藩傳》。

81　《宋宰輔編年錄》卷 9 引《丁未錄》。

82　《清史稿·選舉四》。

經過一定方式的審議，最後由皇帝定奪。如康熙二十九年，「詔九卿各舉所知。尚書王隲舉清苑知縣邵嗣堯，李天馥舉三河知縣彭鵬、靈壽知縣陸隴其，徐元文舉麻城知縣趙蒼璧。及廷推時，帝復問都御史陳廷敬，廉者為誰？廷敬亦以隴其、嗣堯天下清官為言」。[83] 一舉一問，皇帝一拍板，任官程序就完成了。

有清薦擢肇始於太祖。「太祖肇興東土，選拔英豪以輔大業，委輅杖策之士咸與擢用，或招直文館，或留預帷幄。」他還曾諭群臣曰：「國務殷繁，必得賢才眾多，量能授職。勇能攻戰者，宜治軍；才優經濟者，宜理國；博通典故者，宜諮得失；嫻習儀文者，宜襄典禮。當隨地旁求，俾列庶位。」[84] 以後歷朝帝王紛紛仿效。尤其是登基伊始，為了宣示治國抱負和博取珍才美名，總要頒布薦擢詔諭，似已成為清朝之慣例。

每次下詔薦擢，常有規定的對象，如舉親民官，舉知縣行取科道、舉名儒實學、舉廉潔之士、舉直言之士等等。[85]

與正常任官制度相比，薦擢的最大特點是「不拘流品」，從而為品秩低微甚至無品而確有真才者得到重用提供了一條途徑。有清一朝，由薦擢而為名臣者不乏其人：

> 清代才臣，以佐雜沂蹟開府者，如雍正間之李衛、田文鏡，乾隆間之楊景素、李世傑，政績最著。[86]

還有一些「舉不避親，破除成例」，被舉者政事練達，為官清廉。特別是一些幕僚由薦擢而漸為成就中興之業的名臣，如乾、嘉間之王傑、嚴如煜、林則徐，咸、同間之左宗棠、李鴻章、劉蓉等。

但是，畢竟因為薦擢沒有嚴格和規範的程序，因而極易產生流弊。儘管順治時就已定下薦擢之賞罰規定：「詔自今嚴責舉主，得人者優加進賢之賞，舛謬者嚴行連坐之罰」，[87] 但收效甚微。順治十三年，給事中梁鉉奏言指出了當時薦擢的弊狀並且分析了原因：

83　《清史稿·選舉四》。
84　同上。
85　詳見《清史稿·選舉四》。
86　《清史稿·選舉四》。
87　同上。

> 皇上寤寐求才，詔舉山林隱逸，應聘之士，自不乏人。然採訪未確，
> 有負盛舉。如江南舉呂陽，授監司，未幾以贓敗；山東舉王運熙，
> 授科員，未有建明，以計典去。呂陽等豈真抱匡濟之才，不過為梯
> 榮之藉耳。山林者何？謂遠於朝市也。隱逸者何？謂異於趨競也。
> 必得其人，乃當其位。請飭詳加採訪。[88]

迨至清末，由於形勢岌岌可危，統治者一味宣示廣求異等人才，薦擢極濫：「然
自光緒之季，改訂官制，增衙置，置官缺，破格錄用人員輒以千數，薦擢亦太
濫矣。」[89] 總之，薦擢對清朝正常的任官制度形成了較大的衝擊，而造成這種
危害的根源在於人治體制。

　　第三，強化賜官意識。與選官制制度一樣，任用制度也強調職官的恩賜性
質。士子科舉中式要謝恩，官員升遷、調、補、議敘也都要謝恩，並且定有限期。
《欽定六部處分則例》（卷3）規定：

> 外任應行謝恩官員，係月選揀發揀補人員以引見後、係特旨簡放人
> 員以傳抄後、係月選佐雜人員以驗看後、係分發試用人員以掣籤後，
> 吏部均於五日內劄知鴻臚寺。該寺于文到五日內傳集該員到寺謝恩。

官員若無故逾限以私罪處分：

> 官員謝恩逾限：升遷調補及議敘加級記錄，應行謝恩。如無故逾限，
> 不行謝恩，罰俸一年。（私罪）。[90]

　　除上述三點以外，皇權至上原則在文官任用的其它環節均有體現。如，特
旨可以免除歷俸要求而「即升」，可以免除迴避、丁憂、終養而任職，可以免
除革職官員之事故而任職等等。

（三）皇權至上在文官權利義務制度中的體現

　　在君主專制政體下，既然官職是皇帝的恩賜，那麼，官員的一切權利理所
當然地也是皇帝的恩賜。皇帝高高站上，天下百官都須仰仗其灑下龍恩。「他

88　同上。
89　同上。
90　《欽定王公處分則例》卷2，見《中華律令集成》（清卷）第392頁。

們就好像圍繞在鯊魚周圍的小魚，靠著鯊魚的分泌物而生活一樣，這絕對支配權力愈神聖、愈牢固，他們托庇它、依傍它而保持的小皇帝的地位，也就愈不可侵犯和動搖了。」[91] 這種權利模式，這種皇帝和官吏的關係，構成了文官對君主「忠誠」的基礎。但是，中國古代文官的悲劇也在這裡：正是這種特殊的權利模式和君臣關係，使他們的權利缺乏真正牢固的保障基礎（參見第 3 章）。

在君主專制政體下，「忠」是文官義務中第一條也是最重要的內容，這是「君為臣綱」和「皇權至上」的必然要求。文官雖然有各種各樣的義務，但首先必須履行的是「忠」。歷代對百官都很強調「廉」，但它與「忠」相比，地位就次要得多了。漢高祖對「蕭何強買民田宅數千萬」寬容優慰，宋太祖勸石守信等「多積金帛田宅，以遺子孫」，便是「忠」、「廉」關係的註腳。隨著專制制度的高度發展，清朝對文官「忠」的要求更加嚴格和周密。

早在學校教育中，就已注重培養生員的忠君意識。順治九年欽定學校教條，令各校刊立臥碑於明倫堂。其中寫道：

> 生員立志，當學為忠臣清官，書史所載忠清事蹟，務須互相講究。[92]

雍正三年，御制〈朋黨論〉，頒發各省學政刊刻印刷，司鐸之員朔望宣誦。乾隆十年又議准，各校教官於朔望日一體宣講〈朋黨論〉，永遠遵行。〈朋黨論〉開篇寫道：

> 朕惟天尊地卑，而君臣之分定。為人臣者，義當惟知有君。惟知有君，則其情固結不可解，而能與君同好惡，夫是之謂一德一心而上下交。乃有心懷二三，不能與君同好惡，以至於上下情暌，而尊卑之分逆，則皆朋黨之習為之害也。[93]

雍正的〈朋黨論〉在理論上沒有什麼新意，但它以朝廷御制的名義頒發，將其作為學校的教學內容，說明了清朝對生員的忠君教育是何等重視。

清朝文官的忠君義務，為一系列法律所規定。

91　王亞南著，《中國官僚政治研究》，中國社會科學出版社 1981 年出版，第 61 頁。

92　《欽定大清會典事例》卷 389。

93　同上。

　　首先，與隋唐以來歷代一樣，《大清律》亦將「十惡」作為重點懲治對象。「十惡」中之謀反、謀大逆、謀叛、大不敬，其侵犯的客體都是皇權。犯這些大罪，均處以嚴刑（多為凌遲及斬刑），株連族人家屬，且為常赦所不原。上述規定雖然不是單獨針對文官的，但由於職務的關係，文官在履行上述規定時比一般民眾負有更大的責任。

　　第二，承用明朝的「奸黨」罪法律。「奸黨」是朱元璋於洪武年間創設的一項新罪名，是明初強化皇權的一項重要舉措。清朝不僅將「奸黨」罪規定在刑律之中，而且還將其明確寫進了行政立法。《欽定大清會典事例》卷749規定：

> 奸黨：凡奸邪進讒言左使殺人者斬。若犯罪律該處死，其大臣小官巧言諫免，暗邀人心者亦斬。若在朝官員交結朋黨、紊亂朝政者，皆斬，妻子為奴，財產入官。

> 上言大臣德政：凡諸衙門官吏及士庶人等，若有上言宰執大臣美政才德者，即是奸黨，務要鞫問躬窮來歷明白，犯人處斬，妻子為奴，財產入官。若宰執大臣知情，與同罪，不知者不坐。

> 交結近侍官員：凡諸衙門官吏，若與內官及近侍人員互相交結，漏泄（機密）事情，夤緣作弊，而扶同奏啟（以圖乘機迎合）者皆斬，妻子流二千里安置。

　　從立法上分析，「奸黨」罪具有很大的不確定性，所謂「進讒言左使殺人」、「交結朋黨」、「上言大臣德政」、「交結近侍官員」等均無明晰的標準，這樣就為君主隨意殺戮功臣宿將、剷除政治異己提供了極大的方便。事實上，立法上的不確定性正是皇權強化的需要。然而，這種立法對政治生活造成的消極作用也是十分明顯的，誠如清代著名律學家薛允升所言：「猜忌過甚，則剛克消亡，朝多逡逡之流，士保容容之福；遇重大事件，則唯喏盈廷，無所可否，于國事究何裨乎？」[94]

　　第三，及時施行制書。官員應當執行上級的各項指令，對朝廷詔旨更是必須及時貫徹，若有所不行及遲延，處罰尤重。《欽定大清會典事例》規定：

94　薛允升，《唐明律合編》卷9。

　　　　凡奉制書有所施行，而（故）違（不行）者，杖一百，違皇太子令
　　　　旨者同罪。失錯旨意者減三等。其稽緩制書及皇太子令旨者，一日
　　　　笞五十，每一日加一等，罪止杖一百。

官員還不得毀棄和遺失制書：凡棄毀制書者，斬（監候），若棄毀官文書者，
杖一百。若遺失制書聖旨者，杖九十，徒二年半。若官文書，杖七十。[95] 各級
官員還應及時宣示諭旨：

　　　　內外文武衙門奉到諭旨，內有「宣示中外知之」字樣者，俱應即時
　　　　刊刻謄黃，張掛曉諭。倘有不行宣示者，罰俸一年。[96]

　　第四，維護皇帝尊嚴。此類規定十分廣泛，其中尤以下列幾項文官最應謹
慎遵制。

　　朝賀：官員朝賀不到及迎送不到者，罰俸一個月。[97]

　　祭祀：在京各衙門應行陪祀官員，並無患病等項事故，不行齋戒；或已開
送齋戒職名不至齋集處所者，將該員照違令私罪律罰俸一年，該管大臣不行查
出，罰俸六個月。各省司、道、府、州縣官，凡遇祭祀齋戒、朔望行香，托故
偷安，怠於祀典，或齋期宴會、臨事跛倚者，革職。督撫不行查參，降三級調用。
若督撫於祭祀典禮，托故轉委並不躬親，以及齋戒不虔、慢視行香者，以不敬
論。各州縣每逢祭祀，一切品物照依圖例敬謹陳設，不得闕略。如遇同日祭祀，
亦不得通融借用，如有怠忽，將承辦官照違制律革職。[98]

　　召見：官員於召見時，碰頭錯誤；或應行摘帽碰頭，並未摘帽碰頭者，均
罰俸六個月。[99]

　　上奏：凡奏事，誤犯御名及廟諱者，杖八十。若為名字觸犯者，杖
一百。[100]

95　《欽定大清會典事例》卷 749。
96　《欽定六部處分則例》卷 33。
97　《欽定六部處分則例》卷 31。
98　《欽定六部處分則例》卷 32。
99　《欽定六部處分則例》卷 31。
100　《大清律例》卷 6《吏律・職制》。

恭迎聖駕：凡恭逢聖駕巡幸，所過地方應幾裡以內官員迎接，由該衙門具奏請旨。若應行迎接官員，一次不到，罰俸一年；二次不到，降二級調用。[101]

迎送詔書：頒送詔書，經過五裡以內官員，別無公事，在城不行迎送者，降二級留任。若不探聽頒詔官經過實信，以致迎送路途差錯者，罰俸一年。[102]

綜上所見，清朝文官制度中的皇權至上原則極為周詳，這給清朝政治產生了惡劣影響。官員們源於自我批判傳統而已有的卑微心理，因其之故而達到了極點，政治生活死氣沉沉。乾隆以前，每遇京察卿貳大臣例行自陳，一概「求斥罷」，「相率為偽」。朝廷一再強調「選士之方，必推氣節」，而真有氣節者鮮矣（詳見第五章「考核」）。值得注意的是，明朝和清朝雖然都是專制制度高度發展的時期，然而，清朝士大夫遠不如明朝士大夫有骨氣。明朝官員們常有向皇帝諫議抗爭者，乃至集體去午門請願。在清朝，這種事情是幾乎沒有的。

四、國家本位原則

以維護國家統治為價值目標，由此出發制定法律，選擇制度，這便是國家本位的要義所在。國家本位和社會本位相對立。社會本位是以社會發展為價值目標，由此出發制訂法律和選擇制度。

就政府職能發展的一般規律而言，越是早期的政府，越是以農業社會為基礎的政府，越是落後的政府，其職能越是以政治統治為主，而越不重視社會的發展和進步。清朝統治者以國家本位為原則，正是這種一般規律的體現。

就中國古代特殊的條件而言，地大物博，自成系統，自給自足的方式足於生活下去，故從來不重視經濟之學。以這種自然優勢為基礎，中國古代統治者都以大中華自居，閉關自守。對統治者而言，最危險的因素不是來自外部的競爭和壓力，因而不太需要用發展經濟、增強國力以期在競爭中獲勝，從而也就不重經濟之學，不重自然科學。最危險的因素是來自於內部（農民起義、大臣篡權等等），因而特別重視意識形態、軍隊、刑律等等。所以，中國古代特殊

101　《欽定六部處分則例》卷 31。
102　《欽定六部處分則例》卷 111。

的條件又強化了國家本位原則。

　　文官制度是政府人事系統的核心，它必然會反映和貫徹國家本位原則。清朝文官制度中的國家本位原則集中體現在科舉的內容和形式中。

（一）科舉內容與國家本位原則

　　隋唐實行科舉考試後，從制度上進一步確立了以儒學作為鑒別官員的標準。唐代考試主要有州縣鄉貢試和學館生徒試。鄉貢試的科目繁多，有明經、進士、俊士、明法、明書、明算、開元禮、道舉、童子等等，涉及思想、文化、法律、藝術、科技等領域，這種科目設置對於促進唐朝文化的全面繁榮起到了積極的作用。然而，各個科目是不同等的，各科所取之士的任用和地位相差甚大。其中，上等科目（如明經、進士等）的考試專重經義，下等科目（如明書、明算等）的考試才有專業技術的內容。學校的情形同樣如此。中央之弘文館、崇文館等級最高，生徒為皇族及顯貴子弟；國子學、太學、四門學次之，生徒分別為二、三品以上、五品以上、七品以上子弟；律學、書學、算學最次之，生徒為八品以下、低級官員及庶人子弟。各學所學內容以未來為官需要而定，七品以上，經義為主；八品以下，技術為重。這種上等學經義，下等學技藝的體制，清楚反映了統治者擇官的動機和目的。

　　然而，唐朝科舉中尚有「下等學技藝」，清朝則將其統統拋光。除為滿州、蒙古、漢軍翻譯生員設立的翻譯鄉、會試外，清朝科舉不分科目，鄉會試都統一場次，統一試題內容。三場考試均以儒家經典命題，三場之中尤其重視以《四書》為內容、以八股文為形式的首場考試，相沿成例，難革其弊（詳見第一章）。

　　與科舉考試相一致，清朝的學校教學也以四書、五經為主要內容。如國子監的課業是：

> 課士之法，月朔望釋奠畢，博士廳集諸生，講解經義。上旬助教講書。既望，學正、學錄講書各一次。會講、復講、上書、復背，月三回，周而復始。所習四書、五經、性理、通鑒諸書，其兼通十三經、二十一史，博極群書者，隨資學所詣。日摹晉、唐名帖數百字，立日課冊，旬日呈助教等批晰，朔望呈堂查驗。祭灑、司業月望輪課四書文一、詩一、曰大課。祭灑季考，司業月課，皆用四書、五經文，

並詔、誥、表、策論、判。月朔，博士廳課經文、經解及策論。月三日，助教課，十八日，學正、學錄課，各試四書文一、詩、經文或策一。[103]

不僅學校之監生、生員必須專心於學習儒家經典，以期科舉中式，就是年幼孩童也必須從小習誦儒家經典，才能通過入學考試而進入學校。清朝儒童入學考試的內容亦是以儒家經書為主：

儒童入學考試，初用四書文、孝經論各一，孝經題少，又以性理、太極圖語、通書、西銘、正蒙命題。嗣定正試四書文二，復試四書文、小學論各一。[104]

可見，清朝統治者以科舉考試為引導，使儒學牢牢地控制了文化教育的各個領域。

清朝統治者以儒學作為選官的標準是十分堅定的。然而，如果我們對此稍加分析，就會發現科舉的內容和科舉的目的之間存在著巨大的矛盾。科舉考試及其相應的學校教育，是為了培養和選擇從政文官，學校教育尤其是科舉考試的內容理應根據從政所需而設定。以宗法倫理為核心的儒家經義，實在與各種政務不相符合。至於吟花詠月、抒情言性的詩賦，更與政事毫無關係。

這種「矛盾」其實並不矛盾。因為，統治者選官的首要目標是弘揚家業，鞏固江山，而不是民族的興盛和社會的發展。

什麼樣的官最能幫助統治者實現上述目標呢？換言之，為官者最重要的素質是什麼呢？是修身、正己、治心、端習，一句話，是心術正。乾隆五年在一道上諭中專門論述了身心性命之學與治國為政之間的關係：

夫治統原于道統，學而不正則道不明。有宋周、程、張、朱諸子於天人性命大本大原之所在，與夫用功節目之詳，得孔孟之心傳，而於理欲、公私、義利之界辨之至明，循之則為君子，悖之則為小人，為國家者由之則治，失之則亂，實有裨于化民成俗，修己治人之要。所謂入聖之階梯，求道之塗轍也。學者精察而力行之，則蘊之為德

103　《清史稿・選舉一》。

104　同上。

行，學皆實學；行之為事業，治皆實功。……朕願諸臣研精宗儒之書，以上溯六經之閫奧、涵泳、從容、優遊、漸漬，知為灼知，得為實得，明體達用以為啟沃之資，治心修身以端教化之本，將國家收端人正士之用，而先儒性命道德之旨有功于世道人心者，顯著于家國天下。[105]

　　乾隆的論述反映了封建正統思想的傳統理論。治國為政必須從修身開始，正心術，為君子，「為國家者由之則治」，「行之為事業，治皆實功」。而且，只有研精宗儒之書，才能得先儒性命道德之真旨。所以，「治統原于道統」，「道統」原於「學統」，為政必須先正身心，正身心必須先研儒學。

　　與為官的要求相一致，學校教育的目的和宗旨自然也是培養思想純、心術正，能供朝廷之用的士子。康熙十八年欽定的上諭十六條中寫道：「隆學校以端士習，黜異端以崇正學」。士子只須埋頭經典，從先哲那裡獲得實學真旨，滋養身心，漸積良德。至於社會之利弊、民生之困苦，均無需過問。順治九年欽定的訓士條規中規定，軍民一切利病，不許生員上書陳言。如有一言建白，以違制論，黜革治罪。」[106]

　　為什麼在統治者的心目中儒學最能端正人心呢？這是因為儒學為君權作了嚴密的論證和精心的維護。漢代董仲舒以先秦儒學為基礎，吸收神權學說、陰陽五行學說、天人感應學說等內容，構建了一個系統宇宙圖式。在這一圖式中，君權的神聖性得到充分的保障。董仲舒認為，天人具有統一的道，相互感應，人道來自於天道，君王受命於天，是在人間替天行道。所謂「王」，就是君主貫通天、地、人的意思。所以君主是神聖的。又認為，「天無二日，民無二王」，所以「春秋大一統者，天地之常經，古今之通誼也。」董仲舒還認為，天有陰陽，有春夏秋冬，陽尊後陰卑，先春夏後秋冬，人亦有貴賤高低之分。所以，「君為臣綱，父為子綱，夫為妻綱」是符合天經地義的，人人都應各安其分，各守其義，不得犯上作亂。試想，用這種理論學說去向萬民尤其是官員教育和灌輸，能不端正人心和實現長治久安嗎？

　　對於清朝而言，以儒學取士更有深刻的用意。清朝以異族入主中國，特別

105　《欽定台規》卷2，見《中華律令集成》（清卷）第490頁。
106　《欽定大清會典事例》卷389。

需要籠絡漢族士子。士子的最大熱衷是科舉和利祿，儒學為中國固有文化，深為漢族知識分子敬仰膜拜。將科舉和儒學合一，是征服漢族士子的最好辦法，是鞏固其統治的良策美計。

　　將儒學作為官方思想加於宣傳和灌輸，固然亦能收到「端正人心」的作用，但是，如果將儒學進一步作為科舉之內容和鑒定之標準，則會收到事半功倍的效果，尤其是對於端正士心更有遠勝於他藝之妙用。時人對此有過細緻具體的分析：

> 人有三等，……中等之人最多。若以四書文圍之，則其聰明不暇旁涉，才力限於功令，平日所誦習惟積朱之說，少壯所揣摩皆道理之文，所以篤謹自守，潛移默化，有補于世道人心者最多，勝於他藝遠矣。[107]

　　以儒學「端正人心」，這是冠冕堂皇的用語。如果說得直率一些，便是以儒學禁錮思想。君王們都明白，控制士子、禁錮思想，這對於專制統治是必不可少的。科舉考試「獨尊儒術」，又是牢籠學術，取消思想自由的有效途徑。在官本位社會中，官的身分及其品第是獲得政治經濟等各種權利的依據，於是全民爭做官，小官爭大官。要做官，就得科舉；要科舉，就得讀經義。誠如宋真宗那篇有名的〈勸文學〉所言：「書中自有黃金屋」、「書中自有千鐘粟」、「書中自有顏如玉」、「書中自有車馬多如簇」。為了滿足各種欲望，士子們腳不出書齋，眼不離四書五經。科舉考試的特點又是闡發「聖人之意」，「代聖人立言」，以聖人的口吻行文，於是終日揣摩，想經義所想，思經義所思，天下士子的頭腦都被裝在儒學之中，知識分子已完全失去了他們應有的品格。

　　以儒學「端正人心」，如果對其說得更深刻一些，便是一種愚民政策。君王們都知道，專制統治是離不開文化專制和愚民政策的。中國古代的愚民政策十分發達，其類型主要有三種。老莊認為一切文化都傷害自由美好的人性，應當否定一切物質文化和精神文化，回到小國寡民社會，復結繩而用之。就是說，一切文化教育統統都應取消。這是一種原始的、簡單的愚民政策。法家認為，天下萬民只需要知道國家的法律就行了，對他們只要進行法律教育，民眾學習

107　清，梁章鉅，《退庵隨筆》卷6。

法律也必須「以吏為師」，其它一切文化都應禁止和取消。這是一種帶有濃厚兵器味的愚民政策。董仲舒認為，「師異道、人異論，百家殊方，指意不同，是以上無以持一統」，所以，凡不在六藝之科、孔子之術者，「皆絕其道，勿使並進」。較之於前兩種愚民政策，董仲舒的主張的特點是讓人讀書，但只能讀一種書。這是一種陰險、毒辣的愚民政策。隋唐以儒學作為科舉的主要內容，使儒學獲得了更權威的地位，同時也強化了董仲舒宣導的愚民政策。清朝科舉純以儒學為內容和標準，更是將這種愚民政策發展到了極點。

（二）科舉形式與國家本位原則

如果說，清朝的科舉內容充分體現了國家本位原則，那麼，科舉的形式又很好地配合和服務於內容，使國家本位原則在科舉制度中得到了更好的貫徹。

如前所述，清朝鄉、會試形式上為三場，實則最重首場，而首場四書文的體裁又為八股文，所謂「名為三場並試，實則首場為重。首場又四書藝為重」。[108]因此之故，清朝科舉常常被稱為科舉八股或八股取士。

八股文體始於明朝成化年間，[109] 以後其體裁結構漸次確定，形成了特殊的格式。清朝八股格式更嚴於明朝。八股文章常常包括破題、承題（破承）、起講、入題（題比）、起股（虛比）、中股（中比）、後股（後比）、束股（大結）等組成部分，字數和書寫款式也有規定。乾隆四十七年，甚至規定舉子必須用指定的虛字，否則試卷作廢。[110] 僵化呆板的程序，幾乎使八股文成了文字遊戲。這樣，科舉考試以經義為內容，而經義的闡發，又被拘束在八股體裁中。這種內容和形式的結合，使考試劃一死板，但更能貫徹統治者的意圖。

以八股文試經書，能清楚鑒別士子之心術。康熙四年，禮部侍郎黃機奏言：

108　《清史稿·選舉三》。

109　顧炎武，《日知錄》卷16〈試文格式〉：「經義之文，流俗謂之八股，蓋始于成化以後。股者，對偶之名也。天順以前經義之文，不過敷演傳注，或對或散，初無定式。其單句題亦甚少。成化二十三年會試：『樂天者保天下』文，起講先提三句，即講『樂天』四股。中間接過四句，復講『保天下』四股。復收四句，再作大結。……每四股之中，一反一正，一虛一實，一淺一深。」

110　《清史稿·選舉三》：「乾隆四十七年，令考官預擬破、承、開講虛字，隨題紙發給士子遵用。嘉慶四年，以無關弊竇，廢止。」

　　制科向係三場，先用經書，使闡發聖賢之微旨，以觀其心術。[111]

　　所謂鑒別士子心術、實質就是牢籠思想，消彌意志而利於統治。八股文因其刻板之程序、固定之套語，舉子思考範圍、賦文造句皆不得超離窠臼。八股文中不得涉及經典以外的書籍，議論也不能引證史事，更不能聯繫實際。時人蔡爾康曾一針見血地指出：

　　自明之興，專以制藝取士。制藝雖代聖人立言，其能獨抒己見，發為高論者，雖有其人，然其餘不過彼剿此襲，油腔滑調而已。上以此求，下以此應，聰明才智之士，一生有用之精神，盡消磨於無用八股之中，豈不可惜。[112]

蔡爾康的批評是深刻的。然而，問題的可悲之處在於：對於有識之士而言，科舉制藝使天下聰明才智之士的一生精神消磨於無用的八股之中，實屬可惜，但對於朝廷而言，這根本不是可惜之事，而是有著實實在在的政治功效。雍正朝重臣鄂爾泰曾對八股牢籠士子的作用說過大實話：

　　非不知八股為無用，而牢籠志士，驅策英才，其術莫善於此。[113]

身為朝廷重臣，鄂爾泰對統治者的真實用心可謂了若指掌。

　　所謂鑒別士子心術，實質也是一種愚民政策。清人王侃將八股取士與秦燒詩書相提並論：

　　農談豐歉，工談巧拙，商談盈虧，事之常也。士之為士，亦只誼談八股乎？由於進取，不得不談八股。既入仕矣，又不可以廢之乎？秦燒詩書，以愚黔首，今尚八股，亦將以愚黔首乎？黔首則誠愚矣，其如人才不競，不能以八股殺賊，何也？[114]

王侃最後的詰問十分有力。然而，統治者最關心的是「愚黔首」，至於「人才

111　《清史稿・選舉三》。

112　《紀聞類編》卷4「引用人材論」。

113　轉引自陳茂同著，《中國歷代選官制度》，華東師範大學出版社1994年出版，第773頁。

114　王侃，《放言》卷上。

不競」、「殺賊」，那是次要的事。

（三）國家本位原則對清朝文官制度的危害

如上所述，以儒學為內容、八股為形式的選官考試，對於達成統治是有用的。然而，它對於選拔具有真才實學的人才，建立高素質的文官隊伍卻不僅無用，而且極為有害。

乾隆三年，兵部侍郎舒赫德專就科舉之弊奏言：

> 科舉之制，憑文而取，按格而官，已非良法。況積弊日深，僥倖日眾。古人詢事考言，其所言者，即其居官所當為之職事也。時文徒空言，不適於用，黑卷房行、輾轉抄襲，膚詞詭說、蔓衍支離，苟可以取科第而止。士子各占一經，每經擬題，多者百餘，少者數十。古人畢生治之而不足，今則數月為之而有餘。表、判可預擬而得，答策隨題敷衍，無所發明，實不足以得人。應將考試條款改移更張，別思所以遴拔真才實學之道。[115]

作為朝廷大臣，舒赫德的奏言肯定較為和緩與留有餘地，但即使這樣，上述奏言還是清楚地指出了當時科舉考試的直接弊害，這種弊害主要表現為以下兩點。

一是「空」。舉子所學所考徒為空言，與日後所為之政事南轅北轍，學非所用，考非所用。但為了成就功名，舉子們不得不將聰明才智耗磨於這空言之中。曾經中式清朝榜眼的馮桂芬對科舉卻一點沒有好感，指責其使「聰明智巧之士，窮老盡氣，銷磨于時文、試帖、楷法無用之事。」[116]康有為對科舉之空疏也曾深刻地指出：

> 故令諸生荒棄群經，惟讀四書，謝絕學問，惟事八股，……漸乃忘為經義，惟以聲調為高歌。豈知聖言，幾類俳優之曲本。東塗西抹，自童年而咿唔摹仿；妃青儷白，迄白首而按節吟哦。輾轉以相傳，學子循聲沒字，空疏而登第。[117]

115　《清史稿·選舉三》。

116　馮桂芬，《校邠廬抗議》「制洋器議」。

117　《戊戌奏稿》，康有為，〈請廢八股試帖楷法試士改用策論折〉。

二是「虛」。即使上述與政事嚴重脫節的「空學」，舉子們也沒有能夠真正掌握。八股文出題，僅局限於四書，那怕其所謂「微言大義」、精妙深奧，但內容畢竟有限，年代積久，科復一科，其可出之題早為士學們揣摩已透，於是「墨卷房行，輾轉抄襲」，舉子靠猜題、抄襲而僥倖中式者大有人在。時人對此多有抨擊，如：

> 鄉會試雖分三場，實止一場，士子所誦習，主司所鑒別，不過四書文。行之四百餘年，場屋可出之題，士子早已預擬，每榜一出，抄錄舊作，幸而得雋者不少矣。今欲革其弊，易以詩、賦、策、論，則議者必之譁然，以為聖賢之言，不可不尊，士子所習，難以驟改，其說必不行，其弊終難革也。[118]

明朝弘治年間開始，社會上開始流行八股範本，旋即風靡天下，名目不斷增加，有「程墨」、「房稿」、「行卷」、「社稿」等等[119] 它們還成為商賈的熱銷書籍。士子們大都不再讀經典原文，而是埋頭於將四文、程朱注疏和八股格式合為一體的選本，這樣既簡便又易於臻功。

由是可知，因為國家本位原則的錯誤引導，八股科舉制下清朝士子的知識結構是十分鄙陋的。且不說對自然科學技術的瞭解，且不說對國計民生的知曉，就是對素來為中國文人重視的史學、文學也知之不多，甚至對日誦夜讀的儒家經典，也常常徒知皮毛。至於對中國以外的天下大事，那更是茫然不知，以致鬧出諸如「不相信西班牙和葡萄牙的存在」等十分荒誕的怪事。[120] 有人曾賦詩描繪了八股文人的愚陋無知：

> 讀書人，最不濟，背時文，爛如泥。國家本為求才計，誰知道變作了欺人技。兩句破題，三句承題，搖頭擺尾，便道是聖門高第。可

118　清，梁章鉅，《退庵隨筆》卷6。

119　「程墨」，為三場主司及士子之文；「房稿」，為十八房進士之作；「行卷」，為舉人之作；「社稿」，為諸生會課之作。

120　徐桐，道光十三年進士，後歷任禮部尚書、翰林院學士、上書房總師傅、吏部尚書協辦大學士、太子太保等職。可是，這位朝廷重臣將算學「斥為洋鬼子的學問」，還「絕不相信」、「西班牙和葡萄牙的存在」，認為這是「法國和英國常常來討利益，連自己也不好意思了，所以隨便胡謅出來的國名」（魯迅，《且介亭雜文二集·在現代中國的孔夫子》）。

知道三通、四史是何等樣文章？[121] 漢祖、唐宗是哪一朝皇帝？案頭放高頭講章，店裡買新科利器，讀得來肩背高低、口角唏噓！甘蔗渣兒嚼了又嚼，有何滋味？辜負光陰，白白昏迷一世。就教他騙得高官，也是百姓朝廷的晦氣！[122]

然而，儘管士子們的知識鄙陋，可他們一旦中式，便為官四方，吏政、錢穀、禮樂、兵事、典獄、工政，無所不為。以愚陋殘缺的知識應對具體複雜的政事，其結果必然會嚴重影響行政管理的品質，誠如魯迅所說的：「那時候，儒生們在私塾裡揣摩高頭講章，與天下國家何涉？但一登第，真是『一舉成名天下知』，他可以修史，可以衡文，可以臨民，可以治河；到清朝之末，更可以辦學校、開煤礦、練新軍、造戰艦、條陳新政、出洋考察了。成績如何呢？不待我多說。」[123]

由知識鄙陋的士子執掌政務，不僅直接影響了政務的品質，而且還引發或者助長了對文官制度的一系列弊害。書吏之弊就是顯著一例。清朝書吏名目繁多，經制之書吏，在京有供事、儒士、經承，在外有書吏、承差、典吏、攢典。非經制書吏，有貼寫、幫差等。書吏本為執掌「房科之事」的辦事人員，地位遠低於官員。然而，他們卻能倒持太阿，操縱官府，肆無忌悼，營私害公。古今論者無不切指其弊，顧炎武稱清朝書吏實乃「養百萬虎狼於民間」，此言誠信矣！書吏之害是清朝政治中的一大弊政。清朝統治者對此亦十分清楚，先後制定了一系列嚴法禁令，《欽定六部處分則例》還專有《書役》一卷。形成這一弊政的原因固然很多，但與清朝選官制度具有十分密切的關係，這是毋庸置疑的事實。清朝選官或由科甲，或由他途（詳見第一章）。由他途登進者，並非依其學識才能，故其從政素質自不必說。由科甲登進者，其實際學識又如上述，他們僅對八股制義熟悉而已。而且，清朝為行政管理制訂了浩繁細密的法律，有律、有典、有例，例又五年一修，不斷積累增多。這對入仕之前不習法律的官員來說確是記不勝記。相反，書吏起自基層，久習錢糧刑名，精通事務。他們很多還世代相傳，據有律例秘本，深曉律與例之間、例與例之間的牴牾矛

121　三通：唐代杜佑《通典》、南宋鄭樵《通志》、元代馬端臨《文獻通考》；四史：《史記》、《漢書》、《後漢書》、《三國志》。

122　袁枚《隨園詩話》卷 12 載清初徐大椿《道情》詩。

123　《且介亭雜文二集‧名人和名言》。

盾，每遇一事，善於援引律例，隨心處斷。況且，各衙門之間的書吏還常常互相勾結，上下串通，形成特殊的關係網絡，遇有事件便幫同訛詐。這樣，官員在實際行政管理中難免拱手相讓，按照書吏所論畫諾苟同。所以，一方面嚴法禁令頻頻頒布，另一方面書吏之害卻愈演愈烈。只抑其末，不治其本，勢所然矣！

其實，清朝朝廷對八股科舉的弊竇也是清楚的。早在康熙二年，因八股制義尚空而無益於選才，下詔永行停止：

> 八股文章，實於政事無涉，自今之後，將浮飾八股文章永行停止，惟于為國為民之策論中出題考試。[124]

鄉、會試以三場策五道移第一場，二場增論一篇，表、判如故。1840 年國門被洋人大炮轟開以後，朝廷上下突然發現外國的夷敵卻比中華帝國強大，壓力來了，競爭來了，對八股科舉的弊竇有了進一步的認識。同治元年，「以國學專課文藝，無裨實學，令兼課論、策。用經、史、性理諸書命題，獎勵留心時務者。」[125] 甲午一戰，清朝「喪師辱國，列強群起，攘奪權利，國勢益岌岌。」朝野志士愈加激切呼籲變法，崇尚實用，摒棄空疏。光緒二十四年特明白宣於中外：

> 自王公至士庶，各宜努力發憤，以聖賢義理之學。植其根本，博採西學切於時務者，實力講求，以救空疏迂謬之弊。[126]

光緒二十七年，在改革科舉考試的上諭中更明確指出了八股文的空虛之害：

> 科舉乃掄才大典，我朝沿用前明舊制，以八股文取士，……乃行之二百餘年，流弊日深，士子但視為弋取科名之具，剿襲庸濫，于經史大義無所發明，急宜講求實學，挽回積習。[127]

在清末變法中，還對學校進行了改革，其改革的宗旨也是宣導實學：「大

124　《清聖祖實錄》卷 9，「康熙二年八月條」。

125　《清史稿・選舉一》。

126　《清史稿・選舉三》。

127　《皇朝掌故彙編》卷 36〈科舉二〉。

抵此期設學之宗旨，專注重實用。」[128] 學校的課程設置作了大幅度的調整，人文科學和自然科學的各個學科幾乎都列入其中。[129]

　　然而，儘管清朝朝廷以及仁人士志對八股科舉的弊害早有認識，但除了康熙初年短暫停過兩科八股文外，直至戊戌變法，八股制義的地位一直不能動搖，科舉的內容也基本不變。戊戌變法雖然下令廢除八股制義，但變法失敗後，除京師大學堂外，一切新政都成泡影。直至光緒二十七年（1901 年），八股制義由第一場移止第三場，地位和作用大為降低。1906 年清朝廢止科舉、八股制義才壽終正寢。八股科舉何以有如此強盛的生命力？原因還在於它有利於統治。政體不變，政權性質不變，國家本位就不會改變。對統治者來說，權衡八股科舉之利弊，當然是利大於弊。如上所述，康熙二年曾下詔永行停止制義，但康熙四年，禮部侍郎黃機奏言，「制科首場先用經書，是使闡發聖賢之微旨，以觀其心術。……今止用策論，減去一場，似太簡易。且不用經書為文，人將置聖賢之學于不講。請復三場舊制。」康熙七年，復初制，仍用八股文。[130] 乾隆三年，舒赫德切陳當時科舉之弊（見上文），禮部當即復奏，其中曰：「能責實，雖由今之道，而振作鼓舞，人才自可奮興。若惟務徇名，雖高言談復古，法立弊生，於造士終無所益。今謂時文、經義及表、判、策論，皆空言剿襲而無用者，此正不責實之過。……時藝所論，皆孔、孟之緒言，精微之奧旨。」[131] 本來，舒赫德批評八股科舉「徒空言，不適於用」，結果反被指為犯了「不責實之過」。

　　在清末學校改革中，朝廷頑固勢力也始終強調必須恪守孔孟之道。張之洞等人在一份上奏中說：

　　　　無論何等學堂，均以忠孝為本，以中國經史之學為基，俾學生心術

128　《清史稿·選舉二》。

129　如京師大學堂分大學院、大學專門分科、大學預備科。專門分科凡七：政治科、文學科、格致科、農業科、工藝科、商務科、醫術科。政治科目分二：政治、法律。文學科目分七：經學、史學、理學、諸子、掌故、詞章、外國語言文字。格致科目分六：天文、地質、高等算學、化學、物理、動植物。農業科目分四：農藝、農業化學、林學、獸醫。工藝科目分八：土木、機器、造船、造兵器、電氣、建築、應用化學、採礦冶金。商務科目分六：簿記、產業製造、商業語言、商法、商業史、商業地理。醫術科目分二：醫學、藥學（見《清史稿·選舉二》）。

130　《清史稿·選舉三》。

131　《清史稿·選舉三》。

一歸於純正。[132]

在朝廷擬訂的《中、小學學務綱要》中說：

> 外國學堂有宗教一門，中國之經書即是中國之宗教。學堂不讀經，
> 則是堯、舜、禹、湯、文、武、周公、孔子之道，所謂三綱五常，
> 盡行廢絕，中國必不能立國。無論學生將來所執何業，即由小學改
> 業者，必須曾誦經書之要言，略聞聖教之要義，以定其心性，正其
> 本源。[133]

這些論述講得十分清楚，恪守孔孟之道最根本的目的是讓人心術純正，本源歸
正。

　　清朝統治者由國家本位出發而推行八股科舉取士制度，這使他們保持家
業、長治久安的願望相對來說是實現了，然而對中國社會、中華民族卻帶來了
災難性的後果。清朝統治的兩百多年間，正是世界文明突飛猛進的關鍵時期。
在這時期，西方大力發展科學技術、推進工業革命，而清朝統治者們時刻惦念
著江山的安定穩固，眼睛盯著萬民士子有無反心、逆心、邪心，利用功名利祿
將士子牢籠在四書五經之中，使他們的全部知識局限於程朱理學和詩賦偶語，
扼殺了一代又一代知識分子的聰明才智。顧炎武曾痛心疾呼：「八股之害，等
於焚書。而敗壞人才，有甚於咸陽之郊，所坑者非四百六十餘人也！」[134]梁啟
超曾將廢八股作為改革的第一件大事：

> 今日在我國而言改革，凡百政事，皆第二著也。若第一著，則惟當
> 變科舉，廢八股取士之制，使舉國之士，咸棄其頑固謬陋之學，以
> 講實用之學，則天下之人，如瞽者忽開目，恍然于萬國強弱之故，
> 愛國之心自生，人才自出矣。[135]

雖然梁啟超的話語不盡正確，但八股科舉已成為中國社會發展的重要桎梏，這
是毋庸置疑的。事實說明，中國社會的落後，近代中華民族的挨打，根本上不

132　《清史稿·選舉二》。
133　同上。
134　《日知錄》卷16〈擬題〉。
135　《戊戌政變記》第五篇〈廣康仁傳〉。

是洋人槍炮使然，而是中國統治者使然。

五、家族主義原則

由於特殊的自然條件和國家形成途徑，中國古代最初的國家是在與氏族臍帶脫落未淨的情況下產生的，「家國一體」、「親貴合一」是其最主要的特徵。此後，自給自足的自然經濟始終是中國古代社會占主導地位的生產方式，宗法關係、家族制度有著肥沃的生存土壤，它們對國家政治生活具有特殊的意義和作用。移孝可以為忠，移悌可以為敬。「修身、齊家、治國、平天下」被奉為千真萬確的治理模式。歷代都將家族主義作為國家立法的一項指導原則，都將調整和維護宗法家族關係作為法律的神聖職責，都注重家族秩序和國家秩序的和諧與統一。

文官，是一個特殊的階層和群體，他們每人都具有兩重身分：在外是為君之臣，在內則為父之子。臣，有臣之權利和義務；子，有子之權利和義務。清朝文官制度中的家族主義原則，其核心就是在強調文官為臣之權利義務的同時，充分兼顧其為子之權利義務，盡可能使兩種權利義務協調並且互補，讓他們有可能既成為「忠臣」，又成為「孝子」。

茲擇幾項規定和制度說明之。

（一）「孝」是為官的必備品德

孝，是家族倫理的核心。在中國古代，它有著重要的政治意義。可以說，孝是為人、為官一切品德的基礎。人有孝悌，好犯上作亂者鮮矣；人無孝悌，對親人都冷漠無情，何談為忠為信。清朝以法律的形式將「孝」納入文官的必備品德。

清初立國，教育生員第一條即為「孝」。順治十六年，廣頒《孝經》於天下學官。後來，由雍正在康熙《聖諭十六條》基礎上親定的《聖諭廣訓》，是學校的道德準則，其第一條為：「敦孝悌以重人倫」，第二條為「篤宗族以昭雍睦」。[136] 有孝行之生員，可得到嘉獎。雍正元年復准：「嗣後各省學政，轉

136　《欽定大清會典事例》卷 397。

飭教官，實心訪查，有居家孝友品行端方者，列為上等。」雍正五年，還令各府州縣學各舉一名「孝友端方」者，奏聞請旨。[137]

清朝鄉、會試曾在相當長時期內以《孝經》命題。順治十六年，為「以勵士尚」，命鄉、會試間出《孝經》。康熙十九年，因《孝經》可出題目有限，間用《性理》、《太極圖說》、《通書》等。雍正元年，詔《孝經》與五經並重，鄉、會試論題仍用《孝經》，其詔諭清楚闡明了《孝經》的重要意義：

> 《孝經》一書，與《五經》並重，蓋孝為百行之首，我聖祖仁皇帝欽定《孝經衍義》，以闡發至德要道，誠化民成俗之本也。鄉、會二試向以《孝經》為論題，後（康熙二十九年）改用《太極圖說》、《通書》、《西銘》、《正蒙》。夫宋儒之書，雖足羽翼經傳，豈若聖言之廣大悉備。令自雍正元年會試為始，二場論題，定仍用《孝經》，庶士子咸知誦習，而民間亦敦本勵行，即移孝作忠之道，胥由於此。[138]

可見，「孝」乃「百行之首」，是「化民成俗之本」，行孝之目的是「作忠之道」。但《孝經》內容實在不多，士子極易猜中，乾隆二十一年取消以《孝經》命題。

（二）終養之制

所謂「終養」，是指官員因祖父母，父母等尊親屬年老，依例具呈暫離職務，回籍侍養。侍養終止起復後，聽部坐補。

漢員文官可依下列情形之一具呈終養：

祖父母、父母年八十以上；

為人後者，所後父母已故，其本生父母年八十以上；

祖父母、父母年七十以上而獨子，其家無次丁者，及有兄弟而篤疾者、俱出仕者；母老，有兄弟而非同母者。

父母年六十以上未及七十，或伯叔父兄弟篤疾，或家無次丁不能迎養，呈

137　《欽定大清會典事例》卷383。
138　《皇朝掌故彙編》內編卷35。

請終養者，雖未合例，州縣以上亦准題請旨，州同以下取結列部，准行。[139]

　　漢員具有上述合例之終養情形，京官三品以上自行具奏，四五品京堂、六品國子監司業具呈本衙門移諮吏部，吏部據諮單題，奉旨後開缺。其餘官員呈報本衙門移諮吏部，吏部據諮開缺。外官督撫代題，仍取同鄉官印結。督、撫則互相代題。

　　旗員在京文職因無終養之必要，故向例不准告請終養，在外文職之終養先後有所不同。乾隆四十二年之前，祖父母、父母年七十以上而無人俸養，或父母八十以上，雖家有次丁，而情願歸養者，均可具呈終養。乾隆四十二年定例：

> 嗣後旗人終養之例，著停止。其有親老情願回京者，准其具呈督撫奏明送部引見，文員以部屬用……。

乾隆認為，這一新例既可使旗員「得遂其私情」，又可避免因終養「不得其祿」而「必致艱窘」。[140] 乾隆四十九年為避免和減少旗員因親老呈請回京而影響政務，又進一步規定：「嗣後各旗文武官員，如有父母年至七十五歲以上者，均不准保送外任。庶旗員共知祿養承歡，克敦內行，亦移孝作忠之一道也。」[141]

　　從清朝法律分析，終養的性質基本上是官員的一項權利，官員在很大程度上可以決定主張或者放棄。雍正五年議准：

> 凡應補應選外官，果有親老情願終養者，（重點號為引者所加，下同）於本省起文時，即具呈該地方官轉詳諮部。[142]

乾隆四十二年上諭曰：

> 我滿州從來淳樸之習，但知尊君效力，家計有所弗顧。即外任有因親老情願回旗者，原不妨據實呈明該上司，回京當差，……[143]

正因為終養是一項權利，所以在清朝法律中未見因官員不終養而予以處分的條

139　《欽定大清會典》卷 11。
140　《欽定大清會典事例》卷 140。
141　同上。
142　《欽定大清會典事例》卷 140。
143　同上。

文。

無論是旗員還是漢員，終養離職期間，均停給俸祿。[144]

終養之制的立法本意是遂官員親情孝順之心，體現禮治和仁政。然而在實踐中有許多官員利用此制以逞私意。他們為了避開或棄掉瘦缺、遠缺，捏報終養而離職，以求起復後覓得美缺。況且，當時戶籍人口管理的技術水準有限，捏報年歲較易得逞。嘉慶四年在一道上諭中曾專門對這種現象予以斥責。[145] 為此，法律對捏報終養有專門處分規定：

> 官員呈請終養，如有浮開年歲、假捏事故，藉端規避者，革職。地方官不行查明，降一級留任；扶同出結者，降二級調用。[146]

乾隆十四年進一步規定，終養官員起復後一律坐補原缺，以此堵截有些官員的不良慮謀：

> 嗣後官員親老，與終養之例相符者，於未得缺前，許其呈請。其已經銓選抵任者，將來亦坐補原缺。著為例。[147]

在清朝任官制度中，有與終養之制立法精神相一致的類似規定。官員親年六十五歲以上，准其預行告近存案。銓選分發時，如掣得近省，毋庸辦理；若籤掣遠省，以近省改掣。俟親老事畢，或坐補原缺，或經引見允許另坐它缺。[148]

144　關於終養停俸之制下列二例可以為證：乾隆四十二年諭：「外任有因親老情願回旗者，原不妨據實呈明該上司，回京當差……既得遂其私情，又有俸祿養贍。若照綠營終養之例，回京閒住，轉屬非是，而其人不得俸祿，亦必致艱窘。」（《欽定大清會典事例》卷140）。乾隆五十年諭：「蓋以人子之心，總以養與不養為先，既迎奉在署，即可朝夕侍養，亦非忘親戀祿，其所以體恤臣工者，已屬公私兼盡，乃費孝昌何得復有此奏？其意不過以一經回籍，便不能有資利祿而已。」（《欽定吏部稽勳司則例》）卷6，見《中華律令集成》（清卷）第333頁）。

145　嘉慶上諭寫道：終養「此誠天恩逾格，原為養老起見，故例載如有情願終養者，不妨據實呈明，但有此條例，往往取巧之輩或因缺有良否不同，省有遠近不等，於是多報親年，呈請終養，以便回旗內，用借避遠省苦缺。是親老終養之例，易啟臣下趨避私圖……至漢員親者，……該員父母年歲，總由呈稱，無憑稽查，上司雖出印結，亦難確實查明。其中提報親年，借避苦缺，在所不免。」（《欽定吏部稽勳司則例》卷6，見《中華律令集成》（清卷）第333頁。）

146　《欽定六部處分則例》卷13。

147　《欽定大清會典事例》卷140。

148　《欽定大清會典》卷7。

（三）蔭敘和封贈之制

蔭敘和封贈是文官的兩項重要權利。蔭敘，是指子孫憑籍父祖官品或功績而得官；封贈，是指職官和其尊長依職官之品級受封階稱和命婦之號。蔭敘，是父祖貴而子孫貴；封贈，是子孫貴而父祖貴。兩者都反映了家族主義和宗法觀念，都是為了滿足中國古人固有的光宗耀祖、傳業子孫的心理和需要（內容詳見第一章和第三章）。

（四）丁憂之制

丁憂，是官員遇有父母等尊長之喪，暫離公職而在家服喪守制。服喪期內，除有特旨外，停止升轉，停給俸祿，[149] 但仍准算歷俸。[150] 守喪畢，則起復。

守喪是一項十分複雜的制度，它涉及到宗祧、領養、繼承等許多具體內容。為此，清朝對文官的丁憂制訂了較為詳細的規定：

內外文職現任官員，遇親父母病故丁憂，離任守制二十七個月，不計閏。

候補候選人員，遇親父母病故丁憂，在籍守制二十七個月，不計閏。

官員承重，[151] 祖父母及曾祖父母丁憂者，守制二十七個月，不計閏。

官員出繼為人後者，遇所後父母病故丁憂，守制二十七個月，不計閏。

官員聞訃丁憂者，以聞訃之日為始，守制二十七個月，不計閏。

官員丁憂後續又丁憂者，以接丁之日為始，守制二十七個月，不計閏。

官員祖父母承重之喪，惟本身及其父俱係嫡長而父先故，始應承重丁憂二十七個月。如父係庶長，不必承重丁憂，或父係嫡長，本身係庶長，亦毋庸承重丁憂，俱令嫡次承重，無嫡次始令庶長承得丁憂二十七個月。

……

官員係一子承祧兩房，如大宗獨子承祧次房者，遇本生父母病故，丁憂二十七個月。次房承祧，父母病故，治喪一年。如次房獨子承祧長房者，遇本

149　《戶部則例》卷73〈廉祿一〉：「各省文員遇有丁憂事故，其應支養廉等項，即以聞訃或奉到原籍諮文之日住支」。

150　《欽定大清會典事例》卷36，乾隆二年議准，官員遇有丁憂在二十七月內者，除奉特旨升轉外，其餘凡有升遷，停其開列升轉，服滿後仍准算俸。

151　本身及祖、父俱係嫡長，而祖若父先故者，于祖父母、曾祖父母喪則為承重。無嫡長，則令嫡次承重，無嫡次，令庶長承重（《欽定大清會典》卷11）。

生父母病故，治喪一年。長房承祧，父母病故丁憂二十七個月。

官員身係獨子，承祧兩房者，如同係小宗，于所生父母病故，丁憂二十七個月；于兼承宗祧之父母病故，治喪一年。[152]

滿州、蒙古文官的守制期與漢官相同，但可以提前當差。康熙十二年題准，在京滿州、蒙古文官在家居喪百日後，即可入署辦事。乾隆十四年諭，外任滿州、蒙古文官居喪百日後可赴在京衙門當差。入署辦事者照常支俸，入衙門當差者只支正俸，不支恩俸。但無論辦事或當差，在守制期內停其朝會、祭祀，亦不得升轉。[153] 上述特殊規定，其原因一是滿州、蒙古風俗本來與漢人不盡相同；二是滿州、蒙古官員不似漢人眾多，若因丁憂而離職，難有他官即行補缺，以致會妨害公務，同時也會影響所在衙門中原有的滿漢權力關係。

官員遇有丁憂，原則上都須服滿守制，但有兩種例外。一是奉特旨而在職帶孝或提前起復，[154] 二是欽天監官生、太醫院醫官丁憂，均不開缺離任，俱穿孝百日進署當差。如籍隸外省人員，酌量給假回籍守制。[155]

官員父母在籍病故，由家屬取具鄰族甘結，於五日內呈報本籍州縣，該州縣加具印結，於五日內經詳督撫，督撫分別題諮，並即移諮任所，知照該員，令其離任，同時將該員聞訃日期諮部扣算年限起復。[156]

在中國古代，孝，是宗法倫理的核心，服喪，則是孝的核心。雍正曾在一道上諭中闡明了三年喪於「孝」之意義：

> 父母之恩昊天罔極，而喪禮以三年為斷者，所以節仁人孝子之哀，而使所有極也。三年之喪猶不能終，則百行皆無其本矣。[157]

所以，歷代都十分重視守喪。列為「十惡」大罪之一的「不孝」，其重要內容就是「匿不舉哀」。作為四民之首的士子，法律對其守喪的規定更加嚴格。

152　《欽定吏部稽勳司則例》卷 2，見《中華律令集成》（清卷）第 331 頁。
153　《欽定大清會典事例》卷 138。
154　如曾國藩以母喪，回湘居喪，未畢，朝廷詔其辦理團練。後又遇父喪回籍，上諭特命以古人墨絰從戎之義「剿匪」，曾國藩例行懇請終制。
155　《欽定大清會典事例》卷 138。
156　同上。
157　《欽定六部處分則例》卷 13。

　　清朝文官的終養和丁憂之制，雖然兩者的立法精神是一致的，但在性質上卻不同。終養是文官的一項權利，故法律沒有文官必須離職去終養的規定；守制，是文官的一項義務，故法律有一系列處分文官不履行守制的規定。在實踐中，由於守制期間不支俸祿，常有官員或捏稱情狀，或懇求上司留任，或藉口營葬無資、或結托賄賂，千方百計戀任留職。為此，清朝條例規定的處分極嚴，並且在朝廷上諭中經常警誡官員恪守孝道。

　　官員匿喪、短喪者，俱革職，不准援赦。凡聞喪戀職，或遇丁憂承重，捏稱出繼舊宗，或隱匿接丁，或服制未除冒哀從仕者，亦俱革職，不准援赦。該管旗籍官失於查察，降一級留任。扶同出結者，降二級調用。

　　官員呈報丁憂遲延者，罰俸一年。若地方官不為轉報，係州、縣、府州、司道遲延，罰俸一年；係督撫遲延，罰俸六個月。

　　官員呈報丁憂，漏敘緊要字樣者（如繼母、嫡母、生母、過繼承重、嫡庶之類），俱罰俸六個月。

　　官員也不能為了規避苦缺、遠缺等目的捏報丁憂，違者革職。聞喪不報，擅自離任者，降二級調用。

　　官員不得在任守制。雍正十三年專發上諭曰：

> 夫事親孝故忠可移於君，使其人本仁孝，而強奪其情則惘然不能終日，必至愴恍昏迷廢馳公事。若以為安則忍戾貪冒之人也，國家安所用之，而所治士民亦安能服其政教乎。自後必其地、其任、其事、其時決不可少是人而不能相代者，仍准保題以憑核奪，餘俱停止，永著為例。

　　官員丁憂應該及時起程。在京漢官丁憂限三個月起程，令將起程日期報部。如無故遲延半年以上者，罰俸一年；一年以上者，降一級留任。外任實缺遇有丁憂事故，給予交代應得例限。州縣以上等官無故遲延起程，半年以上者降一級留任，一年以上者降一級調用，二年以上者革職。佐雜人員無故遲延起程，半年以上者降一級留任，一年以上者降二級調用。丁憂人員如有不即起程，逗留省城鑽營差委、干預公事者，將本員革職。該督撫不行查參，降二級調用。若督撫違例奏留，而該員亦願留效力者，督撫降三級調用，本員仍革職。

官員丁憂應按程限到籍。丁憂回籍人員予限一個月即應將回籍日期報明該管官，以憑核查。若漏報到籍日期，罰俸六個月。若違限半年以上者，降一級留任，一年以上者降二級留任。丁憂人員起程後如於所過地方有逗留、贪緣情事及沿途督撫等違例奏留者，本員革職，督撫降三級調用。[158]

官員丁憂回籍後，應閉戶居家，盡行孝禮。除因喪事與人往來外，如有親赴省城、更易服色、干謁地方官，並送禮赴席者，指名題參，於補官日降三級調用。[159] 即使赴書院教授生徒之類事項，亦概予禁止。[160]

清朝為了準確地執行蔭襲、封贈、終養、丁憂等制度，十分重視文官的出繼、歸宗、改籍、更名等事項的管理，因為這些事項是確定官員權利義務的重要依據。吏部稽勳清吏司既掌「文職官守制、終養之事」，同時「凡官出繼者、入籍者，更名復姓者，皆掌其政令。」[161]《大清會典》規定：

> 凡官出繼者，辨其宗之昭穆，與其遠近。本籍官詢其鄰族，取其宗圖冊結，而達以部以定議。其歸宗亦如之。

> 凡官入籍者，辨其祖父寓之歲，與其業，而聽為土著。（先因祖父貿易游幕及出仕，於寄居地方置有產業，在二十年以上者，准其入籍。）寄籍官察而達於部以定議。復籍者，辨其墳廬，祖籍官察而達於部以定議。

> 凡官更名者，皆核而更焉。復姓亦如之。[162]

官員如朦混呈請更名，降三級調用，在京出結之同鄉官降一級留任，在外詳報之州縣官降一級調用。若無關銓選人員有朦混更名者，出結之京官罰俸一年，詳報之州縣降一級留任。內外官員呈請復姓、歸宗、入籍、改籍等事，如有捏造假冒，通同朦混情弊，其本員和出結官照上述朦混更名例處分。[163]

---

158 以上關於官員違反丁憂制度的處分規定，均見《欽定六部處分則例》卷 13。
159 《欽定大清會典事例》卷 138。
160 《欽定大清會典事例》卷 138。
161 《欽定大清會典》卷 11。
162 《欽定大清會典》卷 11。
163 《欽定六部處分則例》卷 13。

第八章　清朝文官制度之宏觀評析

在前面章節中，我們從清朝文官制度的外在規範和內在精神兩個方面，對清朝文官的選拔、任用、權利和義務、獎勵和處分、休致和文官制度的基本原則作了較為詳細的敘述和分析。在這一章中，我們將從宏觀的角度出發，把清朝文官制度置於整個中國古代文官制度的發展中，並運用中外比較和「古為今用」等方法，對清朝文官制度的若干問題再作進一步的評析。

一、清朝文官制度的主要特點

中國古代文官制度一脈相承，沿革清晰，清朝文官制度是在總結歷代（尤其是明代）文官制度的基礎上形成的。因此，中國古代文官制度的基本特點和基本精神在清朝文官制度中都有較為清楚的反映。但是，由於政治、經濟、文化和思想等條件的變化，清人沒有簡單地承用舊制，而是多有變通、革新和完善，從而使清朝文官制度形成了一些較為顯著的特點。

（一）制度規範高度完備

作為中國古代文官制度的最後形態，清朝文官制度與歷代文官制度相比，達到了空前完備的程度，其完備性主要表現在以下四點：

第一，立法健全。清朝文官立法主要來自兩個方面，一是綜合性行政立法

中的有關內容。文官制度是行政法律的一個組成部分，這是古今的相同之處；唐宋以來歷朝都有綜合性的行政立法，這是古今的相異之處。在那些綜合性行政立法中，自然包括了文官制度的重要內容。《欽定大清會典》和《欽定大清會典事例》是清朝文官立法的主要淵源，尤其是其中關於《吏部》和《禮部》的規定絕大部分都屬於文官管理的內容。二是單行的專門立法。這種立法主要包含在清朝的《則例》中。有關文官管理的主要方面，清朝都制訂了相應的專門《則例》，如選官之《欽定科場條例》、《欽定學政全書》等，任官之《欽定吏部銓選則例》等，獎勵和處分之《欽定六部處分則例》等，監察之《欽定台規》、《都察院則例》等。在上述兩方面立法中，《欽定大清會典》規定的往往是文官管理的基本制度和主要原則，《欽定大清會典事例》和專門《則例》規定的往往是各項制度的實施細則，兩者有機聯繫、相互協調，組成了清朝健全的文官立法。

第二，體系完備。文官管理是一項龐大而又複雜的工程，有其自身的體系和結構。清朝文官立法表明，從文官的「入」到「出」，有關文官管理的各個環節都有明確的規定，清朝文官制度向我們展示了一個體系成熟和完備的中國古代文官制度的範本。

第三，規範縝密。從前面七章的分析中我們可以看到，清朝文官制度不僅在各個方面都有相應的規範，而且這些規範達到了十分縝密的程度。譬如，在科舉選官中，《會典事例》對有關科舉考試的 40 個環節一一作了具體的規定，許多規定的細密達到了令人驚訝的程度（如士子服式、士子考具的規定，詳見第一章）。又如，官員離任時應交待的事項、時間以及相應的責任追究，《六部處分則例》「離任」專章都一一詳細載明（詳見第五章）。規範的縝密增強了法律的操作性，它從一個方面反映了制度的成熟。

第四，文官行政責任的追究制度基本獨立。某一類法律規範的完備離不開其相應的責任追究制度的健全，清朝文官制度較之於前代更加完備，行政處分制度的基本獨立是一個重要的標誌。在中國古代文官制度發展的很長時期中，文官的行政責任和刑事責任、行政處分和刑事懲罰是交融相混的。然而，這種現象在清朝已經基本消除。儘管清朝文官的行政責任和刑事責任在某些方面、在一定程度上還沒有完全區分，但兩者的責任追究制度已經明顯分立，行政處

分已經成為基本獨立的制度（詳見第四章）。

（二）建立了保證高品級文官具有較高素質的機制

　　文官制度的核心是如何選人和用人，如何確保文官的高素質。清朝統治者視「用人」為治國之第一要務，雍正曾說：「從古帝王之治天下，皆言理財用人。朕思用人之關係更在理財之上。果任用得人，又何患財之不理，事之不辦乎？」[1] 在總結借鑑歷代成功經驗的基礎上，清朝建立起了一套較為合理和行之有效的機制，在這種機制作用下，保證了高品級文官在整體上具有較高的素質。進士，尤其是被選為庶吉士的進士，是清朝權臣強輔的主要來源：「有清一代，宰輔多由此選。」[2] 那麼，這種機制的「秘密」何在呢？首先，以科舉作為入仕的主要途徑。隋唐開始實行的科舉制度是在革除魏晉時期的「九品中正制」的基礎上形成的，科舉制最大的歷史功績是扭轉了「九品中正制」下「下僚多英俊之才，勢位必高門之胄」的局面，為英俊之才躋身「勢位」提供了現實的機會和途徑。清朝繼承並且強化了隋唐以來的科舉選官傳統，將科舉作為「正途」，從而在入仕體制上為才俊之士敞開了大門。其次，以「出身」作為文官任用的最主要依據。根據「出身」授官的做法是隋唐以來的傳統，至明代，這種做法已有一些具體的規定，如舉人出身，第一甲第一名從六品，第二、三名正七品，賜進士及第；第二甲從七品，賜進士出身；第三甲正八品，賜同進士出身。凡進士選除，第一甲第一名除翰林院修撰，第二、三名除編修，其餘分送各衙門辦事。[3] 明代還有「非進士不入翰林，非翰林不入內閣」之習慣。但是從總體上看，迄至明代，上述做法的規範性和操作性並不十分明確，而清朝正是以明確的規範性和較強的操作性使隋唐以來的上述傳統臻於完善。清制，仕籍出身有八，其間等次分明，不同等次者所授予的官職差別極大。對此，《會典》和《會典事例》作了明晰和具體的規定（詳見第二章）。第三，文官任用有明確和細密的線路。在清朝文官任用中，除、升、轉、改、調是幾種最基本的方式，《會典》和《會典事例》對這幾種方式都規定了細密的線路（詳見第一、二章），這些明確的線路規定是歷代所沒有的。在這些線路的規範下，基本上能夠做到依品挨階地任用官員。第四，以「資考」作為授官的主要要求之一。「資考」

1　《欽定六部處分則例》卷4。

2　《清史稿‧選舉三》。

3　《大明會典》卷五《吏部四》。

包括「俸歷」和「考績」。除有特旨外，文官的升、轉、改、調都有明確的俸歷要求。考績是文官任用的重要依據，中外文官皆三年一考，符合一定的考限才能升、轉、改、調。上述四點相互聯繫，共同作用，形成了清朝培養高品級文官的特殊機制。科舉制使才俊之士能較為順利地踏入仕途，而且在入仕之初又對他們作了諸如進士、貢士、舉人之類的分等。以「出身」任官的作用是使出身與其仕途的起點相對應，只有高出身者才能有高起點。以明確的線路規範任官和以「資考」作為任官的主要要求，能夠有效地防止和堵截「飛機式」似的快提、亂提和濫提現象。這樣，才俊之士既有順暢的入仕途徑，又有較高的入仕起點，加之於挨階循序的任用制度，他們自然有機會升至高品級的文官行列。相反，那些平庸之輩很難踏入仕途，即使僥倖踏入，也因為沒有較高的起點和「飛機式」似的提拔機遇，自然很難躋身於高品級的文官行列。

（三）文官管理以「混合分類法」為基礎

在現代公務員制度中，公務員分類有著重要的地位和作用，它是人事行政的基礎，決定著公務員的管理方式和穩定機制。現代各國對公務員的分類主要有兩種類型，即職位分類和品位分類。職位分類是以「事」為中心，以職務的責任性和獨立判斷性作為分類的主要依據，不直接涉及公務員個人資格在分類中的影響，具有高度非人格化的特徵。職位分類遵循的基本邏輯是以職位定身分。品位分類是以「人」為中心，以公務員個人所具有的資格條件作為分類的主要依據，它與職位雖有聯繫，但不是必然的聯繫。品位分類遵循的基本邏輯是以身分定職位。兩種分類制度各有特點和利弊，但是相對而言，職位分類的優點更突出：它為考核工作提供了客觀的標準；有利於貫徹專業化原則；有利於針對性地進行培訓；有助於合理編定人員；它使職等與官等合一，使職務、責任與報酬緊密掛鉤。[4] 這些優點使職位分類受到許多學者和國家的青睞。美國行政學家懷特認為，選拔人才和職位分類是當代人事管理的兩大支柱，缺一不可。另一位學者韋洛貝也認為，「職位分類是人事行政工作的起點，也是人事行政工作的基礎。」[5] 然而，隨著公務員制度的不斷發展，人們越來越認識到公

4　參見黃達強主編，《各國公務員制度比較研究》，中國人民大學出版社 1990 年出版，第 187 頁。

5　參見曹志主編，《資本主義國家公務員制度概要》，北京大學出版社 1985 年出版，第 123 頁。

務員分類不可能純粹按照職位分類或品位分類進行，而往往以一種形式為主，兼顧另一種形式的優點。所以，當代世界各國公務員分類的發展趨勢是「混合型分類法」。

中國古代也很重視文官的分類，其分類制度在整個文官制度中起著十分重要的作用。許多學者認為，中國古代的官吏是分品位的，所以是一種「品位制」。[6] 這種論點是不完全正確的。唐時，官員有階、有職，階稱皆附階品，按考試出身定階，按才幹與階品補職，然後又依考課進階，階進職亦隨之而升調。宋元基本仿行唐制。所以，唐宋時期的文官分類基本上可以視為「品位制」。然而，明清時期就不同了，明清文官雖然有階、有品，但它們依職而定，明清時期的文官分類不再是「品位分類」制。

從表面上看，清朝文官以「品」分等，似乎與品位分類相似。實際上，清朝的「品」只表示文官的等級，而不直接決定官職的劃分。相反，文官的品級是由其所擔任的職位決定的。換言之，清朝文官是先被授予某種職務隨即他便有了相應的品級，而不是先以其個人的資格認定其品級，然後授予相應的職務。清朝文官的品級與其職務相對應，[7] 並且隨著職務的變化而變化。同樣，清朝文官的俸祿形式上是以品級發給的，但實際上是根據其所擔任的職務。正如《清朝文獻通考》所說：「我朝量能授官，因官制祿，銀米兼支。」[8] 所以，清朝是主要依據「職位分類」制對文官進行分類的。但是，清朝的文官分類也具有「品位分類」的某些特徵。首先，清朝在除授官職時十分重視「出身」，即以官員原有之身分作為其任職的重要依據，這一點恰恰是「品位分類」制的一個主要特徵。其次，清朝官員的升、轉、改、調都很重視其俸歷和考限，即以其年資為重要依據，這也是「品位分類」制的一個重要表現。綜上分析，清朝文官分類實行的是以職位分類為主，以品位分類為輔的混合分類法。這種分類法無疑

6　如黃達強主編，《各國公務員制度比較研究》，中國人民大學出版社 1990 年出版，第29 頁。

7　清朝文官的品級一般與其職務相對應，但也有少數例外。一種情況是有加銜者。如總督應為正二品，但有尚書加銜者為從一品。巡撫應為從二品，但有侍郎加銜者為正二品。另一種情況是由不同的官職補授同一種職務時，有時也會有所差別。如各道漢御史由郎中、員外郎，侍讀、編修、檢討補授者，為正五品，由主事、行取知縣等補授者，為正六品。還有一種情況是筆帖式。各部院筆帖式雖然職務相同，但有七品、八品、九品之分。

8　《清朝文獻通考》卷 90〈職官十四〉。

具有合理的因素，而且在一定程度上暗合了當代世界公務員制度的發展趨勢。從實踐結果看，這種分類法對清朝建立和健全文官制度起到了積極的作用。

（四）文官監督制度高度發展

高度重視對行政和文官的監督，這是中國古代政治法律制度的一個重要特徵。在清朝文官制度中，這一重要特徵得到了充分的體現，清朝建立起了中國古代最為完備和嚴密的文官監督制度。高度發展的清朝文官監督制度有以下幾個特點：第一，定期監督和不定期監督相結合。考績，乃是定期之監督，其「京察」和「大計」皆三年一舉；監察，乃是不定期之監督，有關官員若發現違法行為，皆須隨時糾奏。第二，內部監督與外部監督相結合。行政監察，乃是從行政系統內部對文官進行監督，採取的主要形式是上級機構對下級機構、長官對屬員負責監督。科道監察，乃是從外部對文官進行監督。兩種監督比較而言，清朝與歷代一樣，更重視以專門的監察機構從外部對行政和文官實施監督。第三，定向監督與不定向監督相結合。科道組織是「風憲之司」，科道官只要發現不法和「官邪」行為，無論何種組織、何種官員，他們都應該參奏糾彈。然而，清朝統治者不滿足於這種不定向監督，他們總結借鑑前代經驗，更重視定向的監督，建立了對所有中央和地方行政機構和文官的專門和固定的監督體系，中央行政機構和文官，由六科給事中和都察院十五道御史負責定向監督，地方行政機構和文官由十五道御史負責監督。在定向監督中，中央一些重要機構受到六科給事中和十五道御史的雙重監督。在對中央行政機構和文官的定向監督中，還規定了具體的主要監督事項。第四，監察組織只察官，不諫君。秦漢以來，中國古代監察組織分為兩大系統，即御史系統和諫官系統，兩大系統各自為署，其職責也有比較明確的分工，御史主要是「察官」，諫官主要是「諫君」。這種組織系統和分工在唐朝時得到了較好的實踐，並且發揮了良好的積極作用。然而，及至明朝，諫官系統已經十分衰微，言官的「封還詔書」權已經名存實亡，六科給事中的職責已經轉變為主要監督中央六部。至清朝，六科被併入都察院，獨立的諫官組織不復存在，言官也成了御史，他們的職責自然地不再是「諫君」，而是專司「察官」。清朝監察制度的這種變化是君主集權高度發展的反映，是中國古代監察制度發展中的一個悲劇。但是，這種變化在客觀上使文官接受的監督更加嚴密（以上內容詳見第五章）。

（五）維護滿人特權

　　滿人以少數民族入主中原，自一開始就面臨著如何協調滿漢關係的難題。對此，清朝統治者的國策是十分明確的。一方面，他們深深懂得「馬上得天下而不能守天下」這一千古不變之經驗，清楚地認識到依靠長於武技而短於文治的滿人是不能有效地統治和管理文化深厚的泱泱中華，必須利用漢族文化和漢族知識分子，以漢治漢。所以，在文官制度方面應該向漢族知識分子敞開大門。另一方面，滿人是其政權的基礎和主要依靠所在，其特殊的地位和權利必須得到充分的保障和維護。文官制度直接事關國家的用人大政，因而必然要竭力維護滿人的特權，這一特點集中體現在選官和任官制度中。在選官制度方面，滿人在鄉會試中另行拔定名額，其比率亦高，且往往可以「臨時請旨」而予以增加。宗室子弟起始不應鄉會試，嘉慶朝開始參加鄉會試，但應試條件和考試內容極為寬鬆和簡單，中式名額也別為一榜。設立翻譯鄉會試，為滿州、蒙古、漢軍翻譯生員增開一條入仕之途。八旗子弟除依例優先入國子監讀書外，清廷還為他們設立了宗學、覺羅學、景山官學和咸安宮官學等專門學校，在這些學校學習期滿後單獨考核，單獨任用，尤其是宗學學生很容易賜得進士（詳見第一章）。在任官制度中，清朝通過特殊的官缺制度從根本上保障了滿人的特權。根據官缺制的分配，在中高品級的京官缺中，滿人比漢人明顯占優，中央和地方的要缺也多為滿人占據，而且，在各缺的轉用中，滿人除了本缺外，還可任漢缺，而漢人則絕不能任滿缺。中央和外省設立的數量較多的筆貼式，一律專用旗籍。在升、轉、改、調的俸歷計算辦法上，滿州蒙古官員也較漢官為優（詳見第二章）。此外，在給假規定上，漢官一經患病告假，即行開缺，而滿官患病後可有六個月在家調治，不予開缺和停俸。在考績評定中，滿員的一等比率要比漢員高。清朝文官制度對於滿人特權無微不至的照顧和維護，雖然有利於凝聚滿人貴族的力量，加強統治上層的團結，但對於文官制度卻造成了很大的危害。首先，由於滿人文化素質低，考試又很簡單，並且還可通過其它途徑入仕，從而嚴重影響了文官隊伍的整體素質。其次，為了確保滿人在政權中的優越地位，統治者推行抑漢揚滿的政策。清朝官制形式上滿漢一體，中央許多機構也都滿漢復設，但實權為滿人所掌，這樣就使漢官產生了強烈的不滿和抵觸情緒，嚴重挫傷了辦事積極性，許多人敷衍塞責，不思進取。順治就曾指出：「朕

自親政以來，各衙門奏事，只見滿臣，不見漢臣。」[9]史載，許多漢官「相隨畫諾，不復可否」。[10]「大小漢官凡事推滿官，事之得當則歸功於己，如事失宜，則卸過於人」。[11]這種狀況勢必嚴重影響行政機構的辦事效能。

（六）全面反映和服務高度發展的君主專制體制

君主專制是秦漢以來中國歷代實行的政體，與此相應，皇權至上是秦漢以來歷代政治法律制度（包括文官制度）所貫徹的首要原則。從明朝開始，中國古代的君主專制制度進入了高度發展時期。明初統治者採取廢除宰相、強化監察職能、調整地方機構、大興文字獄、推行特務政治等一系列措施，十分有效地強化了專制體制。清朝統治者在基本沿用明制的基礎上，又採取嚴格控制八旗武裝、削弱旗主、嚴禁宦官干政、科道合一、進一步確立「理學」為「正學」和嚴厲鎮壓異端等措施，將君主專制推向了空前發展的程度。所以，與歷代相比，清朝文官制度反映和服務君主專制體制的特點也表現得最充分、最全面、最突出。這一特點反映在清朝文官制度的各個環節中，尤其是在選官制度、任官制度和文官的權利義務規定中表現得更為清楚（這些表現在第七章「皇權至上原則」中已有詳細的分析，故不再贅述）。

這裡需要特別指出的是，我們應該從中西比較的角度來分析上述特點對清朝文官制度造成的影響和危害，進而深刻認識清朝文官制度乃至整個中國古代文官制度與西方近現代文官制度之間的根本差異。

西方人事制度的發展大致經歷了「恩賜官職制」、「政黨分肥制」和現代文官制三個階段。在中世紀以及資產階級革命後的最初一段時期，官員的選拔、任用皆由國王賜予，官職成為個人瞻恩徇私和隨意授受的贈品。隨著兩黨輪流執政體制的逐漸形成，「政黨分肥制」取代「恩賜官職制」，新上臺的執政黨視官職為「戰利品」，由總統或行政長官根據個人好惡、親疏遠近以及在選舉中的作用將官職予以分贓，導致「一朝天子一朝臣」，政府管理很少連續性和穩定性，許多平庸之輩進入政府內部，嚴重影響政府的管理效能，還助長任人唯親、賣官鬻爵等腐敗風氣。正是由於「政黨分肥制」存在嚴重弊端，最終被

9　《清史稿・聖祖本紀》。

10　趙翼，《簷曝雜記》卷2。

11　《欽定吏部則例》卷11。

現代文官制所取代。作為與民主自由政體相聯繫的現代文官制度，與「恩賜官職制」和「政黨分肥制」具有一系列差別，其中十分重要的一點是實行「文官中立」制。現代西方國家的文官法都規定，業務類文官必須保持政治中立，不得參加黨派活動，不得兼任議員、參加工會、參加罷工，不得接受政治捐款，不得對政黨或其他政治團體提供援助。為了保證文官中立，各國又都採取文官常任制，文官「無過失不受免職處分」。「文官中立」制是現代西方文官制度的一大柱石，它對於文官的選拔任用、保證文官隊伍的高素質和政府管理的高效率都有至關重要的意義。

　　清朝文官制度就不同了。在君主專制制度下，官職是皇帝恩賜的，官員是完全依附於皇權的。所以，每屆中式士子都要上表謝恩，每當得到官職任命也要上表謝恩，文官的首要義務是必須保持對君主的「忠」，文官休致的實質是「還祿位於君」（詳見第七章「皇權至上原則」）。總之，由於君主專制制度的制約，清朝文官制度在最終性質上是與西方中世紀的「恩賜官職制」相同的。雖然，清朝文官制度與「恩賜官職制」具有許多重要的區別，其包含的合理性也遠比「恩賜官職制」多得多，但是，文官的恩賜性和依附性對清朝文官制度的危害也是十分明顯的（參見第七章「皇權至上原則」和本章第四部分）。

二、清朝建立高度完備的文官制度的原因

　　綜觀清朝文官制度，其體系之完備、內容之豐富、規範之細密，都達到了那個時代所能達到的高度。它，不愧為中國古代文官制度的集大成。清人能夠取得如此令人折服的成就，原因是什麼？

（一）以理智和正確的態度對待前朝文化

　　清朝打倒了明朝，但是，清朝統治者沒有用戰場上的憤怒和屠刀來對待明朝的典章文物，將其作為一盆髒水全部潑掉，而是詳加繼承沿用。這無疑是一種正確的選擇。明朝的典章文物不是明代朱氏家族的專利品，而是中華民族文明和智慧的結晶，是中華民族的共同財富。它可以為明朝服務，也可以為清朝服務。戰場上的你死我活定律、非此即彼邏輯在制度文物領域中是不適用的。正是由於清人很好地繼承沿用了明朝的文官制度，使其在建立自朝文官制度時

有了堅實的基礎。滿人在建立清朝之前，騎射勇武而文教淺短，其典章文明遠不如漢人發達。如果他們在立朝垂統之際將明朝典章徹底拋棄，那就無論如何也不可能建立如此完備的文官制度。

（二）崇尚「文教治世」

清人在立朝之初，就以「文治」為國策。雖然清初統治者確立這一國策有其特殊的考慮和用意（詳見《導論》），但它畢竟順應了客觀情勢，有助於社會管理的文明和進步。在這一國策指導下，清朝統治者十分重視文官的作用和文官制度的建設。特別是清朝前期順治、康熙、雍正、乾隆四位具有雄才大略的帝王都謹謹恪守上述國策，反復申明「文教為先」的重要意義，對建立和健全文官制度多有建樹，經過他們的努力，清朝文官制度已經基本完備。

（三）立法高度技術化

就清朝文官制度自身立法而言，其主要特點之一是富有技術性，各項重要制度中包含了大量技術性規範。這一立法特點對於清朝文官制度的完備起到了不可低估的作用。行政管理（包括文官管理）是一項十分複雜、具體和細緻的工程，有很強的技術性要求。因此，行政立法（包括文官制度）必須具體、明確、縝密，從而富有操作性。要達此目的，除了確定立法宗旨、指導原則等重要內容外，還應當包括許多技術性規範。清朝文官制度較好地做到了這一點。在清朝文官制度的法律淵源中，《大清會典》規定了各項主要制度，而《大清會典事例》和各種《則例》是《會典》的實施細則，其中大量內容便是技術性規範。就具體制度而言，如科舉考試的各個環節、「六班」人員的分類排序、官缺的分類排序、吏部銓選的方式和程序、品級和俸祿的確定、文書製作和印信掌用的要求、保密規範、行政處分的體系和適用、考績的標準和評定、行政監察和科道監察的體系、離任和赴任的規範、各項事件的限期等等，這些制度中都有許多技術性規範。清朝文官立法之所以具有較好的明確性、嚴密性和可操作性，與其重視吸納技術性規範是密不可分的。

上述三條原因實乃三項成功的經驗，它們都是清朝統治者明智和理性選擇的結果。

三、清朝文官制度的主要合理因素

　　對於今人而言，清朝文官制度已是一百多年前的「古物」；對於中國而言，與民主制度相聯繫的現代文官制度產生並發展於西方而不在本土，中國當代的公務員制度建設首先應當學習和借鑑西方文官制度。然而，我們絕不能因此而輕率地否定它、拋棄它，而應當很好地珍視它、科學地揚棄它。

　　文官管理也是一門科學，它有特定的內涵、要素、環節、規律，任何時期的文官制度都應當遵循和符合這些內涵、要素、環節、規律。因此，不同歷史時期的文官制度雖然各有差異和特點，但也必然具有許多共性。中國古代文官制度源遠流長，歷史悠久，在長期發展過程中逐漸積累了許多符合客觀規律的制度和規範。清朝文官制度便是在吸納這些制度和規範的基礎上加於改革和發展而形成的。換言之，在清朝文官制度中，凝聚著許多為實踐反復證明符合行政活動規律和行之有效的科學成分。清朝文官制度之所以對清朝行政管理和國家治理發揮了十分重要的作用，其自身內容具有許多合理性是一個十分重要的原因。清朝文官制度中的科學成分適合於古代，也適合於當代，適合於中國，也適合於西方，清朝文官制度與當代公務員制度、與西方文官制度並不是完全排斥的。假如清朝的歷史能夠延續下去並且其政體得到改革，那麼，清朝文官制度也必將能夠得到改革和完善進而發揮更重要的作用。當然，這僅僅是一種假設。總之，儘管清朝文官制度隨著清王朝的覆滅而劃上了句號，其中隱含的合理因素卻不會因此而失去其價值。

　　還應該看到，任何一種法律都可以邏輯地分為兩個部分，即文化性部分和技術性部分，相對而言，文化性部分主要反映某種法律的個性、特殊性、多元性；技術性部分主要反映某種法律的共性、普遍性和統一性。社會愈發展，文明愈提升，法律愈進步，技術性部分也就愈多，這是法律發展的一條客觀規律。與其它法律一樣，文官法也可作如是考察和分析。古今中外，各個時期的文官法都有其獨特的文化性，但也必然具有相同的技術性。文官制度要解決的根本任務是如何管理文官，而這一任務本身就是一門很強的技術。如前所述，清朝文官制度在立法上的一個重要特點是富有技術性，這一特點在很大程度上使清朝文官制度更具有超越時代的價值和意義。

（一）文官管理法制化

行政是一種國家活動，具有鮮明的國家意志性、執行性和強制性的特徵。行政的這種特徵決定了它必然被納入法制的軌道。行政管理法制化是不以人的意志為轉移的客觀規律（儘管不同時期法制化的程度也不同）。行政管理法制化的實質是以法治官。所以，將文官管理納入法制軌道，這是一種正確的治國理念。在現代西方文官制度中，依法管理是一項重要原則，是民主化和法治化在文官制度中的重要標誌。依據這一原則，文官管理的各個環節如考試、錄用、分類、考核、獎懲、晉升、流動、培訓、待遇、退休退職、管理機構、法律保障和監督等都應有法可依，任何違背文官法的行為都必須追究其法律責任。

在清朝，由於君主專制制度的存在，文官制度不可能真正做到徹底的法治化。但是，就具體的文官管理而言，清朝基本上實現了法制化，而且達到了相當高的程度。文官立法至為周詳，文官管理的各個環節、各種事項都是有法可循，有例可援。一些重要的事項如科舉、捐納、銓選、處分、考績等還有專門的《則例》予以規範。對於各種事項的管理，不僅有一般的、原則的規定，更有具體的規則和明確的程序（包括大量技術性規範），用縝密的制度設計保證實現立法者的意圖和目的（如在任官、義務、監察、公平為政等制度中均有典型反映）。這種立法特點對於真正實施以法治官起到了非常重要的作用。就根本制度而言，清朝實行的是「人治」，但就行政管理（包括文官管理）而言，可以說實行的是「法治」（此「法治」不是現代意義上之法治）。雖然這種「人治＋法治」的模式不是最理想的，但它比「人治＋人治」的模式肯定要好得多。

（二）公開競爭、擇優錄用

公開競爭、擇優錄用是現代西方文官制度的一個重要原則，許多學者甚至將其視為近現代文官制度確立的根本性標誌之一。這一原則的集中體現便是通過考試錄用文官。1855 年和 1870 年英國政府先後頒布了兩個關於考試錄用文官的樞密院令，正式建立近代文官制度，其 1870 年的第二個樞密院令還被視為西方第一個近代文官制度確立的標誌。

其實，考試錄用文官是中國人的發明。孫中山在 20 世紀 20 年代就曾說過：「現在歐美各國的考試制度，差不多都是學英國的。窮流溯源，英國的考試制

度原來還是從中國學過去的。」[12]早在春秋時期，孔子明確提出「學而優則仕」，這是中國古代最早的考試取官的思想淵源。漢時，以「對策」和「射策」的方法選拔官吏，開中國古代考試取官的先河。隋唐實行科舉選官，將考試取官全面制度化，法律化，從而使這一方法有了質的飛躍。清朝集歷代科舉考試之大成，建立了中國古代最完備的考試取官制度（詳見第一章），使公開競爭、擇優錄用的原則在文官制度中得到了很好地體現。認識這一原則對於正確評判清朝文官制度具有重要意義。如前所述，從最終意義上分析，清朝文官制度在性質上與西方中世紀的「恩賜官職制」是基本相同的，然而，清朝又以考試取官，這是「恩賜官職制」所根本沒有的，清朝文官制度是舊制度中隱含著先進性，它比「恩賜官職制」要科學和文明得多。

文官制度是人事制度的核心，因而也是政治制度的重要內容。公開競爭、擇優錄用原則不僅對清朝文官制度的建立和完備具有至關重要的意義，而且對清朝全部國家生活和社會生活也產生了極其重要的作用。多少年來，許多人都有這樣的疑惑：滿人何以能統治大約其五十倍的漢族，而且統治時間又長達260多年之久？從表面上看，這確實是難以想像的。其實，答案並不難找。清人成功的原因固然是多方面的，但其選官制度毫無疑問是十分重要的一條。在公開競爭、擇優錄用原則支配下，大量漢族士大夫都被吸納到統治階層，所以，表面上清朝是滿人統治，實際上是滿漢共同統治。可以說，考試取官制度為清人實現「以漢治漢」政策提供了具體的途徑（參見第一章第五部分）。

我們更應該看到，公開競爭、擇優錄用原則的合理性具有普遍的適用價值。任何國家、任何社會在任何時候都會存在一定的階層、等級（或曰階級），這是不以人的意志為轉移的客觀現象，否則，這個社會或國家就根本不會有任何活力。我們不必諱言或害怕階層或等級的存在。問題的關鍵是，我們要設法形成能推動社會發展的先進的階層或等級制度。那麼，先進的階層或等級制度的關鍵又是什麼呢？其一，應當使階層、等級處於流變狀態中，社會上不存在固定的、世襲的等級體系，要「貴而非族」，不要「貴而成族」，從而使全社會成員都有可能成為上等階層或等級的成員。其二，貴而非族、流動遷轉的制約因素是科學的、合理的，即形成階層或等級的依據是先進的，有利於社會進步

12　《孫中山先生演說集》，民智書局 1926 年版，第 35 頁。

的，從而使社會的英才能夠順利地成為上等階層或等級的成員。在中國歷史上，「世卿世祿」制以血緣身分作為等級的依據就是不合理的，而科舉制以知識作為依據則要合理得多。公開競爭、擇優錄用原則為實現上述兩個關鍵提供了一種有效機制。

（三）重視公正原則

公正，應該是所有文官制度的一項基本原則，它對於文官建設具有十分重要的意義。這是因為，無論何時、無論何種國家的政府和文官，就其實質而言，他們都既是社會管理的承擔者，又是凌駕於社會之上的廣大民眾的異己力量。政府和文官的這種實質使他們不得不每時每刻都要注意協調自身與民眾的關係，而這種協調只能體現在承擔社會管理職責的過程中。政府和文官在社會管理過程中，只有很好地貫徹「公正」原則，才有可能消除或緩解自身與廣大民眾之間的緊張關係，才能淡化自己在廣大民眾心目中的異己力量的形象，才能擁有其存在所必須的公信度，才能獲得社會和民眾最起碼的認同、尊重、信任和支持。當然，由於政治文明和社會文明的程度不同，不同時期、不同類型的文官制度所體現的公正原則也會有各不相同的程度。

清朝立法者對公正原則是較為重視的。在選官制度中，以科舉作為主要方式，這種做法的意義在上文已有詳述，這裡我們還要指出的是，它與「公正」原則有著重要關係。孔子曾有一句名言：「舉直錯諸枉，則民服；舉枉錯諸直，則民不服。」[13] 由於科舉具有較強的客觀性和公平性，其所選之官基本上能為社會和民眾所認同和接受。可以說，科舉考試為實現「舉直錯諸枉，則民服」提供了良好的制度保證。在任官制度中，強調以「出身」為主要依據和任用程序。在文官的職業道德要求中，強調「品勝於才」，官員只有「公正居心」，才能成為良吏。在公正原則的關鍵環節──官民關係上，強調官員必須合法待民，不得任意侵害百姓。為了保證文官公正地從事公務，以嚴法懲治貪贓行為（以上內容參見第七章「公正原則」）。由於專制制度的制約，公正原則不可能得到徹底的貫徹。但是，法律中對公正原則的一系列規定及其實施，對於緩和清朝文官隊伍與民眾之間的對立關係，樹立良好的文官形象起到了積極的作用。

13　《論語‧為政》。

（四）重視效率原則

建立高效的行政機制，以嚴密可行的法律督責官員勤於政務，對於任何政府、任何文官組織都是有益的，它能節省行政管理的成本，減輕民眾負擔，提高政府和文官隊伍的威信，防止和減少腐化現象，從而增強政府和文官隊伍存在的基礎。所以，效率也應該是所有文官制度的一項基本原則。現代文官制度十分重視這一原則。西方歷史上的「恩賜官職制」和「政黨分肥制」之所以被近現代文官制所取代，一個重要原因便是「恩賜官職制」和「政黨分配制」的效率十分低下。在清朝，由於官僚體制的存在，行政管理不可能真正做到高效。但是，就清朝管理者的主觀願望而言，他們對效率原則是十分重視的。在清朝文官立法中，有一系列旨在提高行政效率的嚴密具體和富有操作性的規範和措施，這些規範和措施是中國古代長期行政管理和文官建設的經驗的結晶，具有許多合理成分。

清朝文官制度中的效率原則以「限期」制度為軸心。清朝的「限期」制度十分詳密和發達，具有三個較為顯著的特點。其一，「限期」貫串於文官制度的各個方面、各個環節，選官、任官、權利義務、獎懲、監督、休致等各個方面都有相應的規定，而且每個方面的各個重要環節又有具體的規定，如任官方面有開缺期限、題缺限期、投狀限期等。其二，各種限期規定富有技術性，因而具體明確，具有很強的操作性，如在京衙門完成事件的時限，尤其是全國各省以及各省不同地區完成事件的不同時限的規定、官員赴任的各種程限規定都清楚地體現出這一特點。其三，有嚴明的責任追究規定。官員違反限期，一般都根據違反的時日予以處罰，《欽定六部處分則例》對此作了具體的規定。清朝文官立法以「限期」制度落實效率原則，以及限期制度的立法特點，包含著豐富的行政管理經驗，值得後人總結和借鑑。

（五）重視文官管理的關鍵環節、關鍵制度

文官制度具有自身的體系和諸多環節，各個環節之間又相互影響和相互作用，建立完備的文官制度既要全面注意各個環節的地位和作用，更要重視關鍵環節的關鍵作用。選官、任官和監督是三個最主要的環節，清朝文官立法對這三個環節最為重視，規定最為詳細。不僅如此，對於文官管理的各個環節，清朝又重視關鍵制度的作用，各個環節都有相應的核心之制。例如，選官以重科

舉、重正途為核心；任官以明確「員」、「缺」分類、排序對應和重「出身」為核心；權利和義務以重職位分類為核心，獎勵和處分以重處分以及級記抵銷為核心；監督以重考績、重科道監察為核心；休致以不同原因休致不同待遇為核心等等。重視文官管理的關鍵環節、關鍵制度，對於清朝建立完備的文官制度具有重要的作用，這些關鍵環節、關鍵制度的確定和建立，也表明立法者對文官制度的內涵和體系已有較為深刻的理解和把握。

四、清朝文官制度的主要弊端

在全面審視清朝文官制度合理價值的同時，我們也必須深刻地剖析其弊端和糟粕。清朝文官制度畢竟是那個時代的產物，受到特殊的政治、經濟、思想、文化和歷史傳統的支配、束縛和影響，不可避免地存在種種缺陷和不足。清朝文官立法及其實踐結果給我們留下了一系列深刻的教訓。

關於清朝文官制度的各種弊端，在上述各章和本章第一部分中已經分別作了分析和闡述，綜觀種種弊端，最主要、最根本的一條是專制體制制約文官制度，文官制度反映專制體制。這裡，我們想就這一主要弊端作進一步的分析。

清朝專制體制對文官制度的制約危害表現為兩種情形：

一種情形是，文官立法十分細密，但因受體制之害而得不到有效地實施。如以上各章所述，清朝文官立法不可謂不密，不可謂不詳，有些條文的細密可以說到了無以復加的程度，然而在當時體制下，許多「良法」幾成空文，實踐中的文官管理百弊難遏。例如，為了督責官員公平為政，法律嚴禁上司官員借外出之機需索、科派、鋪設奢侈、宴飲歌舞，下級官員不准違例送迎供應。然而實際情形如何呢？嘉慶四年在一道上諭中列陳了外省四項積弊：「一係督、撫、司、道經過所屬州縣，隨從動百餘人，公館至五六處，需索規禮供應，以致州縣藉詞派及閭閻；一係由京出差大員經過省分，督撫司道差人迎送，逐日隨行，途中致送筵席，每站勒索分例，此等家人之費浮于所應之差；一係督撫司道衙門到任鋪設器用，修理房屋，餵養馬匹以及涼棚煤炭皆由首縣承辦，攤派各邑，其各府由首縣承值者弊亦相等；一係設宴征歌，廣覓優伶，另集成班，官為豢養，亦由首縣承值，一宴犒賞費數百金，陪席屬員深以為苦，甚畜或養

優童，任情妄費。」[14] 嘉慶五年又在上諭中斥責道：上司所過地方，「知府牧令每於數十里外迎送，甚至教官率領生員迎接道左」，而且，「此等積弊州牧縣令視為故常，恬不為怪」。[15] 這些積弊之所以被「視為故常」，官員們「恬不為怪」，根源在於當時體制下缺乏對官員的有效監督。同時，官僚體制的特點之一是上司掌握下屬的命運。對於下屬而言，一般的法律可以不守，但上司絕不能得罪。當上司臨視時，他們豈敢不恭，豈敢不敬，豈敢不諂諛拍馬。

又如，考績立法要求舉劾並行，然而實際卻舉劾失衡、甚至有舉無劾。監察立法要求科道官勤於職責、敢於陳奏，然而許多科道官卻以消極的辦法明哲保身。這些現象的產生也根源於官僚政治和專制制度（詳見第五章）。

表面上，清朝文官制度的許多「良法」是被官員們破壞的，但是實際上，清朝皇帝們常常首先毀法。捐納是清朝文官制度中的一大秕政，它使名器不尊，仕途淆雜。清朝皇帝對此也有清楚的認識。所以，很多皇帝繼位伊始時都頒布「良法」，斬釘截鐵地宣布永遠停止輸捐。然而，這些良法沒有一道能夠得到較好地實施，帶頭破壞這些良法的正是皇帝自己（詳見第一章）。皇帝立法而又帶頭毀法，清末沈家本對於這種現象曾百思不得其解：「吾獨不解：斁法之人，往往即為定法之人。」[16] 其實道理很簡單，那就是專制體制賦予了皇帝斁法的權力。

第二種情形是，文官立法自身遭受體制之害。清朝文官制度作為專制體制的從屬物，必然會受到這種體制的支配，必然會反映並服務於這種體制。這種從屬性在立法上的集中體現就是皇權至上原則、國家本位原則和家族主義原則。在這三項原則的指導下，許多消極的、落後的內容和規範充塞到清朝文官制度中，對清朝文官立法造成了極大的危害。例如，在皇權至上原則的支配下，恩賜、制科、召試、薦擢、奸黨等制度順理成章地成為文官立法的重要內容，但同時也成了清朝選官制度、任官制度和權利義務制度中的糟粕（詳見第七章）。又如，捐納盛行於選官、任官、權利義務、行政獎勵和行政處分、考績、休致等文官制度的各個環節，可謂勢不可遏，氾濫成災。其所以如此，根本原因也在於專制體制之下官員的基本性質（參見第七章「皇權至上原則」）。捐納是

14　《欽定六部處分則例》卷 15。

15　《欽定六部處分則例》卷 15。

16　《寄簃文存》卷 3〈法學盛衰說〉。

生長於專制體制之上的一個毒瘤，對文官制度造成了極大的危害。

科舉制度在清朝的實踐和命運，非常耐人尋味、令人頓悟。本來，由隋唐創設的科舉制具有較強的客觀性和公正性，否定了門第觀念，肯定了「勞心者治人」的社會政策，是一種較為合理的選官方式。可以說，直至明清人們還沒有發現比其更好的選官制度。然而，清朝科舉制在實踐中出現了種種弊端，對中國社會發展產生了極大的阻礙作用，因而受到了許多尖銳辛辣的抨擊，以致梁啟超將廢八股科舉作為中國改革的第一件大事。為什麼一種較為合理的選官方式會有如此後果和命運？其原因就在於清朝將儒學作為科舉內容，將八股作為科舉形式。然而這還不是根本原因。清朝以儒學作為科舉內容，以八股作為科舉形式，目的是為了禁錮思想，消彌意志，牢牢地控制士子之心，鞏固專制統治。這才是根本原因所在（詳見第七章）。所以科舉之害不是科舉本身使然，而是體制使然。況且，科舉自身又何嘗不是「受害者」？

很多年來，人們常常提出這樣一個問題：為什麼中國人發明的科舉制在清末未能順利地轉化成現代文官考試制度，卻被西方人借鑑學習，在此基礎上形成了現代文官制度？其實，這一問題的答案是比較明確的。在清朝，由於專制體制的弊害，科舉制不得不淪為服務於皇權政體的婢女，因而它必定會窮途末路，走向終點；在西方，人們將中國的科舉考試制移植於自由政體之上，又用先進理念改革考試內容，因而使科舉制化腐朽為神奇，獲得了新的生命力，開花結果，轉型為新的文官制度。對於這一點，一百多年前美國在華傳教士丁韙良就曾作過明確的分析。丁韙良曾長期任職於清政府的京師同文館和京師大學堂，對中西方的國情和文化有深切的體驗和瞭解，他從中西比較的角度分析了科舉制的出路：「科舉是中國文明的最好方面，它的突出特徵令人欽佩，這一制度在成千年中緩慢演進；但它需要（就如它將要的那樣）移植一些西方的理念以使之適應變化了的現代生存環境。」[17] 又說：「它不可能適宜我們自己共和國制度中某些類似的特性以被移植嗎？它更適應於我們自由政府的精神，在這個國家中可以比在中國結出更好的果實。」[18] 丁韙良的分析是精闢的。正是

17　W.A.P.Martin, *A Cycle of Cathay, or China, South and North with Personal Reminiscences*, Edinburgh and London, 1896, P424。轉引自劉海峰，〈科舉制對西方考試制度影響新探〉，《中國社會科學》2001 年第 5 期，第 198 頁。

18　W. A. P..Martin, *The Lore of Cathay or the Intellect of China*, Edinburgh and London, 1901, P326。轉引自劉海峰，〈科舉制對西方考試制度影響新探〉，《中國社會科學》2001

由於西方人將科舉制與「自由政府的精神」相結合，而清朝本土的科舉制未能獲此機遇，最終導致了科舉制「失之華夏，得之西夷」的結局。所以，19 世紀末康、梁對科舉制的責難是有偏頗的，也是十分膚淺的，當時中國改革的第一件大事，自然也絕不是如康、梁所言。

　　史鑒如鏡，明矣。

主要參考文獻

1. 《欽定大清會典》，光緒戊申冬月初版，商務印書館。

2. 《欽定大清會典事例》，光緒戊申冬月初版，商務印書館。

3. 《欽定六部處分則例》，光緒十三年重修，光緒十八年上海圖書集成印書局。

4. 《欽定禮部則例》，道光二十四年纂修，臺灣成文出版社 1966 年。

5. 《欽定戶部則例》，同治十三年刻本。

6. 《欽定學政全書》，沈雲龍主編《近代中國史料叢刊》第 13 輯，文海出版社。

7. 《大清律例（通考校注）》，馬建石等校注，中國政法大學出版社 1992 年。

8. 《中華律令集成》（清卷），吉林人民出版社 1991 年。

9. 《清史稿》，臺灣「國史館」校注，臺灣商務印書館發行。

10. 《清朝通典》，中華書局 1986 年。

11. 《清朝通志》，中華書局 1986 年。

12. 《清文獻通考》，中華書局 1986 年。

13. 《清朝續文獻通考》，中華書局 1986 年。

14. 《清實錄》，中華書局 1986 年。

15. 賀長齡，《皇朝經世文編》，沈雲龍主編《近代中國史料叢刊》第 74 輯，文
    海出版社。

16. 葛士濬，《皇朝經世文續編》，沈雲龍主編《近代中國史料叢刊》第 75 輯，

文海出版社。

17.盛康，《皇朝經世文續編》，沈雲龍主編《近代中國史料叢刊》第84輯，文
　　海出版社。

18.林熙春，《國朝掌故輯要》，沈雲龍主編《近代中國史料叢刊》第73輯，文
　　海出版社。

19.席裕福等，《皇朝政典類纂》，文海出版社。

20.王先謙，《東華錄》，光緒十年上海廣百齋。

21.蔣良騏，《東華錄》，中華書局1980年。

22.徐珂，《清稗類鈔》，中華書局1984年。

23.伍承喬，《清代吏治叢談》，沈雲龍主編《近代中國史料叢刊》第2輯，文
　　海出版社。

24.《大明會典》，江蘇廣陵古籍刻印社1989年。

25.《大唐六典》，三秦出版社1991年。

26.商衍鎏，《清代科舉考試述錄》，生活、讀書、新知三聯書店1958年。

27.〔日〕織田萬，《清國行政法泛論》，臺灣華世出版社1979年影印。

28.朱勇，《清代宗族法研究》，湖南教育出版社1988年。

29.梁治平，《清代習慣法：國家與社會》，中國政法大學出版社1996年。

30.梁治平，《尋求自然秩序的和諧：中國傳統法律文化研究》，上海人民出版
　　社1991年。

31.蘇力，《法治及其本土資源》，中國政法大學出版社1996年。

32.蘇亦工，《明清律典與條例》，中國政法大學出版社2000年。

33.楊樹藩，《中國文官制度史》，臺灣黎明文化事業公司1982年。

34.李鐵，《中國文官制度》，中國政法大學出版社1989年。

35.鄧小南，《宋代文官選任制度諸層面》，河北教育出版社1993年。

36.錢大群等，《唐代行政法律研究》，江蘇人民出版社1996年。

37.陳國平，《明代行政法研究》，法律出版社1998年。

38.金諍，《科舉制度與中國文化》，上海人民出版社1990年。

39. 周德昌主編，《中國教育史研究》（明清分卷）華東師範大學出版社 1995 年。

40. 陳茂同，《中國歷代選官制度》，華東師範大學出版社 1994 年。

41. 瞿同祖，《中國法律與中國社會》，中華書局 1981 年。

42. 王亞南，《中國官僚政治研究》，中國社會科學出版社 1981 年。

43. 關文發等主編，《中國監察制度研究》，中國社會科學出版社 1998 年。

44. 邱永明，《中國監察制度史》，華東師範大學出版社 1992 年。

45. 陳茂同，《歷代職官沿革史》華東師範大學出版社 1988 年。

46. 張晉藩等，《中國政治制度史》，中國政法大學出版社 1987 年。

47. 費正清，《劍橋中國晚清史》，中國社會科學出版社 1985 年。

48. D·布迪等，《中華帝國的法律》，江蘇人民出版社 1995 年。

49. 費正清等，《中國：傳統與變革》，江蘇人民出版社 1996 年。

50. 楊海坤，《中國行政法基本理論》，南京大學出版社 1992 年。

51. 龔祥瑞，《比較憲法與行政法》，法律出版社 1985 年。

52. 葉必豐，《行政法的人文精神》，湖北人民出版社 1999 年。

53. 熊文釗，《現代行政法原理》，法律出版社 2000 年。

54. 徐銀華主編，《公務員法原理》，中國方正出版社 2000 年。

55. 黃達強等主編，《各國公務員制度比較研究》，中國人民大學出版社 1990 年。

56. 曹志主編，《資本主義國家公務員制度概要》，北京大學出版社 1985 年。

57. 桑玉成等，《當代公務員制度概論》，蘭州大學出版社 1988 年。

58. 龔祥瑞，《英國行政機構和文官制度》，人民出版社 1983 年。

59. 龔祥瑞，《文官制度》，人民出版社 1985 年。

60. 林修坡等，《外國政治制度與監察制度概要》，北京大學出版社 1991 年。

61. 凱爾森，《法與國家的一般理論》，中國大百科全書出版社 1996 年。

62. 鄧正來等，《國家與社會——中國市民社會研究》，四川人民出版社 1997 年。

後　記

多年來，我對研究中國古代文官制度一直懷有濃厚的興趣。

芸芸眾生皆性惡，人不是盡善盡美的天使。因此之故，當他們組成社會、組成國家的時候，就必須對社會和國家進行「管理」。這種管理職責的主要承擔者，近現代叫做公務員（或文官），在中國古代則主要叫做「職官」。要管理社會和國家，就首先必須對管理者加於「管理」。後一種管理具有非同尋常的意義；事實上它是決定社會管理成敗的關鍵。「從來民生不遂，由於吏治不清」（康熙語）。「國家大體所關，惟賢不肖之辨」（《清史稿·選舉七》語）。「不論政府組織如何健全、財力如何充足、工作方法如何精當，但如果不能獲得優秀人才到政府中供職，仍不能對公務作有效的實際推行」（梅耶士語）。這些言論在任何時候你都不能不信。古今中外社會雖然各有差異，但也有「一以貫之」之「道」。可以說，如何有效地對管理者加於管理，是一門實實在在的大學問。

中國古代文官制度的成就舉世公認，而清朝文官制度是其最後形態。人們常說，中國古代發展到清朝，專制制度已經極為腐朽沒落。但是，清朝卻存在了 260 多年，而且又是少數民族主政。這種現象絕非偶然，個中原因必然與文官管理密切相關。清朝文官制度究竟有何成功之處？同時，它畢竟生長在專制體制之下，因而必然有致命的缺陷。清朝文官制度究竟有何失敗之處？正是這種探知欲，使我將目光投向了清朝文官制度。

涉及史論的著述，求真、求實、求信是第一要義。為此，我花了大量時間收集第一手原始材料。這是一項很艱巨的工作。僅《大清會典》和《會典事例》，擺在桌上就有幾尺高，上面積滿了塵埃，剛開始時真有點害怕，但沒有辦法，只好硬著頭皮埋進書堆裡。欣慰的是，現在書中的材料基本上是翔實和可信的。在研究和寫作過程中，由於我主觀上希望盡可能在第一手資料基礎上作出獨立的分析和闡述，所以雖然閱讀了一些有關研究著作，但坦率地說並不很多，也許這在一定程度上影響了我對已有學術成果的借鑑。

2001 年 4 月至 2002 年 3 月，我在日本關西學院大學做客座研究員。書稿是從 2001 年 7 月開始動筆的，最初幾個月裡，我幾乎天天伏案近 10 個小時。那年 7、8 月分恰遇日本近幾十年中最炎熱的夏天，40 度左右的高溫天氣持續了近一個月。另外，在我臥室的前面有塊學校的網球場，幾乎天天都有學生在那裡訓練，他們訓練有個特點，就是連續不斷地狂叫。那叫聲，用聲嘶力竭來形容恐怕也不算過分；聽到那叫聲，我總覺得好像是世界末日到了。這種叫聲常常將我苦苦整理好的思緒打斷。由於長期伏案書寫，加之惡劣的氣候和環境，兩個月下來，我的腸胃出現了怪異的感覺。起初我以為得了大病，好在檢查下來根本無病。但從此以後，只要伏案時間稍長，那怪異的感覺就會出現。這種經歷，再一次讓我嘗到了「爬格子」的艱辛。

在研究清朝文官制度的過程中，我愈益覺得這是一塊難啃的骨頭。由於才疏學淺，加之許多制度非常具體、細緻，僅從文獻分析很難弄得明白，至今仍有許多問題未能真正理清。所以，雖然書稿寫完了，但心中總有惴惴不安之感。我期待著學界同仁的批評和匡正。

在本書即將付梓之際，我要感謝蘇州大學楊海坤教授，他為本書提出了許多寶貴的意見。感謝商務印館的朱絳副編審，他認真審閱了書稿並且提出了很多中肯的意見，為本書順利出版給予了真誠的幫助，他的嚴謹、求實和敬業精神令我至為欽佩，從他身上，我感悟到了商務印書館的優良傳統和高尚風格。日本關西學院大學圖書館為我提供了許多方便和熱忱服務，在此也一併致謝。當我在日本獨自專心寫作時，我的妻子承擔起了育子重任和繁重的家務，本書自然也凝聚著她的心血。

作者

2003 年 4 月於蘇州北沿河

附　記

　　拙著《清朝文官制度》於 2003 年由（北京）商務印書館出版。付梓以來，多受海內外學術界的肯定和褒評，並獲多項學術獎勵。2021 年 9 月，接到《中國文化研究論叢》總編纂党明放先生的邀稿函，期待我能將這部書稿授權蘭臺出版社。

　　在我心目中，臺灣一直非常重視宣傳和弘揚中華文化，其保留的中華文化和中華文明多有傳統之特色。蘭臺出版社長期致力於中華優秀文化的整理和研究，出版了一系列富有學術價值和歷史價值的著作，《中華文化研究論叢》便是重要的一套書系。拙著在臺灣出版，具有特殊的意義。在此，謹向蘭臺出版社盧瑞琴社長和党明放總編纂致以誠摯的謝意！

艾永明

2021 年 9 月 18 日

國家圖書館出版品預行編目資料

中國文化研究叢書. 第一輯6,清朝文官制度 / 艾永明著. -- 初版. -- 臺北市：蘭
臺出版社, 2024.06
　　冊；公分. --（中國文化研究叢書. 第一輯；6）
ISBN 978-626-96643-9-9(全套：精裝)

1.CST: 中國文化 2.CST: 文化史 3.CST: 中國史

630　　　　　　　　　　　　　　　　　　　　112008792

中國文化研究叢書第一輯6

清朝文官制度

作　　者：艾永明
總 編 纂：党明放　盧瑞琴
主　　編：沈彥伶
編　　輯：沈彥伶　凌玉琳
美　　編：陳勁宏
校　　對：楊容容　盧瑞容　古佳雯
封面設計：陳勁宏
出　　版：蘭臺出版社
地　　址：臺北市中正區重慶南路1段121號8樓之14
電　　話：(02)2331-1675或(02)2331-1691
傳　　真：(02)2382-6225
E－MAIL：books5w@gmail.com或books5w@yahoo.com.tw
網路書店：http://5w.com.tw/
　　　　　　https://www.pcstore.com.tw/yesbooks/
　　　　　　https://shopee.tw/books5w
　　　　　　博客來網路書店、博客思網路書店
　　　　　　三民書局、金石堂書店
經　　銷：聯合發行股份有限公司
電　　話：(02) 2917-8022　　傳真：(02) 2915-7212
劃撥戶名：蘭臺出版社　　　　帳號：18995335
香港代理：香港聯合零售有限公司
電　　話：(852) 2150-2100　　傳真：(852) 2356-0735
出版日期：2024年6月 初版
定　　價：全套新臺幣18000元整（精裝，套書不零售）
ISBN：978-626-96643-9-9

近代中日關係史

一套10冊，陳鵬仁編譯　定價：12000元（精裝全套不分售）

精選二十世紀以來最重要的史料、研究叢書，從日本的觀點出發，探索這段動盪的歷史。是現今學界研究近代中日關係史不可或缺的一套經典。

第一輯
ISBN：978-986-99507-3-2

第二輯
ISBN：978-626-95091-9-5

中國藝術研究叢書第一輯　党明放 總編纂

從考古和人類學的角度看，各種生活內涵形成特有文化，藝術是其中之一。中國藝術博大精深是文化根源，在民族綿延數年中，因歷史悠久數量繁多且內容豐富，有大量珍貴的古籍文獻留存。今蘭臺出版社廣邀海內外各藝術領域研究專家，將藝術文獻普查、整理和研究成果，出版成《中國藝術研究叢書》，每輯十冊；擬以第一、第二輯、第三輯，陸續出版，除發揚前人文獻成果外，並期待文化藝術有所增益。

作者：
陳雪華、易存國、
柏紅秀、賀萬里、
張　耀、張文利、
李浪濤、黃　強、
劉忠國、羅加嶺

全套10冊不分售 精裝本
定價：新台幣18000元
ISBM：978-626-95091-6-4

《臺灣史研究名家論集》

　　這套叢書是四十三位兩岸台灣史的權威歷史名家的著述精華，精采可期，將是臺灣史研究的一座豐功碑及里程碑，可以藏諸名山，垂範後世，開啓門徑，臺灣史的未來新方向即孕育在這套叢書中。展視書稿，披卷流連，略綴數語以説明叢刊的成書經過，及對臺灣史的一些想法，期待與焦慮。

一編　ISBN：978-986-5633-47-9

王志宇、汪毅夫、卓克華、
周宗賢、林仁川、林國平、
韋煙灶、徐亞湘、陳支平、
陳哲三、陳進傳、鄭喜夫、
鄧孔昭、戴文鋒

二編　ISBN：978-986-5633-70-7

尹章義、李乾朗、吳學明、
周翔鶴、林文龍、邱榮裕、
徐曉望、康　豹、陳小沖、
陳孔立、黃卓權、黃美英、
楊彥杰、蔡相輝、王見川

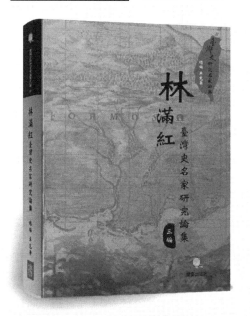

三編　ISBN:978-986-5633-70-7

尹章義、林滿紅、林翠鳳、
武之璋、孟祥瀚、洪健榮、
張崑振、張勝彥、戚嘉林、
許世融、連心豪、葉乃齊、
趙祐志、賴志彰、闞正宗

錢穆著作選輯最後定稿版

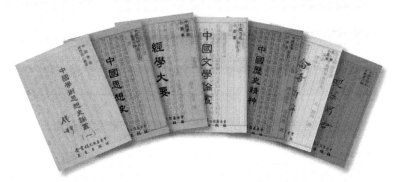

本版特色

1. 全書在觀點上和研究成果上已多不同於其他書局所出的同名書。

2. 對原書標點進行整理，全書加入私名號、書名號及若干引號，以顯豁文意，方便讀者閱讀。

3. 字體加大，清晰明顯，以維護讀者之視力。

4. 《經學大要》為首次出版；《中國學術思想史論叢》原八冊，新增了（九）、（十）兩冊，補入現代部份，選輯四十九本書，共新增文章二百三十餘篇，在內容上，本選輯是錢先生畢生著作最完整的版本。

ISBN:957-0422-00-9
錢穆叢書系列套書 定價2850元
一、中國學術思想史小叢書
（套書）定價：2850元

ISBN:957-0422-12-2
錢穆叢書系列套書 定價1230元
二、孔學小叢書
（套書）定價：1230元

ISBN:957-0422-17-3
錢穆叢書系列套書 定價1780元
三、中國學術小叢書
（套書）定價：1780元

ISBN:957-9154-64-3
錢穆叢書系列套書 定價1460元
四、中國史學小叢書
（套書）定價：1460元

ISBN:957-9154-62-7
錢穆叢書系列套書 定價880元
五、中國思想史小叢書
甲編（套書）定價：880元

ISBN:957-9154-63-5
錢穆叢書系列套書 定價1860元
六、中國思想史小叢書
乙編（套書）定價：1860元

ISBN:957-9154-61-9
錢穆叢書系列套書 定價2390元
七、中國文化小叢書
（套書）定價：2390元

ISBN:957-0422-11-5
八十憶雙親 定價260元
《八十憶雙親‧師友雜憶
合刊本》定價：290元

勞榦先生學術著作選集

勞榦是居延漢簡研究的先驅，他的相關考證和專題論文也開啟了此後研究的先河。漢代邊塞遺留下來的這些簡牘文書，內容十分豐富。它們直接、生動地記錄了大約從西漢中晚期至東漢初，當地軍民在軍事、法律、教育、經濟、信仰以及日常生活各方面活動的情形，為秦漢代史研究打開了一片新天地。

《勞榦先生選集1~4冊》，收錄其論著十一類一百二十四種，共分四冊出版，展現了勞榦先生畢生的研究成果，突出了論著之精華，為廣大學仁提供了研究之便利，更是對勞榦先生學術風範的繼承和發揚，意義非凡。

16開圓背精裝 全套四冊不分售
定價新臺幣 18000 元
ISBN：978-986-99137-0-6